U0946977

审判萨达姆

DEBRIEFING THE PRESIDENT

［美］约翰·尼克松◎著
钟鹰翔◎译

中国致公出版社
China Zhigong Press

图书在版编目（CIP）数据

审判萨达姆 /（美）约翰·尼克松著；钟鹰翔译.
—北京：中国致公出版社，2019

ISBN 978-7-5145-1165-9

Ⅰ.①审… Ⅱ.①约… ②钟… Ⅲ.①美伊战争（2003）—史料—研究 Ⅳ.①D815.4

中国版本图书馆CIP数据核字（2017）第310193号

著作权合同登记图字：01-2018-5466

审判萨达姆
［美］约翰·尼克松 著　　钟鹰翔 译

责任编辑：周 炜 王福振
责任印制：岳 珍

出版发行：中国致公出版社 China Zhigong Press
地　　址：北京市海淀区翠微路2号院科贸楼
邮　　编：100036
电　　话：010-85869872（发行部）
经　　销：全国新华书店
印　　刷：北京温林源印刷有限公司
开　　本：787毫米×1092毫米 1/16
印　　张：15.25 彩插16页
字　　数：229千字
版　　次：2019年1月第1版　　2019年1月第1次印刷

定　　价：48.00元

致读者

2003年10月，美军导演了史上最大规模的一次缉捕行动。伊拉克总统萨达姆·侯赛因最终被俘。萨达姆落网的地点，就在他的家乡提克里特（伊拉克萨拉赫丁省的首府。位于底格里斯河河畔，距离首都巴格达西北方140公里处，人口约26万）附近。过去9个月来，布什当局一直苦苦追捕此人，并数次遭遇假情报的欺瞒。同时，萨达姆拥有“替身”的传闻，也让美军觉得担心。因此，将此消息公告世界之前，白宫需要确认俘虏的身份。

当时，本书作者约翰·尼克松在美国中央情报局担任情报分析工作。多年以来，伊拉克“独裁者”一直是尼克松的研究对象。因此，他接到命令，前去确认萨达姆的身份。在查看伤疤、文身和一系列能确认萨达姆身份的个人特征之后，大家都已知道——这个人，真是萨达姆。不过，经过接下来几个星期的对话和聆讯，尼克松发现，他和美国政府，都对萨达姆有着太多的误解。

《审判萨达姆》是一份真实、大胆的记录，为我们还原了

“中东强人”萨达姆的本来面目。约翰·尼克松，也是萨达姆被捕后第一个和这位西方长期公敌展开对话的人。他谈到了萨达姆的生活，也揭示了萨达姆的所思所想。作为一名常年研究萨达姆的“要人分析员”，尼克松通过忠实的记录，拨开了围绕在萨达姆周围的种种谜团，还原了一个“巴格达屠夫”复杂而嗜血的人生。同时，尼克松在作品中也冷静、客观地剖析了，因为先入为主的观念，英、美两国政府如何走上歧途。

企鹅兰登书屋

推荐语

“这是一个对重要情报真相被扭曲的致命控诉。”

——《伦敦时报》

“中情局官员在回忆录中让当权派承担责任是极不寻常的，是爱国的表现。约翰·尼克松这样做了，并且很深刻很有型。《审判萨达姆》是历史结果的反转，是共和党不诚实的见证。”

——Nick McDonell，《主要作战行动结束》作者

“尼克松先生是在萨达姆2003年12月被捕后第一个审讯他的中情局官员，揭露了关于这个前伊拉克领导人令人吃惊的事实，从而提出了疑问：为什么美国会入侵伊拉克？这些细节会让看着民族鲜血和财富浪费在伊拉克的美国人惊骇。更广泛地说，尼克松先生提供了一个CIA的激烈控诉，他认为中情局为总统和政策制定者提供情报的功能已经失调……特别是如今美国当选总统特朗普已经与中情局开战，尼克松先生的书正好出版在这个非常时刻……《审判萨达姆》会对这

个情况火上浇油。它给了那些指望中情局对抗特朗普的人一个冰冷的警告。”

——James Risen，《纽约时报》记者

“扣人心弦……尼克松的书《审判萨达姆》让怀疑者们有了更多怀疑的理由。事实上，它的一些内容可以说是轰动的。”

——John Cassidy，《纽约人》专栏作者

献给我的母亲海伦和父亲理查德

For my mother， Helen， and my father， Richard

“你的权益，无比珍贵”

——《麦克白》第一场第四幕

More is thy due than more than all can pay.

——*Macbeth*， Act 1， Scene 4

作者声明

本书涉及作者的多位前任同事。他们中有人尚在中情局工作，有人则已离职。在他们的要求下，作者将书稿交给中情局“出版物审定办公室”进行审查，以免泄露情报和机密。《审判萨达姆》先后历经两次严格的审查，由此带来两个后果：其一，书籍面世的时间不幸延后；其次，各位读者在书中看到的“删除”[①]字样都是中情局方面要求修改的地方。由此造成的不便，本人深表歉意。此外，由于删除内容大多并非机密，在此也表示遗憾。

约翰·尼克松

John Nixon

① 原稿中为黑色屏蔽条——译者注

目录

CONTENTS

前言 未竟之业

"参与历史事件的人，对于历史的记录总能有那么一点关键的贡献。因为他明白，在那纷繁的思考当中，是哪一种想法导致了他的决定；众多的史料摆到面前，他也能准确地从中找出反映事实的那一份；他可以想到那些他看重的意见，也会忆起被他遗忘的观点。历史学者一定能够通过亲历者的回忆录找出事件的真相。即便（特别是）随着时间的推移、证据的涌现，事情的更多方面摆到眼前，也不会扭曲它。"——摘自亨利·基辛格所著《白宫岁月》。

伊拉克境内宗教极端主义的滥觞，本是一场可以避免的灾难。倘若美国布什政府能够容忍伊拉克总统萨达姆·侯赛因（Saddam Hussein）继续掌权，打着"伊拉克和大叙利亚伊斯兰国"[①]（Islamic State of Iraq and al Shams，简称ISIS）旗号的宗教极端分子也不至于如江河决堤，泛滥成灾。况且，那时的萨达姆不但年岁渐老，手中的权柄也不如从前那般牢靠。笔者绝不是要为萨达姆辩护或鸣冤，许多年来，此人面临着各方面的指责，他也确实并不清白，萨达姆其

---

① "伊拉克和大叙利亚伊斯兰国"：简称"伊斯兰国"，缩写ISIS，是目前自称为国的、世界上影响最大的宗教极端恐怖组织。——译者注

人，就是一个无情而残忍的“独裁者”。很多情况下，他的决策都让不少地区局势陷入混乱，甚至导致流血冲突的连续不断。

不过，无数美国青年浴血征战、英勇牺牲换来的新局面，似乎比萨达姆统治下的境况还要不堪。更别提，伊拉克的重建工作已经花去了足足3万亿美元。至今，我们仍在为此买单。两相比较之下，当初启动战端就愈发地显得不划算了——当然，这一切都是“马后炮”。

2003年12月到2004年1月，我正在伊拉克执行公务，要负责一场为时长久的内部审讯工作，而对象正是萨达姆·侯赛因。自他沦为阶下囚以来，我是第一个正式聆讯他的美国人。

此前的5年，作为中央情报局分析专家的我，一直在搜集伊拉克和伊朗的相关情况。审讯开始的时候，我以为还是很了解萨达姆的。几个星期过去，却发现美国方面对这个人有着大大的误会。而且，美方还错判了萨达姆与伊斯兰世界里宗教极端潮流之间的关系。其实，他一直是宗教极端主义的强硬对手，即便是逊尼派（Ahl a1—Sunnah）[①]中的极端分子也把他看作眼中钉。

美国的新保守主义者（Neoconservatism）[②]一直在竭尽全力，要把萨达姆打成“9·11”事件的案犯、“基地”组织的同伙，而萨达姆本人却觉得美国世贸中心和五角大楼遇袭是一次契机，可以拉近伊拉克复兴党[③]（Ba’th Party）政权

---

① 逊尼派：伊斯兰教主要教派之一。人数约占全世界穆斯林的85%以上，是伊斯兰教的四大政治、宗教派别之一。——译者注

② 新保守主义：指政治思想、动向及运动的一种，出现于20世纪70年代，是从先前的自由派观点转向保守目标和方法的美国意识形态。——译者注

③ 伊拉克复兴党：原是阿拉伯复兴社会党的地区领导机构。1968年执政，该党总书记是萨达姆·侯赛因。——译者注

和华盛顿当局的关系。这样的认识上的“反差”真是极具讽刺意义。在萨达姆看来，面对宗教极端主义，美国和伊拉克两国是天然的盟友。他不明白，为什么美国方面没和自己“心有灵犀一点通”。这个疑惑，他在被审讯当中多次提及。

作为逊尼派，萨达姆的复兴党秉持阿拉伯民族主义[①]和社会主义[②]。他认为，逊尼派宗教极端主义会危及自己的权力根基。萨达姆一向以“无畏”自居。不过，他多次告诉我，他很畏惧伊拉克境内日益壮大的宗教极端主义势力。这一点，出乎我的意料。萨达姆很清楚，自己的暴力机器大都由逊尼派组成，而自己的对手所鼓吹的逊尼派原教旨主义又极具煽动性。要想仰仗前者去和后者交锋，其难度和危险性可想而知。

根据以色列学者阿玛吉亚·巴拉姆（Amatzia Baram）的观察，萨达姆一向警惕伊拉克国内那些可能与他争夺权力的势力。无论是宗教势力，还是世俗主义者，“对手”就是他的威胁。萨达姆觉得，伊拉克只能有一个领袖。他还曾经警醒自己：“你要记住：全伊拉克的人都在算计你——特别是那些什叶派（Shi'ites）[③]！”

1958年，伊拉克爆发革命，结束了君主制时代，建立了伊拉克共和国。如果各位读者了解此后的历史，就一定知道萨达姆所言不虚。在此期间，伊拉克政坛一直处于派系斗争之中。好几次，萨达姆与敌对势力都闹到了你死我活的地步。

---

① 阿拉伯民族主义：是一种民族主义思想，颂扬阿拉伯民族、语言及文学，并诉求阿拉伯世界的政治统一。——译者注

② 阿拉伯社会主义：1944年，叙利亚人密歇尔·阿弗拉克和萨拉赫丁·比塔尔发表《阿拉伯社会主义对共产主义的态度》一书，提出了阿拉伯社会主义。从此以后，阿拉伯社会主义在中东阿拉伯国家十分活跃，成为颇有影响的当代社会主义派别之一。——译者注

③ 什叶派：伊斯兰教的第二大政治、宗教派别。——译者注

人们总以为，萨达姆并不信教。或者说，他只是利用宗教以便达到自己的政治统治目的，而且，他的这点伎俩似乎还很拙劣。其实，萨达姆对于宗教本身并无恶感。他只希望伊拉克境内的一切宗教活动都在自己的掌握之下。他是个信徒，只不过他还有他自己的一套准则。因此，他又和一般信徒有所不同。1991年海湾战争[①]结束后，伊拉克的公众生活之中，宗教色彩愈发浓厚。这，显然出自萨达姆的授意。

但萨达姆对宗教的宽宏态度也是有限度的。聆讯期间，他向我坦承："我向宗教人士打过招呼，他们想要守护信仰，我完全接受。不过，他们要想利用宗教来干预政治，我是万万不会答应的。"他口中的"宗教人士"实际是指什叶派。其实，对于逊尼派的原教旨主义分子，他的原则也是如此。在前面那番话中，他特地点了穆罕默德·巴克尔·萨德尔（Muhammad Baqr al-Sadr）和穆罕默德·萨迪克·萨德尔（Muhammad Sadiq al-Sadr）这两名什叶派宗教领袖的名。两人都和他关系不和睦，甚至曾经发出威胁，准备掀起一场"伊斯兰革命"来推翻萨达姆政权。同样的事情，1979年曾在伊朗上演。伊朗国王也因此下了台。最后，两位宗教领袖都被萨达姆杀害了。

过去20年来，"瓦哈比思想"（Wahhabism）[②]在海湾地区阿拉伯诸国国内得以迅速传播。这种思潮源自沙特阿拉伯，其追随者的宗教信条内容质朴、

---

① 1991年海湾战争：是以美国为首的多国部队为恢复科威特领土完整而对伊拉克进行的局部战争。其结果是多国部队取得决定性胜利，迫使伊拉克从科威特撤军。——译者注

② 瓦哈比思想：由阿拉伯半岛奈季德地区的伊斯兰学者穆罕默德·伊本·阿卜杜勒·瓦哈比（1703—1792）创立。瓦哈比的宗教思想是吸取逊尼派罕百里学派的教法学说和伊本·泰米叶（1263—1328）的复古主义思想，并针对时弊，提出了瓦哈比派的宗教复兴的主张即伊斯兰原教旨主义的"原型"。——译者注

严苛（类似的信条曾在先知穆罕默德[①]的时代大行其道）。萨达姆对“瓦哈比主义”的威胁有着深刻见解，对于伊朗没有打压的恐怖主义活动，以及伊朗当局与伊拉克境内的什叶派宗教极端分子之间的关系，他的看法同样令人信服。在他的构想当中，伊拉克就像阿拉伯民族的第一道防线，抵挡了从伊朗而来的波斯人。而且，伊拉克也是逊尼派的防波堤，可以控制境内人口占多数的什叶派信众不会生事。

不过，自打20世纪90年代以来，瓦哈比分子在伊拉克境内开始落地生根。这些情况，萨达姆看在眼里。他还风闻，瓦哈比分子正在他的国家开辟据点。在同我的交谈之中，萨达姆曾经发表过一番颇具先见之明的看法：“瓦哈比主义席卷阿拉伯各国的速度，将会超乎一切人的料想。原因在于，大家都把瓦哈比当成一种思想，当成抗争的工具——伊拉克将变成一片战区，人人都会为了反抗美国而拿起武器。现在，面对面的交锋已经迫在眉睫了。”

萨达姆的倒台留下了一片权力真空。真空中，伊拉克的教派冲突演变成为血腥冲突。一开始，什叶派人士只想通过选举获得权力。正因如此，面对阿布·穆萨卜·扎卡维（Abu Musab al-Zarqawi）[②]等逊尼派宗教极端武装分子的暴行，他们尚能克制和忍受。不过，由于遇难者人数的节节上升，什叶派武装终于也开始了报复行动。

---

① 穆罕默德（约570—632年）：政治家、宗教领袖，穆斯林公认的伊斯兰先知。广大穆斯林认为他是安拉派遣人类的最后一位使者。伊斯兰教教徒之间俗称“穆圣”。享年63岁，葬于麦地那。——译者注

② 阿布·穆萨卜·扎卡维：1966年10月30日出生于约旦扎尔卡市一个巴勒斯坦人家庭。他直接参与策划了一系列恐怖袭击事件，是“伊斯兰国”宗教极端恐怖组织的创始人之一。2006年6月7日晚，扎卡维在美军空袭中被打死。——译者注

2010年10月，突尼斯爆发了后来被称为“阿拉伯之春”[①]的“群众起义”。到了2011年，这股风潮相继吹到埃及、利比亚、叙利亚、也门、巴林、沙特阿拉伯和约旦。而后，埃及的军事政变和也门、利比亚经历的内战，又开启了一段“阿拉伯之冬”[②]。当然，叙利亚的内战，才是“冬日来临”的最大信号。

2011年，叙利亚国内爆发示威活动。人们走上街头，反对总统巴沙尔·阿萨德（Bashar al-Assad）的极权统治。总统方面选择了武力镇压，内战由此一触而发。最初，反对派还只是一群比较温和的逊尼派信众。一年过后，“穆斯林兄弟会”（Muslim Brotherhood Emblem）[③]加入了反政府的阵营。较之“温和派”，“穆斯林兄弟会”的武装色彩更为浓厚。当然，他们和“伊斯兰国”宗教极端武装分子相比却又相差甚远。逊尼派信众人口众多，占据叙利亚总人口的四分之三；巴沙尔所属的阿拉维派[④]则是什叶派的一个分支，占叙利亚总人口中的比例不足十分之一。

到了2013年底，叙利亚大规模内战造成的动荡不安局势，已经吸引了大批“基地组织 ”成员和“伊斯兰国”宗教极端武装分子加入其中。2014年2月，“基地组织”与“伊斯兰国”领导层又因为理念与战略方面的不合而分道扬镳。

---

① 阿拉伯之春：从2010年突尼斯开始，阿拉伯世界一些国家民众纷纷走上街头，掀起了一场“反专制、争民主”的所谓“颜色革命”。但由于西方大国的“过度介入”和各国政治派别斗争、宗教矛盾纠缠在一起，“阿拉伯之春”虽然导致多个国家元首下台，但民众最初的目标并没有真正达到，反而使中东阿拉伯世界陷入了长期动荡不安的局面。——译者注

② 阿拉伯之冬：喻指“阿拉伯之春”之后各国动荡不安的政治局势。——译者注

③ 穆斯林兄弟会：简称穆兄会，伊斯兰复兴运动的宗教性组织，由哈桑·巴纳于1928年创立于埃及伊斯梅里亚。该组织影响力遍及中东乃至全球穆斯林社会，是近代历史悠久、规模庞大、组织严密的世界性伊斯兰政治宗教集团。——译者注

④ 阿拉维派：因该派崇拜和神化阿里，故又称阿拉维派'Alawiyyun）。9世纪中叶，由穆罕默德·本·努赛尔·纳米里·阿布德创立，故名。逊尼派则视该派为“异端”。——译者注

5个月后，“伊斯兰国”头目自命为“哈里发”（Khalifah）[①]。来自中东和西方的宗教极端分子，纷纷投靠到了“伊斯兰国”的帐下。“伊斯兰国”发布的视频影像，记录了大量砍头与集体杀戮的内容，就好像“色情片”一样令这些新加入的成员欲罢不能。

除以上描述的混乱境况之外，这段历史让人不堪回首：长期内战使成千上万的人失去生命，数百万叙利亚人失去家园，流离失所的百姓差不多占到了全国总人口的一半；宗教极端组织的“伊斯兰国”在伊拉克和叙利亚窃据了大片土地，成立了“伊拉克和大叙利亚伊斯兰国”；同时，参与这场多边战争的“玩家”也越来越多——美国、土耳其、伊朗扶持的什叶派武装——黎巴嫩真主党[②]相继登场，当然，其中最重量级的角色大概要算俄罗斯。

试想一下，萨达姆或者他的继承人——尚在伊拉克屹立不倒，历史又会呈现出怎样一种面貌呢？我们不妨做一番推演：显然，萨达姆尚能掌权，他的武装力量也不会分崩离析；他手下那些重要将领也不至于投奔“伊斯兰国”，以至于大大提升了极端武装分子的军事能力；面对伊拉克国内的宗派关系，萨达姆也一定会出手整治。综上所述，我们完全可以得出下面的结论：如果美国没有出手推翻萨达姆政权，伊拉克、叙利亚、埃及、利比亚等阿拉伯国家的强人统治不会松动分毫。各地民众固然不满，也只能“忍气吞声”地“维持现状”。

萨达姆对于叙利亚境内“穆斯林兄弟会”的秘密赞助可谓为时长久。那么，

---

① 哈里发：指穆罕默德去世以后，伊斯兰阿拉伯政权元首的称谓，是伊斯兰政治、宗教领袖。——译者注

② 真主党：阿拉伯语“Hizballah”的意译。黎巴嫩真主党建于1982年以色列侵黎之后。除武装反对以色列活动外，该党还从事一系列社会活动等。——译者注

他的举动是不是出自理念上的相识相惜呢？答案并非如此。阿萨德家族[①]一直在和萨达姆争夺阿拉伯复兴运动的领导权，而“穆斯林兄弟会”则是阿萨德家族的反对者。出于打击敌人的考虑，萨达姆方才选择向“穆斯林兄弟会”伸出援手。“穆斯林兄弟会”的反抗活动一旦指向萨达姆，肯定会迅速遭到后者的镇压。

萨达姆并非知识分子。对于外部世界的局势，他甚至也有些陌生。美国政府对这根“肉中刺”的种种举动与态度，最是令他困惑不解。当然，某种程度上说，这也不怪萨达姆懵懂无知。对于他，美国政府的举动与态度反复无常。“两伊战争”[②]期间，美国还和他站在一起；到了“海湾战争”和伊拉克战争[③]时期，双方却又反目相向。

正是这种不连贯的政策，让萨达姆昏招迭出。最终，他在2001年上了乔治·沃克·布什的黑名单，成了美国新总统“必须铲除”的对象。我并不是要为萨达姆开脱，在萨达姆执政期间，他的罪行“罄竹难书”；在外交与军事方面，他的种种举动尤其显得失策。

古希腊人认为，上帝在对某人施加惩罚之前，必先让他最为渴求的事情成为现实。从1990年到2009年，华盛顿方面一直渴求推翻萨达姆政权。至于其后的结果，美国政府却未曾考虑过。我们并不了解萨达姆的世界观，更不清楚他是如何压制了国内政坛的汹涌暗流。伊拉克战争之中以及其后的占领时期，美国方面都

---

① 阿萨德家族：阿萨德家族已经统治了叙利亚将近半个世纪之久。叙利亚已故总统哈菲·阿萨德的家族在阿拉维穆斯林少数派中世世代代都是一支不可忽视的力量。——译者注

② “两伊战争”：又称为第一次海湾战争，是发生在伊朗和伊拉克之间的一场长达8年的边境战争。1980年9月22日爆发，双方直至1988年8月20日才正式停止战斗。——译者注

③ 伊拉克战争：是以美英军队为主的联合部队在2003年3月20日对伊拉克发动的军事行动，美国以伊拉克藏有大规模杀伤性武器并暗中支持恐怖分子为由，绕开联合国安理会，单方面对伊拉克实施军事打击。战争开始到美军撤出历时7年多，萨达姆政权被推翻。——译者注

因为无知而连连吃亏。

我认为，我们的无知，折射出美国外交事务方面的严重缺陷。自打建国以来，这层缺陷就一直困扰着我们的国家。面对外部威胁，美国的反应总是显得那样盲目无措。无论威胁来自俄罗斯还是阿拉伯世界的统治“强人”，我们似乎都不知道如何权衡利弊，根据现实作出考量。要让美国的领袖站在国外统治者的角度之上思考问题，实在困难。如果那位统治者是个说一不二的独裁者，要想达成理解那就是难上加难。

2009年，贝拉克·侯赛因·奥巴马执政的第一个年头，我读到了一本名叫《灾难的一课》的书。作者麦克乔治·邦迪（McGeorge Bundy）借此书表达了自己对于美国干涉越南事务的观点。当时，这本书在华盛顿引发了轰动。那一阵，奥巴马似乎正要向阿富汗增兵，历史好像因此又会重演。对了，让我捧起《灾难的一课》还另有一个重要原因：我上大学的时候，正在邦迪门下攻读。他这个人，我很欣赏，从来不固执己见。要知道，邦迪在担任肯尼迪和约翰逊两位总统的顾问期间可是个铁杆鹰派。那时的他，一直在为美国出兵越南竭力辩护。四十多载光阴逝去，他却把批评的矛头指向了当年的自己。正是那时的草率决策，让美国陷入了战争泥潭。邦迪的诚恳给了我启发。

回望自己这13年的中情局生涯（我在中情局位于弗吉尼亚州兰利的总部做过情报分析专家）以及那一段伊拉克前线经历，我也察觉到了同样的思想变化。如今我的想法竟和当年相去很远，对于这一点，我自己也十分惊奇。回忆之中，我还发现了美国政府的种种失误，那是一场我们主动发起的战争。不过，战前布什政府却并不真正了解伊拉克的“政治生态”。对于当地宗派冲突的真实情况，更是一无所知。

萨达姆拥有顽强的意志力以及敏锐的政治嗅觉。他能爬上伊拉克的权力之巅，正有赖于这两种本事。能够夺取权柄的萨达姆，自然也精于诡计和欺诈。不过，在许多其他方面，他却知之不多。毕竟，萨达姆出身贫苦家庭，从未接受过正规的教育。因他丧生的伊拉克人不计其数。他挑起的“两伊战争”，更是夺走了70多万条生命（其中包括十多万平民）。为了达到目标，他不惜动用化学武器，并因此落下“巴格达屠夫”的恶名。即便如此，面具之下的萨达姆·侯赛因也是一个复杂的生命体。我们必须了解他的为人以及他行事的驱动力。本书中，我们将面对面地审视他的好恶，观察他的世界。

我试图一点一点地还原历史，不过，我也明白，毫无漏洞而又连贯的历史故事很难建构，回忆和重建往事本身就劳心费神。而且，虽然一些亲历者已经说出了他们的故事，历史的记录却还是难以完整。完整、真实的萨达姆是什么样的？2003年12月13日落网之后，他又有过什么样的自白？相关的信息，几乎是一片空白。那段时间，我正和萨达姆待在一起，而且，在这之前已经对萨达姆研究多年。正因如此，我将尽我所能填补这个空白，希望自己的一点工作能够帮助未来的历史学家拨云见雾，掘出萨达姆的真实面目。

有人经常向我发问：“萨达姆到底是个怎样的人？”他们还很好奇：“他算不算是个疯子呢？”在这个世界上，涉嫌“杀人狂”的确实不少，但在审判期间，根据我的观察，萨达姆的精神状况是相当正常的。美国政府对于打倒萨达姆的执着着实令人好奇，而且，打倒他的理由似乎已经非常明显。我个人觉得，美国政府始终没能预计到：萨达姆政权倒台后，中东局势竟会变得如此混乱。诚然，萨达姆的那些恐怖“事迹”我们都耳熟能详——他曾在伊拉克南部屠杀了10多万什叶派信徒；海湾战争当中，他杀害的库尔德人也同样众多；对于政治异己，他待以化学武器；“两伊战争”期间的多场屠戮，也需要他负主要责任。不过，我们在注意到他罪行的同时，却忽略了他在中东地区局势中的稳定作用。等到大家醒悟过来，他已经命丧黄泉。

2004年1月，我们结束聆讯回到国内。那时，许多同事都很好奇，想知道我和我的团队在萨达姆口中挖到了什么东西。不过，觉得聆讯毫无用处的批评家也大有其人。实际上，我们知晓了不少萨达姆的统治之术。他过去一些行为，也由此现出了原因。我们的一些发现，甚至可以为伊拉克战争作出辩护，同时也是美军推翻萨达姆政权的重要理由。但有一个从来没人问起，自然也就没有答案的问题，在我看来，又是尤为重要——美国到底该不该推翻萨达姆？其实，美国发动伊拉克战争的种种理据都是子虚乌有的。这个说法，白宫的决策者们，还有在中情局大厦7楼办公室的各位领导可都不是那么欢迎。我曾经打过多次报告，想要把本书的内容汇编成册，仅供中央情报局内部参阅。不过，有关人士大多摆出一副“这不是我们该做的事情”的态度。即便有人表现出了一点兴趣，也明显是出于不便推辞的原因。

伊拉克战争期间，美国国务院的政策计划主管一职由理查德·哈斯（Richard Haass）担任。而后，他又到外交关系协会出任主席。哈斯也不明白，为什么美国政府要选择卷入伊拉克战争？面对记者乔治·帕克（George Packer），他讲出了心中的这点疑惑。回首往事，哈斯对于美国决意出战那一刻印象深刻。一切“仿佛就在眼前”。在自己的回忆录《必要之战，选择之战》（*War of Necessity, War of Choice*）中，哈斯还曾有过一番高论。他认为，一场战争可以分作三个阶段：在第一个阶段，大家通常会因为是否出兵的问题而争论不休，这通常发生在战争开启之前；至于第二个阶段，当然就是战争本身；到了第三个阶段，各方人士又会本着各自对战争结果与意义的不同理解，开启又一轮争辩。按照哈斯的这种说法，这本“小书”就是对第三个阶段的贡献，字里行间的内容，大都来自我聆讯萨达姆的所得与所获。

最后，我们要谈一谈本书的主角，也就是萨达姆·侯赛因本身。没错，他确实给美国在中东利益带来了很大危害，而中东地区又是美国政府维护权益的关键所在。在萨达姆掌权之前，伊拉克社会欣欣向荣。由于他统治不力，整个国家沦入了“黑暗的深渊”。执政后期的萨达姆，特别着意地想要青史留名。因为太过沉溺其中，他甚至很少参与外交决策。他这么做，仿佛是要弥补自己因为出身卑微而带来的遗憾。他和那些退休无事、沉迷历史频道的老年人有太多相似之处。他们都是那么酷爱历史，却又难于以史为鉴。由于萨达姆的这点疏忽，伊拉克的外交决策权落入了鹰派分子的手中。这些人包括副总统塔哈·亚辛·拉马丹（Taha Yassin Ramadan）、“革命指挥委员会”（RCC）的副主席伊扎特·易卜拉欣·杜里（Izzat Ibrahim Douri）和前副总理兼外交部部长塔里克·阿齐兹（Tariq Aziz）等。他们缺乏变通能力却又态度强横。其结果是萨达姆政权始终未能打破国际制裁和封锁。与此同时，萨达姆却在关心国内的安全问题。而且，他还抽出许多时间，去追逐自己的休闲爱好。哪怕身陷囹圄，他仍以伊拉克总统自居。不过，他也常常自称是个“作家”。总之，人生后期的萨达姆，已经不是当初那个“巴格达屠夫”了。

第一章

“天啊！这人真是萨达姆”

截至2003年的12月13日，我已经在伊拉克待了整整8个星期。白天，这里的气候还算宜人——平均温度维持在70到75度（华氏）左右的水平。但是，伊拉克的夜晚总是那么冷冽，而且通常雨水不断。一觉醒来走出拖车，每当踩上“绿区”（Green Zone）[①]土地的时候，总会发现外边的积水已深达好几英寸。为此，警卫人员不得不找来木板、铺好“桥梁”，方便我们踏足而上，走向干燥的土地，同时也辟出一条通往中央情报局营区的道路。营区是我们开展秘密活动的据点，电脑等办公用品也存放在这里。

在中情局驻巴格达分站，我的职位叫作情报分析师。本人的工作内容之一，就是为局里的行动小组和陆军特种部队（Army Special Force）锁定抓捕对象。而后，我等情报分析师要从抓捕对象口中套出有用的情报。要想抓住萨达姆·侯赛因，当然先要抓住那些萨达姆身边的人。这类人有机会接近萨达姆，也能和萨达姆的一干近臣搭上关系。他们提供的信息，往往最有价值。情报分析师的

---

① “绿区”：来源于美国关于伊拉克战争的一部电影名，这里特指美军在伊拉克的营地和办公区域。——译者注

活计真不好做。我们要与军方时刻保持联系，也得和中央情报局的行动人员紧密接触。每天阅读的资料、经手的线索，总是千头万绪。而且，分析师还要应付各种问题。华盛顿方面经常发问，而伊拉克的新政府和军事部门也对我们的工作进展非常好奇——对了，我们的工作在于追捕那位“高价值目标”（High Value Target）当中的头面人物，也就是英文简称“HVT-1”的萨达姆·侯赛因（Saddam Hussein）。

1991年海湾战争结束之后，美国政府一度对伊拉克事务不管不顾。到了2003年，这种态度发生了转变。当时，本人坚信美国军队师出有名。华盛顿当局兵发伊拉克，一是为了找出并销毁所谓的“大规模杀伤性武器”（weapons of mass destruction，WMD）。二是为了推翻萨达姆这个残暴的独裁者，解救当地的人民。我觉得“大规模杀伤性武器”这种东西一定存在，并且威力不小。毕竟，政府、学界中那么多的专家都对此深信不疑。他们无不觉得萨达姆要么正在加紧制造这种武器，要么就已经得手，各位专家的学识和经验可都远强于我。何况，我接触到的情报似乎也支持着他们的这种看法。

那一天到来的时候，我的工作一切如常。上午9点30分，“联合小队”的会议循例开始。小队由来自中情局和军方的研究人员组成。会上，大家会互相交换信息，并对前一天搜罗而来的各种情报作出分析。那些自称目睹了萨达姆·侯赛因最新行踪的报告，自然最让我们这十几个与会者感觉好奇。此类消息，被我等研究人员统称为“猫王来了”（Elvis sightings）。同时，“联合小队”还要讨论下一步的抓捕计划。要想找出萨达姆的藏身之地，又该向何方神圣求助？相关内容，也是我们会议的话题之一。

大多数的情况下，“联合小队”的会议都在营地的辅楼里举行。有些与会伙伴来自美军中央司令部（CENTCOM，其行动区域囊括了中东地区）。他们的住地和辅楼相去不远。那个早上，陆军特种部队的专家带来了一条好消息：萨达姆的一些贴身保镖已经暴露了踪迹。此前，我们已经确认了这几个人和萨达姆的“莫逆”关系。不过，除了这点令人振奋的消息，会议其他内容并不那么出奇。几周以来，我们见识过的类似信息已经数以千计。

会议结束了，我打开邮箱，看了看里面的邮件和情报文献。总部对于萨达姆的关心，也需要我作出回应。时近晌午，我和同事兰迪（Randy）出发前往巴格达国际机场。这次出行，是为了邮寄东西。机场虽然位于“绿区”之外，我等情报人员却可以自由前往而无须安保人员随扈左右。当时在巴格达，这样的地方可真是不多了。机场之中不但设有邮局，还有一处超市。我们日常需要的牙膏、剃须刀等个人用品，都能在那里买到。

巴格达国际机场的魅力不止于此。作为美国人，要想在那个时候的巴格达找到一点家的感觉，机场里的“汉堡王”（Burger King）餐厅是唯一的选择。当年3月，美军的伊拉克行动大获全胜，而后，汉堡王就在巴格达国际机场开设了分店。这当然是一门赚钱的生意——为了能够吃到一口“大号皇堡”（Whopper），军队里的一干男女青年简直可以不惜血本。可以想象，过不了多久，机场的这家快餐店将成为世界上最为忙碌的“汉堡王”分店。皇堡和炸薯条的诱惑，我等中情局人员也不能抵御。我们经常冒着被简易爆炸装置弄得粉身碎骨的风险，前往机场汉堡王店去尝一尝鲜。那天，是12月12日。此前，我已经忍受了几个星期的粗糙伙食，对于汉堡已经思慕久矣。但是，待到我和兰迪站在餐厅门口，却发现那里已经闭门歇业。一切都源于食物短缺。就这样，我俩无惧牺牲、不怕残手断脚地辛辛苦苦赶到目的地，最终却还是没能一饱口福。

回程路上，我们发现机场高速路已经封闭。原来，有关部门在路肩附近发现了简易炸弹。没办法，我和兰迪只得另寻他途。前方虽然也属于巴格达，但那些街区我俩可是从未踏足。车上没有无线电话，车身也没有装甲保护。很快，我和兰迪就迷了路。街边涌出的人流，看上去好像刚刚完成周五的例行祷告。这时，我俩才恍然发现：自己已经置身什叶派信众的聚集地。周街的环境非常破败，这里的汽车颜色灰暗，仿佛是由几块配件拼凑而成。相较之下，我和兰迪的这辆代步工具真是崭新得有些刺眼。而且，我们身上的衣衫和防弹背心也是那么引人注目。周围是阿拉伯人的汪洋大海，只有我和兰迪两个孤零零的外来客。最为不妙的一点在于，我们没有手机。（营地倒是配发了一台新款手机作为联络工具，不过被我忘在了宿舍。）即便有个三长两短，也没办法和大部队取得联络。有那么一刻，我觉得我俩应该弃车而走。我甚至认为：为了保证安全，我和兰迪只有徒手游过底格里斯河（Tigris River）这一条路了。还好，兜兜转转之间，我发现“绿区”其实离我们并不遥远。回到营地的那一刻，我真是万分高兴。美国大兵从来没给我这么亲切的感觉。假如这次历险发生在半年之后，恐怕我和兰迪就没有那么好的运气了。

下车之后，我直奔迈克（Mike）的住处。我的这位朋友来自国家安全局，也是一位分析人员。由于借调的关系，他来到美军中央司令部和我同在“联合小队”中效力。那些我难以接触得到的军方情报，对于迈克来说都不是秘密。当天，迈克向我透露：陆军特种部队在前一天晚上抓住了一个重要人物——穆罕默德·易卜拉欣·奥马尔·穆斯利特（Muhammad Ibrahim Umar al-Muslit），此人是萨达姆的卫队长。据迈克说：穆罕默德·易卜拉欣的招供来得非常迅速。其实，一开始他也声称对萨达姆的行踪并不知情。不过，面对高达2500万美元的赏金，很快让卫队长的护主之心消散殆尽。于是乎，萨达姆就这样被他出卖了。

（事后，穆罕默德·易卜拉欣仍然遭到联军方面的逮捕。由于“涉嫌向叛军提供资助”，他在阿布·格莱布监狱度过了一段铁窗生涯。虽然他带领美军抓住了萨达姆，却也无法以功抵罪。）

其实，萨达姆在倒台之前，曾经对自己的卫队进行了大换血，这一招相当高明。毕竟，全世界的情报机构都对萨达姆虎视眈眈，他身边的保镖队伍，也早已遭到收买和渗透。萨达姆对于安全保卫工作一向重视，身边的随扈和保镖深得他的信任。实际上，这些贴身卫士往往是萨达姆的亲戚和族人。萨达姆后来表示：当时他还指望能够得到新政府的庇护，然后寻觅机会徐图再起，重新走向权力的巅峰。

有了穆罕默德·易卜拉欣作带路人，特种部队也有了搜查的方向。那是一处农庄，1959年，萨达姆就曾藏身此地。当时，他刺杀首相阿卜德·卡里姆·卡西姆（Abd al-Karim Qasim）的意图刚刚败露，腿部受了伤，不得已来到农庄躲避风头。（1957年，20岁的萨达姆加入“左倾”的社会复兴党。第二年，萨达姆参加了刺杀伊拉克费萨尔国王的行动。）正是卡西姆领导的政变，导致伊拉克的末代国王费萨尔二世（Faisal Ⅱ）死于非命。统治这个国家长达32载的哈希姆王朝也宣告完结。其实，四十多年之前萨达姆的这起刺杀图谋并非秘闻。但他曾经的藏身之地，我们倒是不得而知。因此，在这9个月的搜捕行动期间，没人想起过这处农庄，也没人对那里发起过任何搜索。

相关的消息，迈克和我都想多知道一些。于是，我俩来到驻地附近的一处休闲场所打探风声。特种部队的各位同仁常常聚在这里消遣。谁曾料到，那一天他们的嘴巴特别地严。看来，抓捕萨达姆的行动已经到了收尾阶段，所以才会如此密不透风。其实，自打来到伊拉克，我已经历过许多次类似的变迁。一开始，为了获取情报，军方和中情局总是联系得非常热络；但是，一旦他们接近目标，我们也就变得两眼一抹黑了。

在我看来，美军的这种行为颇有美式足球运动员的风范。您要明白我的这番比喻，不妨回想一下海斯曼杯（Heisman Trophy）的情景——军方把我们一脚踢开的时候，就像奖杯上的图案中海斯曼挡开对方球员那么迅速而果决。

具有讽刺意义的是，军方能从穆罕默德·易卜拉欣·奥马尔·穆斯利特身上找到突破口，完全有赖于情报部门的指点。抓捕行动开始的初期，正是我等中情局人员倡议对萨达姆的保卫人员展开调查。那时，军方人士可不这么想。他们觉得，萨达姆政权的各位高官——也就是其他那些“高价值目标”才是可靠的情报来源。事实证明，高官们并不清楚萨达姆的去向。而后，军方才认识到萨达姆保镖的价值所在。当然，特种部队的同仁都是好样的。没有他们的英勇表现，萨达姆不可能落网。他们非常勤奋，从不缺席早会，也愿意聆听情报人员的意见。很多次的夜间突袭之中，他们都邀请我等情报人员一起参与行动。不过，那天晚上，每个军方人士都缄口不言。我无从知道他们的行动计划，也不清楚他们下一步的抓捕目标。

后来，我和迈克告了别，独自一人走回中情局驻地。一股兴奋之意，突然冲上我的头脑。自我来到伊拉克，还没有过这样的感觉。晚上7点，特种部队方面发来确切信息：他们已经锁定那个“高价值目标”中的头号人物，萨达姆即将被捕。在那一年的感恩节之前，我是万万不敢作此想法的。伊拉克的人口足有2 600万，茫茫人海之中寻觅一个目标谈何容易。更何况，当时的伊拉克局势甚为混乱。拜这种局势所赐，所有的通信工具都濒临崩坏，就连电话座机也成了摆设。至于手机信号，也是时断时续。其实，2003年的巴格达境内，手机基站也几乎不起作用。要想沟通无误，卫星电话才是比较可靠的手段。但是，不是每个同事都备有这类通信工具。如果想上网，也得看运气。于是乎，我等情报局人员很难和军方人士做到互通有无。至于其他的那些同仁，比如联军驻伊拉克临时管理当局（萨达姆政权崩溃之后，美方在伊拉克建立的临时政府）的官员们，我们也是很难联系得上。

伊拉克政府倒台之后，萨达姆去了哪里？在这期间，他又有什么作为？有哪些人，是他在下野期间的联络对象？这些问题，足足耗费了我两个多月的心思。有那么几次，我都有点绝望了。我觉得，他一定能逃过我们的追捕。但是，那一晚的事实证明，我的担心并未成现实。所以，当时的我别提有多高兴了。

那一夜，我在驻地二楼的办公室里独坐。这时，分析小组的负责人安德鲁（Andrew）找到了我。原来，分站的大领导想要见我。不过，那天大领导不在伊拉克。于是，我得到了他的副手戈登（Gordon）的接见。中央情报局的主管克隆加尔德（Buzzy Krongard）碰巧正在伊拉克公干，于是也参与了这次会面。安德鲁、史蒂夫（分站“拘留部”的负责人）等分站领导也在一旁作陪。

大领导的办公室里，有一张大大的木制办公桌，以及几台简易沙发。这里给我的感觉，就好像大学里的一间普通宿舍——环境固然舒适，但破破旧旧的痕迹也随处可见。说来，克隆加尔德是个颇为讲究仪表衣着的人，那天却也只穿了一件蓝色夹克外加衬衣。至于我，则胡乱套着一条工装裤和一件写着“乔治敦大学”字样的连帽衫。剩下的几位与会者，则都是一身夹克搭配牛仔裤的打扮。

“如果我们要确认萨达姆的身份，又该注意点什么细节呢？”戈登的问题来得很突然。对此，我表示：大家不妨从文身入手。萨达姆的身上有几处刺青，表明了他出自布·纳赛尔（al-Bu Nasir）部落。其中的一处位于右手的大拇指和食指之间；另一处则在右手手腕的内侧。文身的样式非常简单，由一连串的斑点构成。有些斑点排成直线，有些则围作了三角形。此外，新月形的文身也是清晰可见。

刺青这回事，在西方社会可能会遭人白眼。到了伊拉克这种阿拉伯国家却是十分常见。毕竟，这些地方的身份记录制度并不健全。唯有文身，可以帮助一个部族确认自己的成员。如需寻人，文身更是上好的工具。有时候，文身甚至可以平息灾难、解决争端。比如说，两个伊拉克人若然想要暴力相向，多半先得谨慎观察一下对方身上的这点记号才好动手。否则，两个人的纠葛随时可能演变为两个部族的对立和麻烦。

除了文身，我还提到了萨达姆的另外几处生理特征：1959年，他意图刺杀时任总理卡西姆，并因此在左腿留下了一点纪念——也就是一块疤痕（枪伤）；而且，作为一个“老雪茄”，萨达姆的上唇总是习惯性地垂向一边，好像随时都在吮吸雪茄。这点细节，来自我对萨达姆的长期研究和观察。我和我的同事们总在搜集他的最新影像。而且，我们一直很关心他的健康状况。1999年，我在视频中发现：萨达姆似乎身体有恙。当时，正值委内瑞拉总统乌戈·查韦斯对巴格达展开访问期间。那个时候的萨达姆，明显比以前消瘦了不少。而后，我把萨达姆在同一时期的各种存照和录像呈给了局里的医学专家。一番观察之后，专家确认：我的观察没有错，当时的萨达姆确实有些身体不适。不过，他并未为了养生而舍弃雪茄这个爱好。

克隆加尔德的一番话打断了我的分析。长官表示：“不用说那么多。我们首先要确认一点：这个俘虏就是萨达姆本人，而不是影子武士之类的替身。”萨达姆的“替身传闻”让克隆加尔德很是谨慎。他甚至作了决定：在俘虏的“替身”嫌疑得到排除之前，相关消息绝不能报给华盛顿方面。而且，他更不允许我们把“萨达姆落网”的事情昭告天下。闻听此言，我的心中不禁呐喊起来：“哪来他×的什么影子武士啊！”当然，表面上的我仍然保持沉默。这样的场合，可不好破坏了气氛。

萨达姆的周围总是围绕着不少神秘的传闻。所谓“影子武士”当然就是其中的一则。既是传闻，我等萨达姆研究专家自然不太苟同。这则传闻也是我们用来打趣的一大笑点。某些西方人一直认为：萨达姆在私下里搜罗了不少和自己面目相似的人，并驱使他们替自己出席公众活动。这样一来，即便外国情报机构要对萨达姆下黑手，最终也会落得一场空。当然，如此传闻并非毫无根据。您如果仔细观察伊拉克独裁者和他那一众保镖的体貌特征，一定会发现他们长得确实有些接近。不过，萨达姆的贴身卫士大多来自他的亲族。亲戚之间，自然拥有不少相似之处。我已经记不清，自己和同行们不知打过多少份报告以便澄清所谓“影子武士”的谣言。相关的时代，至少横跨了克林顿与布什两位总统的任期。但是，国防部长拉姆斯菲尔德仍在自己的回忆录里大谈特谈萨达姆的“替身问题”。就连我们的顶头上司乔治·特内特（1996年至2004年间任中央情报局局长），也对“影子武士”的故事津津乐道。

（几周之后，我们正式开始了对萨达姆的讯问。其间，“影子武士”的话题被摆上了台面。“事主”对此报以大笑。他表示：“对了，你怎么知道你眼前这个萨达姆就是本尊呢？也许我就是替身，真的萨达姆还在东躲西藏呢。”而后，我们的询问对象坚定地摇了摇头，再次发出衷心的笑声。“没有什么影子武士啦，”他说，“世界上只有一个萨达姆·侯赛因！”）

谈话间，戈登要我随时待命。一旦情势需要，我就要帮助有关人员“识别萨达姆”。得令之后，我匆匆赶回了楼上办公室。刚在电脑之前坐定，史蒂夫就找上了门。他要我想出一些“只有萨达姆才能给出答案的问题”，并将其列成表格、以备使用。而后，史蒂夫的一席话，更是改变了我的职业生涯。他表示：“上头要你完成一次任务。你去确认一下，今晚抓住的这个人到底是不是萨达姆？”那一天，我已经工作了整整17个钟头，早就已经精疲力竭。但是，听罢史蒂夫的话，我的眼睛不禁一亮。一股前所未有的兴奋情绪，随着身体中的肾上腺素而激荡和奔涌。没错，由我起草的一份声明，很可能即将让整个世界感到震动。接下来，我开始对着电脑构思问题。那个将美国拉进战争的“独裁者”，即将面对我的一份考卷。就这样，40分钟过去了。

据说，军方会乘着当晚出动的飞机把那个“萨达姆”运到机场，那也是我们对他验明正身的地方。局里的一位高级官员告诉我：出发之前，大家会在酒吧先碰个头。这处酒吧专为中情局特工而设。巴格达分站刚刚兴建之初，酒吧就已经开张。所谓的酒吧，其实就是一台房车。车里有几台电视，还装饰着许多圣诞彩灯。当然，冰冻啤酒也是少不了的。我经常和同事们开玩笑：如果美国政府能像我局经营酒吧那样认真地应付伊拉克局势，此地恐怕早就安静和平得好像中东的瑞士了。来到酒吧，我发现几位资深特工正在畅饮。萨达姆落网的消息，让他们决定干上一杯。我一直耐心等待，而大家的兴致却一直未减。许久之后，我才得知车辆就停在分站大门之外。于是，我飞速奔向出发地点，并一头钻上了一辆汽车里 。

午夜将至，车队驶上了机场高速。这里，被美国媒体称为“地球上的头号夺命公路”。到了夜间，此路更是一片恐怖的禁地。几个星期之前，中央情报局“伊拉克搜查组”（Iraq Survey Group）的头头大卫·凯就在这条路上遭遇了武装分子的伏击。凯这个“搜查组”是应总统的指令，来到伊拉克搜寻“大规模杀伤性武器”的。这场变故虽然没有取走凯的性命，但也提醒大家“夺命公路”的名头并非浪得虚名。那一晚的我也是防弹衣加身，还抄上了一件武器。与我同行的还有乔治——一个有黎巴嫩血统的翻译，以及局里的测谎专家布鲁斯，此人善于让讯问对象放松警惕，敞开心扉。（那一次，我们没有足够的时间去组织一场专业的测谎仪式。而且，上头还特别强调：一旦进行测谎，萨达姆很可能大为震怒。此后，他断不可能和我们进行合作。他们的这点顾虑，我倒是表示认同。）

我们的车上武器众多，就像一个小型军械库。此外，司机还配有夜视镜。因此，一路上汽车未曾开灯，行驶时速几乎接近一百英里。到达机场的时刻，和预计的时间正好一致。荷枪实弹的大兵先是叫我们靠边停车，而后又带着一众人走向“战地讯问设施”（Battlefield Interrogation Facility）——一段长长的路程过后，我们在一扇临时搭起的铁门之前停下脚步。一个大兵升起了门帘，一道小径出现在门的那边。四下无光，路的尽头则立着一排低矮的房屋。

房屋的头一座，就是“战地讯问设施”的所在地点。萨达姆在执政期间把房子划拨给了自己的亲兵“共和国特别卫队”（Special Republican Guard）。现在，曾经的卫队总部一片狼藉。屋内，到处都有美国大兵走来走去。一张办公桌边，杵着几个武装到牙齿的士兵。我们的证件，被他们仔细查看。而后，主人要我们到邻近的一间办公室内静候片刻。办公室里有一面宽屏电视，还有一台装满饮料的冰箱，要想坐下休息，也有沙发可以使用。我等来人进门之前，有人曾在这里观赏DVD光碟。不过，影片并未播映完毕，DVD机就被按下了暂停键。就这样，《善、恶、丑》（*The Good, the Bad and the Ugly*）中的一幕定格在了屏幕之上，朝着房间不断闪光。

我们在等候室里一待就是好几个钟头。其间，我摸出那张考卷，反复推敲其中的种种“试题”。（事后，我才发现：在我到来之前，美国陆军已经请来两名鉴证“专家”对俘虏的身份进行了审查。其中的一位是萨达姆的亲信、总统府秘书阿比德·哈米德·马哈茂德·提克里提（Abid Hamid Mahmud al-Tikriti）；另一个则是萨达姆政权的外交部部长塔里克·阿齐兹（Tarik Aziz）。一见萨达姆，前者不觉咧嘴一笑。曾经的老板，最终没能逃脱这层天罗地网——也许，提克里提是在为此莞尔。“没错，就是他。”当然，萨达姆可没察觉到提克里提的这点情绪。毕竟，秘书和总统之间，隔着一层单向玻璃。

我们还在等待，一名大兵走了过来。他的手里，握着一个面盆——也就是梳理修面的时候，少不了的那种盥洗用具。看来，陆军方面刚刚给萨达姆刮了个脸。与此同时，我的一位同伴站起身来，跟着大兵出了屋门。待他转来，手里已经多了一个口袋。他拉开拉链，现出仿佛是胡须一类的玩意。原来，同事讨要了几把萨达姆的胡须，作为此次行动的纪念。我不免嘀咕起来："辨认程序怎么还不开始？继续等下去，不知道这帮人还能做出什么蠢事。"还好，我们终于可以开工了。一颗大兵的头探进门内，喊道："大家注意，开始行动啦。"

我们起了身，沿着一道长廊向前迈进。灯光昏暗，我能感觉自己的心脏一直怦怦地乱跳个不停。走廊尽头的淋浴间，正是萨达姆身处的牢狱。他就在里面，但是军方的审讯人员还在问着问题。于是，我们还得等。十几分钟，又这样过去了。

倏忽之间，门开了。那一刻，我紧张得深吸了一口气。他就坐在那里，身下是一把金属折叠椅。身上那套白色"迪什达沙"（dishdasha，一种长袍）的外边裹了一套风衣。（毕竟，那是个12月份的冷夜。）多年以来，这个人的面容，我在录像和图片里已经见识过无数次。

"我的个天，这人真是萨达姆！"这就是我当时的一闪念。不过，我很清楚：这点粗浅的印象，还需得到进一步的证明。我要注意他的谈吐，我要向他抛出问题。但愿，我能在他的回答中，找到足以表明他身份的证据。

我和同事走进淋浴间，坐到了他的面前。屋里有些拥挤。除却我和三名同事（翻译乔治、测谎专家布鲁斯以及来自"拘留人员事务部"的查理），还足足插进了六七个军方便衣。本人受美国陆军特种部队之托，负责确认眼前这位俘虏的身份。显然，我应当开启话头（当然，这需要翻译从中帮忙）："我准备了一些问题想要问你。请你务必据实相告，明白了吗？”听罢翻译的转述，萨达姆点了点头，表示同意。于是，我开始了第一个问题：“你最后一次见到自己的两位公子，是在什么时候？”此言一出，萨达姆的脸上泛出一丝怪笑。他抛开乔治，直接向我发问：“你们是什么来头？军情局的人，还是民事情报局（Mukhabarat）派来的？回答我的问题！麻烦你们先报上名来！”

萨达姆是个刺头——这一点，我早有预计。但是，眼见他如此咄咄逼人，我还是心头发虚。还没来得及想好该如何回应，一名同事就插话了：“我们来这儿不是要接受你的讯问。你，才是需要回答我们问题的那个人！”这个“意见”得到了萨达姆的认可。而我们的工作也得以继续。只见他一面聆听，一面摆出满不在乎的表情。身边这个陌生的环境，他好像很是适应。囚徒这个身份，也没让萨达姆感觉多么别扭。对于这一点，我很是吃惊。他的表情是如此轻松惬意，仿佛把这里当成了每到周末必来的悠闲之地。至于这场讯问，似乎也不过一顿家常便饭而已。

谈话之间，我的目光扫向了萨达姆。我看到了那处代表部落出身的刺青。它就在他的右手背面，位于大拇指和食指之间，右手手腕处的标志也显得很是清晰。他的上唇微微垂下，和照片里、录像中的那副形象简直如出一辙。没错，眼前的这个人，百分之百就是萨达姆·侯赛因。当然，我还需要确认一下那处1959年的老伤，以及提出几个事先设定的只有他才能回答的问题，才敢得出完全肯定的结论。

对于我提出的大多数问题，萨达姆都显得很是诚实，至少，面对那些他愿意作答的提问，萨达姆还是乐于据实相告的。不过，当我提到他逃出巴格达的过程，又问及那些向他提供掩护的人的身份的时候，萨达姆没有正面回应。见我如此发问，他表示有些不解：“你应该问点政治方面的事情吧？看你的样子，应该对我了解很多啊？”他的看法，我全盘接受。但是，审讯有个过程，有些问题必须先问——这也是我给他的解释。其实，如果审讯由一系列的问题组成，最终大有落得一事无成的可能。光靠提问，审讯人员无从取得审讯对象的信任。对方稍有意识，便会选择沉默以对。如此一来，再多的问题也无从求得答案。当然，这次见面主要是为了验明身份。我也不指望对方能给出什么有价值的情报。

除了乔治，军方也委派了一名口译人员参与此次讯问。这人一身迷彩服、外加卡其色的T恤。乔治的话，时不时就会遭到他的打断。而且，他还很爱发表自己的见解。他的语气十分坚定，完全不容有人置疑。往往在我的问题还没出口的时候，或是乔治话音方落的那个当口，满屋子的人就能听到他的点评：“你错了，他不是那个意思！”“你刚才翻译有误！”三番五次下来，气氛已然有些僵化。眼看着，一场讯问就要变味了。至于审讯对象萨达姆，他当然乐得观赏这样一出好戏。他的眼睛左来右去，就像在看网球比赛。有那么一刻，一丝笑容甚至浮现在了萨达姆的脸上。后来，萨达姆干脆装出一副不满的样子。他频频摇头，向着军方的那位翻译不断示意。显然，他在假装抱怨我们的问题。有那么几次，他的举动甚至得到了翻译官的肯定。一个小时过去了，形势变得愈发尴尬。萨达姆迤迤然靠着椅背，坐看这群美国人互相斗气。他的表现，也愈发地轻松随意。队友之间一点小小的嫌隙，就这样遭到了萨达姆的利用，从而差点闹得不可收拾。他的这点才能，还真让人不可思议。其实，这何尝不是他的治国之策的一次体现呢？

审讯还在继续。我问萨达姆，看他有什么话想要告诉我们。他当然有话要说，而且，他的话匣子一旦打开，就几乎难以关闭。他喋喋不休，抱怨特种部队在抓捕行动中对自己“照顾不周”。“对待一国总统，你们就是这种态度？假如贵国总统布什先生落到了相同的境地，难道我们伊拉克人也要如此折辱他不成？

我可以告诉你们，我们伊拉克人的待客之道绝不是这样的。”

萨达姆的话，让我难以置信。为此，我盯着他的脸，怔了好久。我眼前的他，是个杀人不眨眼的魔君。伊拉克人的生死，他从来不曾挂怀。但是，一点磕磕碰碰，就引得他抱怨连天。不过，我还是表示：他的投诉，会得到妥善的记录和处理。其实，萨达姆的怨言并非毫无道理。特种部队的那些人确有一点粗鲁。我甚至听到动静，仿佛有人直接赏了他一巴掌，而后高声喊道：“我这是要为‘9·11’报仇！”

萨达姆还在继续“诉苦”。历数了身上的各种疮疤之后，他又卷起长袍，向我们展示了左腿上的一道创痕。看那创痕的样子，应该属于老旧伤势。于是，我不动声色地发问：难道，这就是当年刺杀卡西姆所留下的弹痕？萨达姆一声冷哼，肯定了我的猜测。没错，最后一点证据也已经得到坐实。他，就是萨达姆无疑。我们确实已经俘虏了萨达姆·侯赛因。

有人抛出了一个有关“大规模杀伤性武器”的问题，随即遭到了萨达姆的白眼。“你们抓我干什么？干脆去找那些武器不就好了？”审讯对象斩钉截铁地说道。布什总统口中的“大规模杀伤性武器”始终不见其影，萨达姆似乎也为此来了情绪。他开始破口大骂，说美国人就是“一群无知的流氓恶棍”。在他看来，美国方面完全不了解伊拉克的情况，只是打着“搜寻武器”的名义来到这里制造事端。而且，所谓的“大规模杀伤性武器”根本就不存在。一番痛快淋漓过后，萨达姆安静下来。那副怯生生的样子，仿佛是为自己刚才的待“客”之道感到愧疚不安。他甚至还试图弥补几句，找回场子：“我可不是在数落你们啊！我知道，你们都是奉命行事。我刚才谴责美国的话，都是针对你们的政府！”

同伴当中，有人向我表示：我还有没有什么其他问题需要了解？于是，我终于可以满足一下自己的好奇心。当年4月，在美军的注目之下，“天堂广场”上的萨达姆塑像轰然倒塌。打那以后，我一直好奇：事主本人又会对此有何看法？“萨达姆先生，我知道，终你一生，你都想在伊拉克历史上留下一笔。你大兴土木，在全国各地修建了不少纪念工程，用以昭显自己的执政功绩。那么，看着自己的塑像被人摧毁，你有什么感觉呢？”萨达姆闻言一笑。答话的时候，他举起食指，强调：“请你给我听好，本人从来没有下过命令要任何人为我树立塑像。“革命指挥委员会”的人倒是经常向我提起：‘萨达姆，我们准备四处张贴你的画像，还想为你建造一座塑像。’这样的请求，我都是一口回绝。不过，委员会还是我行我素。我作为领袖，总不能随随便便干涉他们的举动吧？”他的回答，叫我再度无语。我实在清楚，萨达姆可不是个礼待下属的上级。临走之前，我告诉萨达姆：“萨达姆先生，你刚才说，你可以在政治方面为我指教一二。那么，我希望大家能有机会好好谈谈政治。”萨达姆哼哼哈哈，接受了我的邀请。而我们一行几人，也离开了那个小房间。

回程路上，已是日头高升。我还没走回自己的车子，身边就已围上来一堆好奇的人。大家很想知道，昨晚我到底经历了什么。他们甚至一个接一个向我表示祝贺！仿佛是我亲自出手，把萨达姆拉出了他的藏身之穴。我很感谢各位同事的好意。不过，三十多个小时的忙碌奔波之后，睡一场好觉才是我迫切的追求。

好了，现在萨达姆其人已在美国军队的掌控之中，而我也可以规划回国的行程了。还有四周，我的外派之旅就将结束。我觉得，这应该是一段清闲无事的太平日子。事实证明，我的预想大错特错。没过几天，拉姆斯菲尔德就在有线电视新闻网（CNN）的节目中表示：中央情报局将会立即对萨达姆展开盘问和审讯。于是，我的伊拉克岁月不但没有结束，反倒又掀开了长长的一段篇章。

第二章

“要敢于去做正确的事”

我从来不曾想过，有朝一日，自己能够进入世界上数一数二的情报机构，并以研究伊拉克为职业。毕竟，长大成人之前，我根本就不知道这个世界上竟还存在此种职业。本人生于1961年4月8日，故乡位于长岛（Long Island）的南岸。家里5个兄弟姐妹之中，我排行老幺。在那个年代，很多孩子都对历史和政治毫不关心，也没有成为政府公务人员的意愿。少年时的我就是这类孩子当中的一员。相对而言，体育活动更让我着魔。升入高中过后，我又迷上了摇滚乐队——那才是我和我的同学们朝思暮想、念念不忘的事情。除此之外的广阔世界，那时的我从未正眼观察过。大家知道，本人的姓氏和我国某位声名狼藉的总统先生正好相同。不过，这点缘分也没能激起我对政治的兴趣。

我就读初中的时候，中东问题已经成为各种灾难事件的导火索。1972年，慕尼黑奥运会上11名以色列运动员被恐怖分子杀害案因此而起；1973年的“赎罪日战争”[①]也与此相关；更别提1973到1974年之间的石油危机等等。不过，小

---

① 赎罪日战争（第四次中东战争）：发生于1973年10月6日至10月26日。起源于埃及与叙利亚分别攻击6年前被以色列占领的西奈半岛和戈兰高地。战争开始埃叙联盟占了上风，但此后战况逆转，最终以色列军队取胜。

小的我并不清楚其中的厉害。九年级的某一天，我就读的那所高中抽出一堂课的时间，向我们介绍了伊斯兰世界的概况。不过，这样的课程真是绝无仅有。要知道，我等学生可是花了好几个星期的功夫去学习以色列的历史和地理。（而且，学校里有不少犹太裔同学，其中不少人还在上希伯来语课。）其后很长一段时间之内，我和中东世界再无瓜葛。

直到1980年，中东的事情才再次引起我的注意。那一年，这个地方真是风云激荡：就在那时，苏联军队侵入阿富汗①；伊朗人质危机（Iran hostage crisis）②爆发。此外，还有一桩恐怖袭击的祸事降临到了美国驻巴基斯坦大使馆……可能就是出于这些缘由，时任总统吉米·卡特（Jimmy Carter）决定重启“义务兵役登记计划”。所有年届18到28岁的男子，都必须接受登记。于是，我搭着哥哥的便车，来到本地邮局履行了这项义务。不过，直到其后的1981年，平生之中，我方才第一次和一位活生生的穆斯林相见并相识。

我的母校霍夫斯特拉大学（Hofstra University）就在长岛。我到此地求学，并没有什么特殊理由。我只是在不经意间填好了入学申请，而后正好得到了校方的肯定和回应。就这样，我成了那里的一名学生。不过，此地于我，倒是一处理想的教育场所。各位师长都很优秀，而我也有机会博览群书，并因此爱上了历史这门学问。对了，我在大学的专业就是历史学。俄罗斯的历史、苏联的情况和冷战的进程最是让我着迷。我上大学那一阵，里根成了白宫的主人。冷战的烽

---

① 1979年为驱赶阿富汗新上台的总统阿明，苏联发动了入侵阿富汗的战争。直到1989年苏军全部撤出阿富汗，长达10年时间。这次入侵给阿富汗带来灾难性后果，给中东阿拉伯世界带来重大变故，被认为是苏联对外政策的重大失败。

② 伊朗伊斯兰革命后，美国大使馆被占领，52名美国外交官和平民被扣留为人质的一次危机。这场人质危机始于1979年11月4日，一直持续到1981年的1月20日，长达444天。

火也因此又变得炽热了几分。不过，对于中东问题，当时的我仍然不感兴趣。

阅读，数度改变了我的人生旅程。有那么两本著作，给我的影响最深。其中的一本叫作《尼古拉和亚历山大》，出自罗伯特·马西耶（Robert K.Massie）之手。书籍讲述了末代沙皇与皇室的生命历程。从中，我见识了时代力量对于个人命运的冲撞。另外，伊赛尔·哈雷尔（Isser Harel）的《加里波第街上的那座房》也在我的脑海中留下了难以抹去的印象。哈雷尔出身以色列的秘密情报机构“摩萨德”，还曾担任机构的负责人。借由此书，哈雷尔介绍了自己和同事将阿道夫·艾希曼逮捕归案并解往以色列受审的故事。哈雷尔和艾希曼面对面的那幕场景，尤其冷峻得叫人难忘。那次会面就发生在纳粹分子落网之后不久。曾经负责把犹太人押送前往集中营的艾希曼一面直勾勾地盯着“摩萨德”来客，一面开始背诵《妥拉》（犹太教经典）的片段。哈雷尔的著作，点燃了我对情报世界的兴趣。大学毕业之前，我终于下了决心：要在将来进入政府，找到一份差事，把曾经读过的故事亲身经历一遍。假如历史是一场拳赛，自己一定要坐到拳台的边上，从最佳的角度进行围观。

本科毕业后，我前往纽约大学攻读硕士。那时，我的专业仍是历史，研究方向则关乎美国外交政策的演变。正是在这里，我有幸得到迈克乔治·邦迪的指导。每个星期，恩师都要和我等学生探讨一个话题。这些话题，统统和冷战相关。邦迪不但会说起事件本身的进程，还要把各位学者的意见分别做一综述。他能侃侃而谈两个小时，其间从不看稿，甚至没有半点吞吞吐吐。他牢牢把握着学界的最新动向。我等学生一旦需要帮助，他也都能抽出时间，不吝赐教。

1989年3月，我来到了加利福尼亚，在橙县（Orange County）的一家律师事务所里找到了一份工作。单位的氛围有些保守，而我的职位则是研究员。当个律师，似乎才是二十来岁年轻人在求职方面的天然选择。我一度也觉得自己在求学的时候选错了方向。当然，来到西海岸的加州，我可以享受和家人团聚的好处。母亲和3个姊妹早就已经移居此处。同时，我在这里还结交了不少朋友。当然，从职业规划的角度考虑，华盛顿特区才是我硕士毕业之后理想的去处。也许，我在当时应该立即奔赴那里，并随时为了进入中情局而努力。但是，按照时下年轻人的说法，那时的我，更想要“活在当下做自己”。

我第一次向中情局投递简历，还是1990年的事情。那时候，距我取得硕士学位已有两年。同时，海湾战争的脚步也在日益临近。一切源自《外交事务》（*Foreign Affairs*）上的一则招聘广告。我响应广告的号召，前往加州艾尔蒙特（El Monte）去和面试官详谈。我还记得：就在等候室内，自己看到了萨达姆挥师入侵科威特的消息。“天呐，这还真是个大新闻。”我当时这么想。面试中，我的谈吐似乎打动了对方。他也向我表明了下一步的招聘计划——我要参加一次标准化的考试，以展现自己在外交事务方面的知识。考试的地点在圣迭戈，而时间则持续了几乎一天，这一点，叫我想起了GRE（美国研究生入学考试）。其实，那又何尝不是一场“美国间谍入职考试”呢?

那一次，我的成绩非常优秀。至少，对大部分试题我都是应付自如。就这样，我收到了最终的面试邀请。谁知道，我还没来得及奔赴华盛顿，一通电话就打了过来。原来，面试的时间必须延后。未过多久，本已延迟的面试再次向后拖延。而后，这样的情节竟然还第三次上演。终于，对方送来了“面试取消”的消息。可想而知，当时的我是何等的垂头丧气。不过，那也是中央情报局的一段衰退期。人事进程因此大受影响。这一点，我当然无从知晓。

1993年，我得到乔治敦大学“国家安全研究计划”的资助，得以前往华盛顿继续深造。1996年，第二个硕士学位终于到手。而后，我走遍全城，广撒简历，开始了新一轮的求职历程。1年之后，我撞上了一则意外之喜——中央情报局向

我发来了面试的邀请。面试的当天，我足足迟到了一个半小时。对于我的身份，中情局的诸位门卫很是怀疑。花了好长一段时间，他们才搞清楚我的来意。走进中情局的新总部，我发现了一面铭牌。“人要追求真相，真相让人自由”——铭牌上的这段话，给了我一点归属感。看来，中情局的这份工作我是非要不可了。

不过，当我和面试官相向而坐的时候，还是紧张得出了一身大汗。所谓面试地点，就是一处小隔间。薄墙外的动静和人声，被我的耳朵完全捕捉，全无遗漏。我能想见：自己那故作自信的姿态和谈吐，是如何地引发了墙那边的拊掌和欢声。末了，面试官礼貌地表示要和我“再接触”，而后就请我回家等候消息了。没想到，对方的话并非只是客套。几星期之后，我得到了第二次面试机会，而且还顺利获得通过。而后，我又等待了9个月——背景审查需要时间，而我还需要接受测谎器的考验，方才得到一个确切的“到岗日期”，也就是1998年的2月3日。接到消息的时候，我高兴得好像登上了月球。效力中情局的梦想，就这样成了现实。不过，仍有一点疑虑萦绕心头……毕竟，我不知道我要干些什么，也不清楚自己的具体职责范围。相关内容，单位也没有透露。他们只是嘱咐我：必须准时到岗！

到岗前几天，我方才知晓自己的归属所在。按照中央情报局的内部用语，那个地方叫作“伊拉克事务研究室”，隶属于“情报处”（Directorate of Intelligence）管理，而我则是其中的一名“要人研究员”。上峰的安排，也许和我在乔治敦期间的那篇硕士毕业论文有关。为了写作论文，我在当时对萨达姆·侯赛因的情况很是关注。如今进了中情局，他的一切仍然需要我仔细过目。就这样，我的第一份工作就是研究萨达姆及他的家族（这也是他巩固权力的手段）。同时，我得关注他的部落出身，以及他行事的动机、做事的手段，还有他赖以弄权的一切方法。我和我的同事们，就好像在玩一出拼图游戏。我们手中的

“拼图”要么来自秘密的情报文件，要么来自电子监听。每个“要人研究员”的眼里，都有一位重要的关注对象。同时，关注对象的政治关系，也是我们关注的重点。

新工作真是刺激。萨达姆其人，对我来说有种莫名的吸引力。身边的同事也都是知识渊博之辈。他们各有各的“关注对象”，很多人已经为此奋斗多年。他们口中的词汇，在我听来也非常新鲜。很快，我就学到了不少如此这般的“情报语”。比如“POTUS”代表“总统”；“SVTC”读作“西乌茨”，意为“秘密视频电话会议”；“NID”是“国家情报日报”之意，而“PDB”则是呈给总统的“每日情报汇总”等等。当然，身居总部大厦七楼的各位领导，也享有各自的代码和外号。我曾经开过一个玩笑：咱们中情局员工之间的对话，外人根本弄不明白。就像一个不懂西班牙语的人，又何从理解西班牙语电视节目的内容呢?

当然，中央情报局是一个巨型的官僚机构。像其他同类单位一样，这里的领导体系等级森严。安于现状的官僚自然也不会少。他们总觉得，新鲜的想法会危及自己的乌纱帽。加入中央情报局之前，我曾经勉励自己“不怕犯错，要勇敢去做”。十多年的情报生涯下来，我已经成为一个历经了克林顿、布什和奥巴马时代的三朝元老。实践告诉我，要在中央情报局工作，“要敢去做正确的事”才是应当坚持的原则。

各个办公室主管的秉性，和大部分的同事都是截然相反。对我而言，前一个群体不但高高在上，而且十分疏远。他们往往记不住我的名字，也不清楚我的职责所在。他们甚至多次坦承：如果由他们说了算，我绝不会有入职的机会！其中的原因倒也简单。我来之前，中央情报局刚刚进行了机构改组。对于各个“研究办公室”而言，“要人研究组”也是新生事物。主管们还来不及把“要人组”

的工作内容搞个清楚，就已经成了我们这一干研究员的领导。上班第一天，他们甚至仓促得忘记为我安排一张办公桌。好不容易落了座，我又发现自己和其他同事之间几乎隔着万水千山。当时，正值萨达姆向联合国方面发出威胁，表示要把武器观察人员驱逐出境的时候。这出危机，让整个“伊拉克研究室”忙得焦头烂额。可能正是由于忙碌，我这个新丁的座位问题自然不值得各位主管太过挂念。

各位领导都有自己的亲信。作为新人，我必须尽快证明自己的能力。如若不然，只有滚蛋。我很清楚：要想获得信任，自己一定要努力学习。我必须对萨达姆“知根知底”，对于他的治国方略也得十分熟悉。入职第1年，我的任务实在艰巨。还好，经验的累积，我对这位伊拉克总统的认识也是日新月异。渐渐地，我的上司意识到了我的存在，而他们也给了我一些鼓励。再加上任务的锤炼，我终于发现自己有了发掘有价值情报的能力。

对于伊拉克这个任务，中情局上下都有些准备不足。其实，早在2001年底，大家都很清楚美国即将出手推翻萨达姆。有赖于白宫方面的不断鼓噪，大家都觉得萨达姆的威胁即将降临美国本土。为了完成任务，中情局“情报处”的伊拉克办公室应运而生。接下来的两年半，办公室不断扩容。作为“别动队”的成员，我们也都做好了随时出征的准备。按照中情局的传统，但凡出现任何危机，一支由分析员组成的“别动队”就会因此而成军。我们要时刻追踪最新资讯，并为决策者提供相应的依据和分析。当然，运筹帷幄、制定政策的事情，我等“别动队员”完全无从置喙。

其实，我们的领导倒是表示自己愿意“从谏如流”。当然，他们求助的“谏客”往往只有那么几个，而且大都是各自在周末时候的玩伴。这类人提供的见识，当然属于老生常谈。如此的“懒政”现象，不仅限于办公室主管之中，甚至负责编写那8页、10页备忘录性质的“每日情报汇总”的那帮人，同样也是愚顽不堪。在他们的笔下，“要人研究”往往会变味成政治分析。对于各种政治秘闻，他们大谈特谈；至于那位“要人”做出决策的用意，则不是“每日情报汇总”的关注重点。有时候，我这些编辑同事也会出于配合行动的目的，对研究对象的动机和目的进行仔细的勘查检验。当然，他们这样做，纯粹是为了完成任务。整篇报告也因此成了充斥着叙述性文字的应景之作。至于研究对象的性格特点，他们往往全然不提。但是，危机到来的时候，白宫方面却总是希望我们的备忘录能站在对方立场之上对事件进行一点分析。毕竟，我们的总统也想了解一下对手的心理。为此，白宫方面多次找上中情局的门，要我等好好谈谈研究对象的心理动机。有时候，一些高官会直接向我们求助。1998年，我刚刚进入中情局的时候，类似的要求就已经数不胜数。一开始，白宫人士很想知道：“伊拉克政府到底想要干吗？”后来，问题又变成：“萨达姆的目的是什么？他究竟想要干什么？”

“伊拉克研究”的头绪实在纷杂。因为遭遇制裁，萨达姆政权在国际社会中人缘不佳。美、伊两国之间的嘴仗更是十分频繁。有的时候，双方干脆兵戈相见。伊拉克的中南部被美国方面划作“禁飞区”。美军战机还会时不时地对伊拉克进行空中打击。同时，伊拉克的诸位近邻，也都和萨达姆政权关系不睦。“大规模杀伤性武器”的疑云，让联合国武器观察员成了伊拉克境内的常客。除却这些烦恼，萨达姆还得应付身居国外的一大帮反对者。这些人态度激进，有的定居西方，有的则以伊拉克的邻国作为活动基地。即便到了萨达姆的管制区域，汹涌的反政府暗流也足以叫他忧心。

其实，萨达姆已经安然度过了无数次的“危机”。对他来说，1996年中情局参与的那次颠覆活动，甚至只算一个小小的烦扰。那次颠覆以大败而告终，政变的主力来自“伊拉克国民协议”——这是一个由叛逃国外的萨达姆政权军官和安全人员组成的政治派别。萨达姆的特务组织很快就摸透了“伊拉克国民协议”的老底，并在当年6月到7月之间终结了政变者的努力。2003年伊拉克战争期间，艾哈迈德·沙拉比领导的伊拉克最大的反对派组织“伊拉克国民大会”也曾给美军提供了不少帮助……但反叛者们的一次次图谋，总是被萨达姆政权领导的“情报局 ”轻松化解。

我们“伊拉克办公室”的各位直接领导总在纠结以下这几个问题：萨达姆政权的统治究竟有多稳固？萨达姆会不会向北扩张？萨达姆有没有向南发展的可能？他那些大规模杀伤性武器又藏在哪里？如此等等的疑团，久久地缠绕在乔治·特内特（George Tenet）等中情局负责人的心里。对于“伊拉克办公室”的办事效率，特内特很不满意，我们的一位主管因此被撤了职。取而代之的人名叫“菲尔”（Phil），是特内特的得力助手之一。此人得到中情局局长的特别指令：他的工作，要向特内特直接汇报。

菲尔这人有着一大才能——夸夸其谈。在这方面，他应该是鲜有敌手。七楼高层领导的心思和需求，他更是再清楚不过。于是他投其所好，提供的报告材料总是简单易懂。决策者们省心省时的同时，还可以从中看出一个官场老手那一点谄媚阿谀的小小用心。中东地区那复杂的宗教、文化和历史状况，就这样被菲尔寥寥带过。我等分析人员则还要被同样的问题折磨：如何推翻萨达姆政权？又该如何对他进行震慑？他倒台之后，又应该找谁补上这片权力的真空？上峰似乎觉得：这些问题的答案就像长在低矮枝丫上的水果，可以信手拈来，随意采摘。实际上呢？像伊拉克或伊朗这样的课题，足以花去一名情报局分析人员许多年的时间。他需要皓首穷经、查尽资料，才能看清当地的情势和发展。要想做好研究，历史背景自然十分关键。在菲尔看来，这些东西却好像是无聊的历史故事。有他这样的态度，我们再也不敢提出任何合理的要求。后来，菲尔调任国家安全委员会。在那里，他等来了自己的“报应”[1]。委员会的重要成员扎尔马伊·哈利扎德曾在布什总统手下担任国防部的代理副部长，后来又先后3次出任驻外大使，驻地分别是阿富汗、伊拉克和联合国总部。此人对中情局极度缺乏信任感。有那么几次，他都不允许菲尔进入会场参加委员会的会议。至于菲尔，他后来成了中央情报局反恐中心的副主管，专门负责对“基地”组织进行打击。

“及时信息”是分析人员的生命线。我们要为决策人士和高级官员制作每日备忘录，方便他们及时了解世界大事（也就是“世界各地发生了什么事”）。同时，我们还会把情报机构对于这些大事的分析与看法（也就是“这些事又可能引发其他什么事”）也一并奉上。如此一来，日理万机的决策层才能做到算无遗策。但是，我等分析人员的精力，全都浪费在了猜测萨达姆的扩张方向是南是北，以及“大规模杀伤性武器”的隐藏方位之类的问题之上。

本人是“伊拉克问题研究室”中唯一一名“要人分析员”。不过，鉴于我毫无经验可言，上司却又不肯让我撰写有关萨达姆的研究报告。没办法，我的报告只能以萨达姆的儿女们为题。我觉得：当时萨达姆的心中已经有了心仪的接班人——也就是他的小儿子库赛；至于长子乌代，则已经失去了父亲的宠爱。我想，这样的情报应该很对白宫国家安全委员会的胃口。那是1998年，克林顿当局一度想要兵不血刃地解决伊拉克问题。一个足以取代萨达姆的人选，自然能引起白宫的注意。

其实，那个时候，美国方面在伊拉克境内毫无人脉可言。现在看来，这是美方在当时频频失算的一个重要原因。美、伊之间没有外交关系，自然没有一座

---

① 该句摘自阿玛吉亚·巴拉姆所著《为了危机的建设：萨达姆·侯赛因的求存之道》第56页，由华盛顿“近东政策研究所”出版。

驻巴格达大使馆可以充当耳目。对于当地情势，我们完全是两眼一抹黑。如此一来，美方只能依靠那些旅居海外的伊拉克人作为信息的来源。1999年，伊拉克宗教领袖穆罕默德·萨迪克·萨德尔被萨达姆的爪牙所杀害。可是，当时的我们甚至不知道这个萨德尔是何许人也。假如，我们拥有一名信奉什叶派的线人提供可靠情报，美方不会不知道此人的存在。他是一名什叶派教士，一位“阿亚图拉”（一种宗教头衔）和“赛义德”（这个封号代表他是先知穆罕默德的后裔）。在纳杰夫（Najaf）的宗教界和政治圈子里，萨德尔都有着深厚的影响力。伊拉克政府迫害什叶派信众的行径，让他非常不满。为此，他不惜和萨达姆公开作对。此外，穆罕默德·萨迪克·萨德尔的儿子穆克塔达·萨德尔（Mukhtada al-Sadr）也值得一提。后来，这位小萨德尔领导的什叶派武装“马赫迪军”会成为伊拉克政坛的一支重要力量。同时，他也是驻伊联军的大敌。如此重量级的一对父子，美国方面在那时却是一无所知。

穆罕默德·萨迪克·萨德尔遇害之后，我和另一名同事曾经找到菲尔。我们觉得，萨德尔之死肯定会在什叶派信徒当中掀起一阵狂澜。相关的情况，值得我们大书特书一番。我还表示：伊拉克境内的什叶派政治势力，很有可能在萨达姆之后成为该国政坛的主角。面对我俩的请求，菲尔也给出了他的意见：首先，我们提供的这些信息，定然不会激起决策者的任何兴趣；不过，如果我俩执意为之，倒也无可厚非。显然，他是在说，不要烦我，但我也不会干涉你们的行动。但是，没有上司的支持，我们面对如此复杂的课题又该从何下手？“要人研究”的另一大问题，也由此暴露无遗——我们的目光仅仅盯在萨达姆和他身边的那个小圈子之上，所得的一点收获也几乎全都和萨达姆政权有关。而且，我们的情报来源非常有限。与此同时，我们却忽略了另外一点重要信息——那就是“9·11”之前，伊拉克国内的什叶派势力对萨达姆政权的威胁。这也难怪，我们能够接触到的信息来源无论是旅外的伊拉克侨民，或是萨达姆的反对者，大多属于逊尼派。他们虽然不满萨达姆，但和伊拉克国内的什叶派势力也是不共戴天的仇人。在他们的影响之下，美国情报部门也形成了一种思维定式：伊拉克境内的什叶派势力无足轻重。要是萨达姆哪天倒了台，接管他职位的人一定是一名强硬的逊尼派。

中情局的疏忽之处还不止于此。其实，萨达姆的几处重要变化也逃过了我们的“眼线”。我的一位同事曾经撰写专文对萨达姆的小说《扎比芭和国王》（*Zabibah and the King*）进行了一番点评。她的结论也很简单，这部作品并非萨达姆所写，而是有人捉笔代刀。因此，小说并没有太多启示意义。其实在写作方面，萨达姆总是事必躬亲。就连一篇演讲，他也要亲力亲为；至于那本小说，确确实实也属于他的个人心血。这一点，各位研究伊拉克问题的人都应当知晓。不过，我那位同事却一口咬定：萨达姆雇请了一位枪手。在她看来，一国总统日理万机，哪有什么闲工夫去从事小说创作？在这一点上，我这位同事并非毫无道理。

其实，人到暮年的萨达姆没有太多精力操持国政，哪怕大战即将来临。当时，他的注意力完全都在政治之外。小说创作尤其让他神魂颠倒。种种报告，都可以证明他的这点嗜好。但是，美国政府的高官们对此毫不知晓。直到战争结束，真相方才大白。到了那个时候，美国方面才发现：就在美军准备入侵伊拉克的同一时间，萨达姆还在为一本小说耗费心神。明明已经大敌当前，他却还忙着把小说的底稿送给塔里克·阿齐兹以供点评。这样一个人，怎么会有操弄“大规模杀伤性武器”的心思呢？

必须承认一点：即便我们能在第一时间把有关情况报告白宫，后来的一系列历史走向可能也不会因此改变。毕竟，布什政府早已下了决心要把萨达姆赶下台。箭在弦上，不得不发。不过，作为情报人员的我们，也有责任向决策人士据实相告。也许，我们只要再努力一点，即便战争无法避免，美国政府在开战之前也会更加谨慎。在我看来：这次失策，几乎可以和那个因为“大规模杀伤性武器”而闹出的笑话等量齐观。

作为国防部长拉姆斯菲尔德（Donald Rumsfeld）的副手，保罗・沃尔福威茨（Paul Wolfowitz）可是中情局的一大主顾。他对于情报的需求层出不穷，让我们应接不暇。他总想知道，伊拉克对于美国有何威胁？这种威胁的根源又在哪里？不过，沃尔福威茨固然勤学好问，提出的问题却总是傻里傻气的。《名利场》（*Vanity Fair*）杂志上那些小道消息，晚间新闻中的一句评论，都会被他用作“请教”我等情报分析人员的“内容”。我还记得，有一次沃尔福威茨提到了美国广播公司（ABC）《新闻》（*News*）节目中一则绯闻。绯闻的女主角自称是萨达姆的情妇。面对主持人克莱尔・希普曼（Claire Shipman），这位女士甚至声称她清楚那些“大规模杀伤性武器”的位置所在。萨达姆在床笫之间，不经意中就把这些秘密全都抖了出来。

她到底是谁？没人知道。不过，根据我们掌握的证据，此人和萨达姆政权毫无干系。要说她是伊拉克总统的红颜知己，更属无稽之谈。美国广播公司的这点把戏，真是叫人哭笑不得。更加可叹的事情在于，政府部门还要对这种新闻垃圾做出一本正经的分析。不过，为求打倒萨达姆，布什政府总是不遗余力。即便捕风捉影，他们也是在所不惜。

第三章

目的地——巴格达

我的伊拉克之缘终结得有点突然。其实，我一直热爱“伊拉克事务研究室”的这份研究工作。不过，三年的分析员生涯下来，我也认清了一点：对于老板的想法，我等特工永远也没有改变的“方法”。因此，当2001年1月布什正式成为美国总统之后，我下了决心要换个工作。就这样，我被调到了“伊朗事务研究室”。说来，我的这次调动还真是老天保佑。诸位前同事日后的遭遇证明了我的幸运。布什政府对他们“呼来唤去”，只为榨取一点“有用”的信息，以此证明白宫对于伊拉克和萨达姆的“预想”完全英明而准确。如此一来，大多数前同事的日子自然很不好过。

到了2003年夏天，中情局的多个部门都收到了上面的征调令。原来，当局需要一批新的分析员前往伊拉克开展工作。此前那批同事的外派期行将结束。3—6个月的辛劳之后，政府必须要给他们放个大假。此后的7年之内，中央情报局的分析人员将反反复复、分批分次地奔赴伊拉克。面对这样的机会，我选择了自告奋勇。当时的我觉得，自己身为“要人分析员”，在前线绝对可以大展拳脚。我的看法，得到了上峰的认同。不过，有关部门也告诉我：鉴于实际工作的需要，我施展拳脚的场地就在巴格达国际机场。具体的工作内容则是审看文件，从中找寻和“大规模杀伤性武器”相关的信息。“开什么玩笑？”我不禁想，“我的专业是研究萨达姆政权的发展历程，对于萨达姆本人也颇为了解。我这样的人，凭什么要去机场清点文件？”抱着一丝希望，我给负责安排工作的人打去电话。我提醒她，自己的专业背景和大规模杀伤性武器毫不相关。请问，安排是否出了纰漏？对此，对方表示：中情局的人事工作非常谨慎。什么纰漏？根本不可能。

还好，来到巴格达之后，我因为一件私事而得以走上了自己熟悉的工作岗位。我有个好朋友兼前任同事名叫肖恩（Sean）。当年11月，他即将步入婚姻殿堂。因此，他无法继续留守伊拉克。他的工作——研究并分析“头号高价值目标”——也必须找人接手。8月的一天，中情局“近东和南亚办公室”的负责人找到了我。此前，她已经遍访各位同事，却发现没有一人能够胜任肖恩留下的工作。就这样，我成了肖恩的替代者。“感谢上帝！”我心中一阵窃喜。当然，表面上我还是表现得很镇定。我表示：自己随时可以奔赴新的岗位。对方则让我在10月底去接肖恩的班。好吧，在此之前，我需要好好恶补一番。我要巩固一下那些我还记得的东西，拾起已经忘掉的知识；记不太清楚的种种信息，也需要我再去加强。毕竟，我已经和萨达姆疏离了两年半之久。

我打算从阅读入手开始恢复“工作”。我审看的东西包括过往的电报文件，也有新近的各种情报。不过，其中的大部分内容都发生在伊拉克战争之前，而且统统和所谓“大规模杀伤性武器”有关。这些情报的价值自然低得出奇。当然，那些与萨达姆有联系的情报也好不到哪里去。其中，要数艾哈迈德·沙拉比（Ahmad Chalabi）和他的“伊拉克国民大会”提供的“线报”最是敷衍。而后，我又看了看“伊拉克办公室”的最新成果，有了更为惊人的发现。原来，在我走后，其他的资深分析人员还在拾我的牙慧。有的人倒还在我那份旧报告的基础之上补充了一点新内容，另一些人甚至只把我的名字换成了他的姓名，而后再行交差。好吧，我不禁想：要想了解一个如此复杂多变的人物，两年之前写成的一份报告显然没有什么参考价值。

在中情局工作这几年间，萨达姆的情况俨然成了我生活的一部分。每当我外出欣赏电影，而片子的质量又不如人意的时候，眼前就不由得翻出一篇篇关于萨达姆的备忘录。很多情况之下，我都会莫名其妙地想起他。他——仿佛已经化为魅影，就在我的脑海里居住。这，可不是我一个人的“病恙”。中情局的同事当中，有好几位特别敬业的同事，若论对萨达姆的‘迷恋’程度，他们和我不相上下。对于伊拉克的这位“独裁者”，我们是再熟悉不过了。但是，他的形象，似乎又和“地缘政治”[①]的形势格格不入。

毕竟，“海湾战争”之后，我们再也没有足够的资源去认识一个鲜活的萨达姆。他似乎只是一个“嗜血狂徒”和“暴君”，就应该遭到挞伐和驱除。如此简单生硬的形象，尽然得到了许多高级分析人士的认可。如此一来，我们很难站在萨达姆的角度去考虑问题。有时候，外界的压力明显影响了他的行事轨迹。为此，他甚至不惜铤而走险。他一直觉得，伊拉克境内的什叶派信众在和伊朗“沆瀣一气”。而伊朗，正是萨达姆的“宿敌”。为此，他对伊拉克南部的什叶派人士横加虐待，并把他们指为伊朗的“代理人”。当然，国际社会由此而来的谴责声浪，有时也会让萨达姆不得不有所收敛。

---

① 地缘政治是政治地理学说中的一种理论。它主要是根据地理要素和政治格局的地域形式，分析和预测世界或地区范围的战略形势和有关国家的政治行为。它把地理因素视为影响甚至决定国家政治行为的一个基本因素。又被称为“地理政治学”。——译者注

萨达姆的人生历程，好像出自霍瑞修·爱尔杰（Horatio Alger）[①]的笔下。当然，他那残忍的性格和行为，又和爱尔杰塑造的那些人物完全不同。他的发迹来得十分迅速，其中，自然少不了各种阴谋手段。

1937年，萨达姆·侯赛因出生于伊拉克提克里特（Tikrit）。此地位于巴格达北部，正好地处底格里斯河的回水之处。在萨达姆的少年时期，那里还十分肮脏落后。功成名就之后，萨达姆曾经挥洒了不少金钱改善家乡的市容，以报桑梓之情。赛义德·阿布力西（Said Aburish）曾为萨达姆撰写传记。根据此人的描述：提克里特人的名声实在很臭。周边村镇的乡亲都把他们看作无赖和小偷。甚至每当提克里特人走进邻镇，街上的商家都会选择封门闭户。（我总觉得，各情报部门都对萨达姆的早年经历有所忽视。偏偏这些经历，最能体现萨达姆其人的本质。）

萨达姆出生之前的大概3个月左右，他的父亲便去世了。他那个以算命为业、拥有很强洞察力的妈妈立即改了嫁，再婚对象竟然是前夫的弟弟。事情就发生在萨达姆·侯赛因降生后不久。他的各种传记无不表示，继父对他大加虐待。（事主本人倒是当面向我们否认了这一点。）同时，村里的孩子也把他当成了欺凌的对象——因为他父亲已死，母亲又有点“疯癫”。以色列海法大学教授阿玛吉亚·巴拉姆（Amatzia Baram）是多家美国智库机构的座上宾。据他透露，幼年的萨达姆拥有一把手枪。小萨达姆感到被人威胁的时候，总会掏出手枪来壮胆。难怪，长大之后的他会如此迷恋大规模杀伤性武器，并一直追求，至死不渝。很多人听完他小时候的故事，都做出了这么一番分析和推断。这一点，我在

① 霍瑞修·爱尔杰：19世纪末美国著名教育家和小说家。其代表作有《听差菲尔》《小贩保罗》《穿破衣服的迪克》等。霍瑞修·爱尔杰的作品已经成为“美国精神”的代名词，成为激励一代又一代人不断奋进的强大动力。

聆讯时自然不忘向萨达姆提起。对此，他的目光很是古怪，仿佛眼前的我是个“疯子”。他表示，那个年代，几乎每个伊拉克人都有枪。所以，不但他会举枪示威，无论是谁遭遇同样的情况，都会做出类似的举动。

萨达姆在课堂上的学习成绩向来不怎么样。不过，他的直觉却十分敏感，闯荡江湖的能力更是超强。年纪轻轻，他便已经离家出走，一个人前往巴格达寻求荣华富贵的发展机会。对此，他的继父倒是很有眼界并给予了萨达姆很大的鼓励。他觉得：提克里特这个小地方，已经不是这条“大鱼”的容身之地了。到了首都，萨达姆借住在叔父海拉拉・迪尔法赫（Khayrallah Tilfah）家中。很快，他就和海拉拉的女儿萨吉达如胶似漆起来。这桩婚事，也是他发达的起点。当时，迪尔法赫是巴格达的市长。借此，萨达姆攀上了高枝，一脚踏进了波谲云诡的伊拉克“首都官场”。

20世纪50年代末期，伊拉克爆发了革命。萨达姆在其中扮演的角色，至今仍然不为人知。我们只清楚，他在1959年参与了刺杀卡西姆首相的行动。正是这个卡西姆发动军事政变驱逐了王室，随后又自命为伊拉克共和国政府总理。据说，在那次伏击当中，萨达姆有些操之过急。而后，他又想一枪结果卡西姆的性命，并因此陷入了猛烈的交火。最终，卡西姆身中数枪，萨达姆腿部也中了一枪。不过，他仍然逃出了巴格达。他徒手游过底格里斯河，由此捡了一条命。后来，他背着通缉犯的名头前往埃及首都——开罗求学。1963年，萨达姆回到伊拉克，参与了复兴党政权的建立。有些研究伊拉克历史的专家表示，美国中央情报局曾协助伊拉克复兴党人策动“政变”。不过，我掌握的资料却不足以佐证这点猜测。

新生的伊拉克复兴党政权很是脆弱。没过多久，萨达姆・侯赛因一伙便遭遇了下台的命运。他本人也因此进了监狱。直到两年之后，阿卜杜勒・萨拉姆・阿里夫（Abdul Salam Arif）上台担任了伊拉克总统，才还了萨达姆一个自由身。

1968年7月的一场和平政变，让复兴党重回权力巅峰。萨达姆得以出任“革命指挥委员会”的副主席。同时，他还是主席艾哈迈德·哈桑·巴克尔的近臣。当时，他的职责是处理一些“内部安全事务”。许多同党都对此事避之不及，生怕坏了自己的名声。但在萨达姆看来，这个职位却可以帮助自己扩充实力。更何况，他可以利用这点权力去铲除异己。

许多年来，萨达姆的卫队组成情况是中央情报局“伊拉克研究室”分析工作的一大重心。那些伴在萨达姆身边、为他遮挡风险的保镖，自然也成了我们的关切目标。我在中情局的那些同事，比如肖恩、杰米、克里斯等等，都是这方面的专家。对于萨达姆的各位卫士，我这几位同仁再熟悉不过。萨达姆的卫队规模庞大（全员人数达到了4 500名）、层级繁多，而且和主人的亲疏关系也各有差异。由此而来的各种冗员自然也为数不少。其中，所谓的“穆拉法钦”（Murafakhin，阿拉伯语，意为“伙伴”）才是操控全局的主心骨。这些“伙伴”大多来自提克里特，不少人还是萨达姆的同族亲戚，他们深得萨达姆的信任。“独裁者”酷爱索群自处，要想随时找到他可不容易。总统府秘书阿比德·哈米德·马哈茂德·提克里提当然清楚主人的位置，二公子库赛也知晓父亲的行踪。除却他俩，唯有“伙伴”能够掌握萨达姆的具体行程。

除“伙伴”之外，要数“总统保镖”（Himaya）和萨达姆关系最近。他们会陪同他出席各种公共场合，并充当他的开路先锋；“特殊保镖”（Himaya al-Khas）和“特殊警卫”（Haras al-Khas）则分别构成了这个圈子的第三和第四层保护圈，两支卫队负责萨达姆的周边安全，组成人员通常都是初级军官。他们大多来自“特殊安全机构”（Special Security Organization，SSO）和“特种共和国卫队”（Special Republican Guards，SRG）。除却负责总统的安全，上述两个机构还有着其他的任务。

要想成为萨达姆的保镖，需要经过严格的遴选。而且，“候选人”必须出自萨拉哈丁省（Salahad Din）的名门望族。也就是说，萨达姆只信任自己的同省老乡。而且，这些保镖大多和贝加特（Bejjat）家族有些关系。这个家族世世代代都在提克里特和附近的奥贾（Awja）小村定居，隶属信仰逊尼派的布・纳赛尔部落。说白了，他们就是萨达姆的亲戚。当然，以上条件尚不足以让一个人得到萨达姆的青睐。他还得有同族长辈的举荐，方才能够进入有待考察的人员名单。而且，相关人选必须身世清白。由此而来的背景审查十分严格，由“特殊安全机构”负责施行。最后，候选人的家族也必须绝对忠于萨达姆。

就这样，萨达姆打造了一支团结紧密、高度忠诚的卫队。他们大都和他血脉相连，既能为他消灭政敌，也能震慑一切敢于向他不敬的妒忌“小民”。萨达姆鼓励提克里特老乡之间互相嫁娶。而且，他不许他们出国旅行。如此一来，境外的间谍机构自然很难策反他的这些身边近臣卫士。当然，他们也会得到丰富的酬劳，还有那些普通伊拉克人梦寐难求的各类奢侈品。这些东西，当然都出自萨达姆的赏赐。

担任总统期间，萨达姆很少接触外人。他总是和信得过的卫士待在一起，而几乎从不出现在公众视线之内。每次会客，他都要选择一处秘密场所。而且，来人必须经过严格的搜查。我等分析人士曾经多次猜想：萨达姆的这些近臣，会不会有朝一日反噬自己的主人呢？思来想去，我们得出结论：主人如此慷慨，臣子断然没有反叛之心。

奔赴伊拉克之前，我回了一趟加州探亲。20世纪90年代末，家母不幸罹患乳腺癌。我离美赴任之前，她的病情已然无法挽救。不过，我还是希望，她能够撑到2004年的2月。那样一来，我还可以趁着任务结束从伊拉克赶回国内，见她最后一面。探亲第一天，母亲的精神还算可以，我俩还一起用了午餐。不过，两日过去，她的病痛突然发作。没办法，医生只能开了一些止痛药片。事到如此，他们也只能提供这点帮助。对我而言，那两周的假期真是充满煎熬。母亲自然清楚自己已经时日无多。于是，她多次嘱咐：不管家中发生任何状况，我都应当坚守在伊拉克的工作岗位。假期结束的那一天，母亲显得很是活跃，她的精神似乎又好了起来。她辞世的当日，正值2003年的11月。那时，我正在伊拉克执行任务，当然没法回国奔丧。总之，没能见到她的最后一面，是我这个儿子永远的梦魇。

亲情难以割舍，离开芭芭拉也让我非常难受。那个时候，她还只是我的女友。本书出版之时，我们已经结婚。我经常让她独守空房，而她似乎从不气恼。面对我的工作问题，她总是如此宽宏大量。不过，我这一去，目的地可是一线战场。在那里，似乎什么事情都有可能发生。现在回想当日的情形，我发现自己还颇有骑士精神。那时，我只是安慰芭芭拉，让她相信“一切都好”。2001年夏天，芭芭拉被诊断患上了“多发性硬化”。这是一种脑部疾病，目前根本无法根治。不过，芭芭拉并未怨天尤人。而且，她对于自己的病情也很是乐观。还好，直到2003年，她仍然没有病发的征兆。我的心情也因此安定了些。不过，此去一别，仍是万分艰难。

到达巴格达，已是当年10月。我不敢相信，自己竟然真正踏上了伊拉克的土地。在机场，我等情报分析人员接受了一个简短的欢迎仪式，随后便各自上车，前往“绿区”——也就是“共和国宫”（Republican Palace）的所在地。很快，我就见到了肖恩（Sean）。我俩同在中情局效力。此前，他还为国防情报局（DIA）工作过一段时间。肖恩熟识当地情况并为我做了介绍。他提起了自己追踪萨达姆的种种心得体会。至于我需要留意的信息来源，也被肖恩列成了清单。

来到巴格达的第二天，我和肖恩来到“共和国宫”用餐。当时，那里已经变成联军临时当局的所在地。其间，我们和“伊拉克办公室”的一位故人不期而遇。她叫简（Jane），曾经担任我们的办公室副主管。在肖恩的建议之下，我硬着头皮和她打了招呼。犹记得2001年的时候，我和简曾经闹得很不愉快。还好，互致问候的那一刻，我能感觉这层矛盾已然冰释。为此，我自然大大地舒了口气。命运真奇妙，在伊拉克，简对我的工作很是支持。在我眼里，她竟然成了一个完完全全的好上司。我向她表示，自己想要好好了解伊拉克这个国家，越深刻越好。对于这个观点，她竟然完全支持。1999年，简来到我所在的办公室担任副主管。此前，她和伊拉克素无瓜葛。不过，她很快就进入了状态。不得不说，有这样一位领导真是幸事。

当然，我在巴格达遇到的老同事不止于此。其中，就包括艾米（Ami）。这位朋友，曾经给了我很多提点和启示。艾米的家远在阿拉巴马农村。不过，她的阿拉伯语却已经达到了母语水平。要想了解伊拉克这个国家，就得熟知它的历史、政治、文化与语言，艾米当然清楚这一点。于是，她勤学苦练，终成伊拉克历史、政治、文化和语言方面的一名专家。

在伊拉克，日子总是难熬。那种感觉难以名状。一段时间下来，我深深体会到比尔·莫瑞（Bill Murray）在电影《土拨鼠日》（*Groundhog Day*）中扮演的主人翁菲尔身陷困境、度日如年那种尴尬的滋味了。日复一日，生活总是一成不变。明天的遭遇，似乎和今朝总是一模一样。长此以往，人自然变得有些麻木不仁。我经常觉得，身处巴格达的自己已经失去了时间概念。为了排遣这种异样的感觉，我经常前往健身房锻炼。萨达姆曾经用于接待贵宾的“共和国宫”，也是我时不时造访的地点。变换一下眼前的风景，似乎有助于让心灵得到舒缓。当然，这点释放可能来得很是短暂。

那几个月的巴格达，安全形势已是每况愈下。每天，我都听到有人遭到袭击的消息。遇难者既有平民，也包括美国大兵。在我踏上伊拉克国土之前，“伊拉克伊斯兰革命最高委员会”（Supreme Council for the Islamic Revolution in Iraq）主席阿亚图拉·穆罕默德·巴克尔·哈基姆（Ayatollah Muhammad Baqr al-Hakim）已经遇刺身亡。他的死，让我深感震撼。作为什叶派宗教领袖，哈基姆在伊朗流亡二十多年。死前的几个月，他刚刚回到故国。我曾以他为主角撰写过一篇人物介绍。哈基姆此人深具领袖魅力。20世纪80年代，他组建了“伊拉克伊斯兰革命最高委员会”。此外，他曾在另一位什叶派领袖穆罕默德·巴克尔·萨德尔（此人是穆克塔达·萨德尔的岳父，于20世纪80年代遭到萨达姆的杀害）的门下攻读。

袭击发生当时，哈基姆正要离开一处清真寺。爆炸不但夺去了他的性命，还连累了83名其他人。其中，就包括15名安保人员。凶案的主使是臭名昭著的恐怖分子阿布·穆萨卜· 扎卡维（Abu Musab al-Zarqawi）。此人的手下曾经找上联合国机构所在的运河酒店（Canal Hotel），实施了一场自杀式袭击。22人因此死于非命，事情就发生在哈基姆遇刺的两周之后。如此这般的血腥事件，远远没有尽头。我在伊拉克的那一段时间里，这场恐怖袭击还在升温。

我还记得：初到巴格达不久的一个周日早晨，我在梦中被几声巨响惊醒。原来，附近的拉希德酒店遭到了火箭袭击。此外，恐怖分子将于10月31日光临“绿区”，发动自杀式炸弹袭击的消息，也已经传遍大街小巷。10月31日到了，白天还算一切正常。晚饭期间，一股“异样的静谧”开始在空气之中蔓延开来。八九点的时候，我和同事都听到了枪响的动静。每个人似乎都在抓起武器，疯狂射击。还好，袭击的传闻到底没有成真。第二天，我终于得知了昨夜枪声的原委，在一场足球比赛当中，伊拉克队力克朝鲜队。为此，激动的球迷涌向大街，用伊拉克人最为喜爱的消遣方式来庆祝这场胜利——大家都举起步枪，朝向天空大鸣大放。（这个爱好，萨达姆自然也有。他特别中意这种庆祝方式，以至于在许多美国人的眼里，萨达姆就是那个“喜欢朝天打空枪的家伙”。）

一般而言，开完早会之后，我都会回到自己的办公室，一直待到下午两三点。每周7天，天天如此。拖车，就是我等的容身之地。而且，每辆拖车都起码挤进了四五个住客。吃的东西，并非每天都那么充足。电力供应也是时断时续。在这种情况之下，除了工作，似乎也没什么其他事情好做。时不时遭遇的迫击炮弹，倒是能够打破无聊的平静。当然，这样的刺激未免也过于骇人了一些。“绿区”之外，总有一些快餐档口在招揽生意。驻扎此地的每间机构也都开设了各自的酒吧，方便员工在周四前往消遣畅饮。不过，我在巴格达的食谱很是规律：饮料，我只喝佳得乐；食物，我总是选择水果馅饼。食堂里提供的饭食通常只有土豆加米饭，倒也满足我的胃口。我从不敢对其他东西随意下口。毕竟，食物中毒这回事实在可怕。一旦中招，我只能回到拖车当中静养。车内逼仄的环境，实在叫人心生压抑。仅仅摄入碳水化合物，至少不会惹上那样的麻烦。我就准备这样一直坚持下去，坚持到回国的那一天为止。

巴格达的情报不是太少，而是太多。这一点，是我等分析人员遭遇的一大挑战。每个人的眼前，都有一大堆报告需要查证。我们很清楚，这些东西虽然细节详尽，但实用价值大多近乎为零。提到萨达姆的行踪，线人们可谓七嘴八舌。有人说他就在巴士拉（Basra）[①]，有人则称他去了叙利亚。有人还表示：萨达

---

① 巴士拉：伊拉克巴士拉省省会，位于底格里斯河和幼发拉底河交汇的夏台·阿拉伯河西岸，南距波斯湾55公里，是伊拉克第一大港及第二大城，2003年约有188万人。——译者注

姆的“大规模杀伤性武器”就藏在叙利亚。还有人称：自己在巴格达的一处公交车站和萨达姆不期而遇。当时，前总统穿着一身女装。很多时候，有关部门送来的材料完全是“驴唇不对马嘴”，和我们掌握的情况大相径庭。一次，临时当局的某位工作人员向我们透露：他结识的一名口译人员，曾经和萨达姆的保健医生有过接触。如此情报，我们自然很是好奇。于是，我和几位同事收拾停当，去临时当局所在的“共和国宫”走了一趟。几个小时的搜寻之后，那位翻译方才现出形迹。当时，他还误会自己是遭到了逮捕，并为此吓得脸色煞白。我们只得解释自己的来意，并请他谈一谈他和萨达姆保健医生之间的关系。翻译闻言大喜，不过，他却表示自己不过是在一次会议当中提了一个建议——如果我们能找到那个给萨达姆提供治疗的医生，也许就能顺藤摸瓜，找出萨达姆的藏身之地。一切，不过又是一场乌龙。如此这般的误会，几乎每天都在发生。不用说，我和同事们为此虚耗了不少时间和精力。

迈克是我的同事之一。他在国家安全局（National Security Agency）[①]担任分析人员，当时正在美军中央司令部（CENTCOM）借调工作。对于萨达姆的情况，迈克很是好奇。同时，他的幽默也有很强的感染力。面对萨达姆的蛛丝马迹，迈克最是敏感。在阿布·格莱布监狱走访期间，他也是最勤奋的那一个，甚至他在迫击炮弹的袭击之中也能保持冷静。2003年11月，我和迈克同几个曾经当过萨达姆保镖的人见了一面。那一天，我俩驾着一台半边窗帘不翼而飞的破车，接到了我们的客人。随后，我们在巴格达市区到处兜转。客人为我们一一指出了萨达姆在夜间的下榻地点。他们还透露了一个秘闻：其实，美军第四步兵师差一点就堵住了萨达姆的去路。不过，伊拉克人还是得以逃脱。当时，

① 国家安全局：美国政府机构中最大的情报部门，专门负责收集和分析情报和通讯资料，责权涉及美国本土和海外。——译者注

美军其实就在一个路口之外。事发地点，自然也被几名前任保镖指了出来。

萨达姆到底藏在哪里？除却这个问题，我们还关心他的另一层关系。当时，伊拉克境内的各种叛乱活动正在蜂起。那么，萨达姆到底是不是这些武装分子的上级呢？对此，伊拉克境内的情报人员看法不一。大多数军方人士都觉得萨达姆一旦落网，所有的叛乱活动都会因此偃旗息鼓。中央情报局的一些线人，也对这种观点表示赞同。至于我等分析人员，则向他们大泼冷水。毕竟，没有证据显示所有的武装叛乱都是得自萨达姆的指令。相反，叛乱的“元凶”仿佛应该是联军临时当局。此前，当局的一项命令，剥夺了许多前复兴党人员的公职；同时，军队当中的复兴党势力也遭到了清洗。被黜人员的不满情绪，逊尼派人士对此的悲愤与不满，为扎卡维等人煽动叛乱提供了大好契机。

不少线人都向我宣称，说他们见过萨达姆。而且，这些人一口咬定，萨达姆就是各种叛乱的幕后主使。于是，我的大把时光，都耗在了揭穿类似的谎言之上。我还记得，自己刚到巴格达不久，便收到了一宗线报。据称，对方刚刚查获了一起阴谋。原来，萨达姆想要谋害布什总统的两位千金！此前，伊拉克前总统的两位公子都在7月不幸殒命。萨达姆要向珍娜和芭芭拉下手，就是为了一泄丧子之愤！这番说法当然太过无稽，萨达姆在伊拉克疲于奔命，他哪有精力前去谋杀两个身居美国的人？于是，我们向上峰表示：相关情报不可信，而提供情报的线人也很不靠谱。但是，事关总统的女儿，报告仍然得到了认真对待。一场风波也因此而起。事后，我们足足花了几个星期，才让这出闹剧得以“寿终正寝”。如此这般的虚假信息，当然只是情报老手眼中的笑柄。但是，我们的上峰就是乐于予以置信。因为情报虽假，其中萨达姆的形象却很符合他们的预先设定。总之，我们忙碌了好一段时间，也没有找到萨达姆意图杀害总统千金的证据。

大卫·B（David B）是负责萨达姆事务的工作人员之一。对于萨达姆政权，他很是了解。而且，他的阿拉伯语也说得不错。此前，大卫·B刚刚和一个叫穆罕默德（Muhammad）的人有过接触。据他判断，这人应该是萨达姆政权的一名高官。而且，这个穆罕默德极有可能会帮助我们找到萨达姆的下落。12月13日之前不久，我们秘密拜会了穆罕默德。他表示，萨达姆就藏在提克里特。此外，穆罕默德也开出了自己的条件：他可以和我们保持接触，不过，我们必须付钱，还得送他一台汽车。穆罕默德提供的一个消息，尤其引起了我们的注意。他说，提克里特当地人已经不再想为萨达姆提供庇护。毕竟，这种活计很可能危及性命。关于这一点，其他线人从未提起过。就在那一天，我也断定：假以时日，穆罕默德一定能带着我们找到萨达姆。此后，萨达姆的藏身之地，也随着线索的暴露而变得愈加明晰。

萨米尔（Samir）曾是萨达姆的司机。我刚刚来到伊拉克的时候，他还在蹲监狱。肖恩和我曾在11月初和萨米尔谈过话。当时，我们想从他的答话中套出一点萨达姆的踪迹。萨米尔表示：自打萨达姆逃离巴格达，两人就断了联系。此后，他和萨达姆再无接触。萨米尔年纪不大，瘦小枯干，似乎不大可能是萨达姆卫队的一员。其实，他深得萨达姆的信任。各位“总统保镖”当中，萨达姆对他最是宠爱。我和他早就见过一面，那还是在有线电视新闻网（CNN）的电视节目之中，我看见萨达姆乘着敞篷汽车，沿着巴格达的街道向民众道别。当时，他的政权已然崩溃。那时，萨米尔正坐在那台汽车的驾驶座上。

通过与萨米尔谈话，我们掌握了萨达姆逃亡初期的行程。离开巴格达之后的某个晚上，萨米尔在一间民房外边停了车。而后，在萨达姆的指使下，司机敲响了屋门，并请主人让他们留宿一晚。一开始，开门的老妪并不情愿。于是，萨米尔不得不抬出萨达姆的身份。他表示，总统只是想找个睡觉的地方。不过，他仍然遭到的老妪的拒绝。原来，对方觉得天色已晚，自己很难尽到地主之谊。据萨米尔声称，这位谨小慎微的老妇可是让萨达姆“开怀”了好一阵子。

而后，萨达姆辗转前往拉马迪。其间，他的两个儿子乌代（Uday）和库赛（Qusay）都陪在父亲左右。总统秘书阿比德·哈米德·马哈茂德·提克里提也没有离开。萨米尔载着一干人来到了一户逊尼派人家。主人和萨达姆相交甚好，他们也在那里住了好几天。突然，一枚火箭弹落在了房屋周围。事发地点距离萨达姆的卧室并不遥远。于是，他决定继续启程。

萨达姆一行向着北方的提克里特前进。走了一两天，萨达姆决定把整个队伍化整为零。他觉得，各自为战更加安全一些。于是，乌代、库赛、阿比德等人掉转路程，准备前往叙利亚寻求庇护。这个消息，让我的一些同行颇为震惊。他们此前都觉得，乌代和库赛这对兄弟的关系相当糟糕。父亲把库赛指定为继承人，似乎触怒了乌代。而且，乌代好像还怀疑弟弟正在监视自己。1996年，乌代曾经遭遇刺杀，并因此留下了伤势。2003年之前，伤势已经升级成了残疾。而且，乌代还染上了严重的毒瘾。其实，库赛完全可以抛下哥哥，带上儿子穆斯塔法（Mustafa）自行逃命。不过，库赛并没有这样做。2003年7月22日，美军袭击了摩苏尔（Mosul）的一处房屋。房屋的主人是一名当地的乡绅。屋里，人们发现了乌代、库赛和穆斯塔法三人的尸体。

萨达姆“解散队伍”的作为，倒是让我们再一次认识到了他的行事风格。身为父亲，他却似乎更愿意独行。乌代行动不便，很有可能拖累队伍的逃命行程。由此，他们随时可能遭遇联军的阻击。于是，萨达姆不再顾忌什么血脉联系。他似乎觉得，自己的秘书可以给两个儿子很好的关照。其实，阿比德是在向乌代（此处删去数个字）的过程当中，遭到了美军的抓捕。几周之后，他又被带去墓园，辨认乌代和库赛的尸体。

萨达姆逃亡的过程，让我等研究人员深感震惊！原来，他并没有什么预先的逃跑计划，也不曾利用什么通往秘密机场的地下暗道，伊拉克总统甚至没有准备一架飞机，把自己运到比较平安的地方。从中，我们倒也猜出了萨达姆的小算盘：既然他没有预定的逃亡路线，敌人也就很难提前锁定他的去路。曾经的朋友要想把他出卖，也不是那么容易。他的看法，并非没有道理。至少，他和两个儿子成功逃离了巴格达市区。（以下删去三行文字。）对此，萨达姆拒绝做出任何评论。

国防情报局方面仍然觉得：萨达姆在地下凿好了迷宫一般的工事，方便他和其他高级部下进行藏躲。同时，这些工事还是“大规模杀伤性武器”的所在地。他们表示：卫星图片可以为自己的看法作证。不过，我等中央情报局人员则认为：所谓萨达姆开凿地下通道，方便复兴党高层人员逃命的说法纯属无稽之谈。美军占领伊拉克之后，曾对卫星图片中的“工事管道”进行了实地查验。事实证明，那不过是机场道路的护岸。

萨米尔告诉我们：他把萨达姆留在了提克里特。而后，司机向总统表示：自己一定会再来接他。（以下删去两行文字。）说起食物，“迈斯库甫”（mazgouf）烤鱼是萨达姆的最爱。这也是一道伊拉克的特色菜。在司机眼里，总统强壮过人。而且，其他人都精疲力竭的时候，萨达姆还总是那么充满活力。最后，萨米尔表示：自己对萨达姆的了解仅限于此。他已是知无不言、言无不尽了，如今只求能见妻子儿女一面。

其实，萨米尔并未对我们完全敞开心扉。对于萨达姆的藏身之地，他清楚得就像心怀明镜。那是一处农庄，就位于提克里特郊外。一对夫妇住在那里，负责萨达姆的饮食起居。此外，农庄里还有一位青年。事后，我们发现，此人和萨米尔是莫逆之交。总之，萨米尔撒谎了。不过，他就是不肯吐露实情。任何手段也无法达到效果，两千五百万美金的诱惑也不起作用；至于我们要向他优先提供帮助的承诺，更是难以收到效果。没办法，萨米尔爱戴萨达姆，也惧怕萨达姆。他很担心，自己一旦出卖萨达姆，后者会采取怎样的方式进行报复。毕竟，当时的伊拉克前总统还没有失去自由。而后，我们对萨米尔进行测谎，而他竟然得到了通过。测谎专家吉姆（Jim）表示："我觉得，他没有欺骗我们。"甚至，我也一度开始生疑。这个萨米尔，到底是个撒谎高手，还是真的已经言无不尽？与此同时，我们的线人也忙得不可开交。负责追捕萨达姆的情报人员要向他们索要信息，而另一些情报人员为了获取叛乱活动的相关情况，也常常亟待同样一批线人提供帮助。为此，双方没少发生冲突。追捕萨达姆和平定"叛乱"，两者显然难以兼顾。无奈之下，我等情报分析人员只得权衡一下其中的轻重缓急。不过多久，大家便做出决定：伊拉克境内的武装叛乱，对于美国国家安全的威胁更大。因此，我们应当着力搜集相关信息。在很多情况之下，"谎言"也是迫不得已的选择。

本来，几乎所有人都已经相信了萨米尔的清白。唯有我一个人的心里还飘着一层疑云。这，大概就叫直觉吧。按照我的直觉，萨米尔一定向我们隐瞒了什么。我在伊拉克待得越久，就越发了解一个现象：一个人一旦下定决心要虚与委蛇，其他人再是哄骗，也难于让他实话实说。要想获取有效信息，必须采取一定的策略。可是，实行策略需要资源和人手。当时，我们的资源十分短缺，人手也颇为不足——司机、保安、翻译、测谎人员等都配置不足。还好，我虽然没能让萨米尔据实相告，却也没有用"上刑逼供"的手段。对此，我深感骄傲。施行水刑一类的手段，已经得到了局里的默许。不过，我并不觉得折磨犯人能够获取任何证据。

日后，我曾问过萨达姆：为什么他没有提及自己逃亡过程中经历的种种。

对此，前总统觉得：自己只是“移居”，而根本不算是在逃亡。他只是不断变换住所，同时指挥境内的抵抗运动。我很好奇，为什么他不肯透露那些曾在逃亡路上向他提供过庇护的人的身份？萨达姆的回答颇为大义凛然：“他们都是我的朋友。为什么我要出卖朋友，危害他们的安全呢？而且，总有一天，我还用得着这些朋友！”没错，即便到了那个地步，萨达姆仍在想法逃脱困境。这一点，我很是惊讶。其实，也许萨达姆早已幻灭。不过，对于那些忠于他的人，他倒是也能保持一份忠诚。

第四章

临场表演

与萨达姆谈话，当然是一大挑战。更何况，我们是第一批和他接触的情报人员。在那个时候，我们的审问对象对于自身的境遇显得很不满意。而且，他总想夺取对话的主动权，这样的情况持续了好几个星期。我等审问人员方才慢慢摸清了萨达姆的脾性，而他也适应了新的环境和身份。接下来的审问工作，自然会变得顺利一些。其实，在需求得到满足的情况之下，萨达姆还算是一个爽快人。只要觉得某件事情无须避讳，或者无从隐瞒，他都会一吐为快。比如，他回忆了自己的早年岁月，也说起了复兴党初创时候的情景。其中的很多细节，在我听来也是十分新鲜。当然，更多的时间，我们都在和他斗智斗勇。他设下了层层心理防线，就是为了欺瞒我们。对于自己的发迹史，自己曾经迫害人权的往事，以及那所谓的“大规模杀伤性武器”，他都是讳莫如深。

萨达姆的性格非常强硬。同时，他这人不失精明。工于心计，也是他的一大特点。他无时无刻不在观察着我们，一旦我们漏出什么破绽，就可能成为他的突破口。而且，萨达姆总在试图掌控一切；在“对话”当中，他要充当主导。对于监狱里的安保、饮食、医疗检查和居住环境，他一直都在不吝赐教。他的个性，我们当然清楚。一旦我们想要摆出权威的姿态，肯定会激起他的强烈反感；哪怕对他的控制欲形成一点点挑战，恐怕他也会立即翻脸。没办法，大家只能厚着脸皮，满足一下萨达姆的虚荣心。我们的问题，也总是显得那样曲折和迂回。

总体而言，萨达姆是个专注的人。而且，他非常健谈，所涉及的话题也是天南海北，无所不包。很多时候，想请他歇嘴片刻都十分困难。讲话，是他的爱好。一旦谈到自己，他更是滔滔不绝。不过，如若我们提到伊拉克这个国家的不幸遭遇，以及他在其中所需担负的责任，萨达姆可就没有了好脾气。面对这些话题，他只会朝着我们横眉瞪眼。萨达姆的记性相当惊人。当然，他的记忆当中，并不包括他个人的罪行和责任。有几次，他本人的问题稍显模糊，立即得到了他的纠正。还有一次，我拿出一张25年之前的旧照，他也准确说出了其中的细节。监狱这个地方，叫我们的大多数囚犯都很不适应，萨达姆却是一个例外。这大概和他的个人际遇有关。1964—1966年间，他已经蹲过两年班房。即便成了总统，他的生活也过得十分规律而刻板。那种日子，其实和坐牢也没什么区别。在他的身上，我看不出任何焦虑、迷茫、烦躁和失望之类的情绪。有些时候，他还会自嘲一番，甚至他还会突然迸发出一阵畅快的欢声，直笑得肩膀乱颤。面对我们的问话，他习惯以问题作答；有时候，他甚至会讲个故事，作为对我们的回答。他几乎很少解释任何事情。相反，他总会顺着提问人的话头侃侃而谈。萨达姆完全没有城里人的做派，他的言辞、他的举动，都在说明他来自贫穷的提克里特部落农村。不过，正是早年间的困苦处境，锤炼了他的敏锐直觉。借此，他对于伊拉克社会也有着非同一般的深刻了解。他能够掌权，也有赖于这段经历。

我们的仪器测试显示，萨达姆撒谎成性。不过，他的答话并非句句都是假话。我甚至觉得，我们那位总统实在是冤枉了他。本来，各位审讯人员几乎已经达成共识：对于萨达姆的花言巧语，我们完全不能取信。当然，除非他主动承认自己曾经犯下的屠杀罪行，或者把“大规模杀伤性武器”的藏匿地点和盘托出。其实，只要条件允许，萨达姆还是愿意据实相告的。倒是我们的偏见，妨碍了审问的进程。很多情况下，审问人员不知不觉已经离题万里。明明收获就在眼前，我们却总会视而不见。有一次，我们问起了他对周边国家诸位领导人的看法。萨达姆便对约旦国王阿卜杜拉二世·本·侯赛因（Abdullah Ⅱ Bin Hussein）和叙利亚总统巴沙尔·阿萨德（Bashar al-Assad）做了一番点评。他的语气十分诚恳，评价内容则趋向负面。第二天，我本想就同一个问题继续深谈一番。不料萨达姆却表示：“我觉得，自己昨天有点太过多嘴。所以，今天我就不说什么了吧。”有时候，我总在猜测：萨达姆难道一直在隐瞒事实？又或者，他很清楚西方国家已经把自己描绘成了一副恶魔的化身，于是有意地在加以利用？

萨达姆落网的几天之后，国防部长拉姆斯菲尔德接受了有线电视新闻网的采访。其间，他表示：中央情报局将在第一时间对萨达姆进行审问。国防部长的话，让全站上下一片哗然。诚然，拉姆斯菲尔德还没把萨达姆的关押地点昭告天下。但是，当他提到中央情报局这个名字的时候，很可能已经给我们招来了危险。每天，我等审问人员都会往返于机场和“绿区”之间。也许，有心人已经从我们的行程之中有所发现。萨达姆的所在地，原是“特种共和国卫队”的一处营房。如今，这里被改造成了用于关押“战地人员”的“战地问讯设施房”（BIF）。萨达姆的方位即便遭到暴露，拉姆斯菲尔德也不会有什么烦恼。只是苦了我等分析人员，陆军上将威廉·麦克雷文（William Raven）也会因此紧张不安。要知道，上将的职责就是保护萨达姆的安全和健康。其实，我们非常肯定，萨达姆不会越狱而逃。一切担忧，都和这位囚犯的人身安全有关。他的囚室正对着大马路，正在火箭和迫击炮弹的威胁之下。一旦闹出什么乱子，我等审问人员也难以逃脱。

聆讯开始之前，局里决定为审问小组增加一员人手，以便开展测谎工作。于是，我和军方委派的口译人员艾哈迈德（系巴勒斯坦移民后裔）中校就多了布鲁斯这个伙伴。不过，布鲁斯此行的目的倒不是测谎。上头觉得，他那种曲意迎合的问话方式，最是能让萨达姆卸下心防。于是，他虽然对伊拉克问题一窍不通，也只得领命前来。为了打开话头，他经常向我请教。我告诉他：跟萨达姆对话，可以涉及的话题简直难以计数。但是，如果问话人对于萨达姆的人生经历了解不够详尽，再多的话题恐怕也难以有所收获。

其实，美国政府从来未曾料到，萨达姆竟然会落到自己的手中。根据美方官员的构想：萨达姆其人宁愿自裁，也不想当俘虏；或者，在危急关头，他会来个殊死搏斗，只求一死。所以，一个活生生的萨达姆出现在眼前，倒是让大家无所适从。这些事情，我对布鲁斯毫无避讳。

萨达姆被俘之后的第一个星期，我们一直处于观望状态。决策者不下命令，大家似乎都不知道该拿这位新晋俘虏怎么办。宝贵的时间，就此流逝了大半。原本，我们应该对这段空当善加利用，从这位“独裁者”口中挖出更多的情报。任何一个审问人员，都知道囚徒落网的最初24—48小时属于“关键期”。在此期间，逮捕的震撼尚未消逝，新临的环境也会叫人生出不适之感。如此的境遇，最能让人吐露实情。待到惊恐的感觉徐徐散去，囚徒也会在囹圄之中找到舒适和温暖。这时候，再想撬开他们的嘴可就万分困难了。总之，在绝大多数的讯问当中，关系的建立尤为重要。但是，任何关系都有可能随着时间而淡去。因此，我们应当抓紧讯问，争取尽快从萨达姆口中掏出有用信息。这样一来，审问才不至于陷入僵局。

一天晚上，我和布鲁斯进行了一次长谈。我说起了自己的分析员生涯，又谈到了追踪萨达姆的过程。我的处境自是艰难，但布鲁斯也会啃上一块硬骨头。因此，我俩对彼此都有些同情。我们要问话的对象，是20世纪最为臭名昭著的“独裁者”之一。谁能料想，还有多少时间可供我们挖出有用信息？这场问话，又会在何时开始，又将结束于怎样的境地？

谈话间，我说起了好些间谍史上的往事：1963年，英国间谍金·菲尔比（Kim Philby）[①]叛逃苏联。此后，他那些克格勃（KGB）上线足足花了两年时间对他进行聆讯。1960年，以色列“摩萨德”特工将纳粹战犯阿道夫·艾希曼（Adolf Eichmann）[②]逮捕归案。在耶路撒冷（Jerusalem），艾希曼所接受的审讯同样漫长。由此累积的纸质纪录竟然达到了3500页。日后，一本由艾希曼本人执笔、长达127页的回忆录得到了出版。（其实，我很想让萨达姆也能留下这样一份证言。但是，负责看守的陆军人员担心萨达姆可能用笔自残，于是拒绝了我的要求。）

我们的“对话”持续了整整3个小时。话题自然关乎萨达姆，我们谈到了他的执政历程，他的个人历史，他的偶像等。而且，我们还想了一些办法，以便萨达姆能够吐露真言。我还记得自己和萨达姆初次相逢的那个夜晚。那一次，他耍了个小小的手段，让审问人员互相攻讦。类似的把戏，他绝对还会玩弄再三。而且，我和布鲁斯既不能对他进行威逼，更是缺乏利诱的手段。我们手中没有胡萝卜，也没有大棒，又该如何叫萨达姆开口？其实，我们的上司本来想要采取一点

---

① 哈罗德·金·菲尔比：世界间谍史上最著名、最成功的间谍之一。他本人是英国人，1934年，菲尔比在维也纳被苏联情报机关招募成为情报员。1940年，菲尔比进入英国“军情六处”，逐步成为英国情报界的高级领导人。1963年，菲尔比由于身份暴露出逃苏联。1988年，菲尔比在苏联逝世。——译者注

② 阿道夫·艾希曼：纳粹对犹太人大屠杀中执行“最终解决方案”的主要负责人，他于1961年在以色列受审并被判处绞刑。——译者注

强势措施——比如剥掉萨达姆的衣衫，再往他的身上浇冷水等。同样的手法，对付一般的囚犯倒是管用。不过，我对此不敢认同。蒙受羞辱的萨达姆，肯定会采取更为不合作的态度，我们要想问出任何结果，恐怕都万分困难了。还好，相关动议遭到总部长官的批驳。被捕之后不久，萨达姆就获得了一项“特权”——他是一名“战犯”，处于《日内瓦公约》的保护之下。而且，总部还特地嘱咐：萨达姆的待遇“一定要比《日内瓦公约》还优越一些”。如此一来，“审讯”（interrogation）当中，我们一定要对他以礼相待。甚至，中央情报局觉得“审讯”这个词汇听来也不够舒服。因此，上司命令我们要和萨达姆采取“对话”方式。

除此之外，总部还提了一点建议：在不久的将来，联邦调查局（FBI）会派专员来到伊拉克对萨达姆进行问话。因此，我们要抓紧时间，争取获得尽量多的情报。相关的问题，总部方面也已经列好清单。在我看来，这些问题大部分都不够咄咄逼人。总部最感兴趣的问题，当然和萨达姆那些不知所终的“大规模杀伤性武器”有关。此后，我们会和萨达姆就这个问题展开密集交锋。

唯有一个问题，我们不会在“对话”当中提及——那就是恐怖主义。这个问题，需要交由联邦调查局方面去处理。据说，联邦调查局觉得萨达姆涉嫌国际恐怖主义活动，而且有碍美国的治安，于是，他们准备对他进行立案侦查。一旦萨达姆需要出庭，具体的地点还需要仔细斟酌。在我看来，仅有的三个选择都是问题多多——首先，萨达姆可以接受国际战犯法庭（International Criminal Court）的审判。但是，国际战犯法庭的判决，恐怕难以得到布什总统的认可。因此，这个选择并不可行。第二个选择伊拉克，同样不靠谱。毕竟，这里已经没有法庭。仅有的法律条文，还都是由萨达姆的复兴党政权一手制定。当然，美国方面可以对他进行引渡。不过，国内最终还是会拒绝这第三个选择。无论如何，问话的结果，都会成为我方手中的利器。美国政府觉得，此类事务应由熟悉法律的专业人士着手处理。自然，联邦调查局接下了这个任务。用于指控萨达姆的呈堂证供，也要他们前去搜集。

“对话”开始几天之后，一名律师带着局里的命令找到了我们。命令规定了我们对待萨达姆的种种办法。刚一见面，律师就问到了“对话”的进展状况。对此，我表示：对话刚刚进行了一次。他并没有谈到什么实质性的问题，比如人权，比如“大规模杀伤性武器”，统统不曾涉及。律师当即赞许：“不错。他说得越少越好。他要真吐出什么重要情报，你们还得辛苦记录，没准儿到头来还要作为证人去法庭作证。”律师的吩咐，让我摸不着头脑。一开始，局里要我们想尽办法让萨达姆畅所欲言；现在，却又派人叫我们管住他的嘴。律师还说：局里负责人最不想因为萨达姆的事情而让下属出庭作证。毕竟，法庭是一个公开场合。好了，现在我们的任务，就是陪着萨达姆倾谈。但是，又要指望他不会因为良心发现而承认罪责。那些事情，还是由联邦调查局方面去忙碌吧。带着疑惑，我看向布鲁斯。他的脸上，也明明白白地写着一个大大的“？”。

12月20日，萨达姆落网的一周之后，我和同事来到机场，对“问话”的环境进行查看。于是，我们来到“战地问讯设施房”之前，向负责安保的各位军人自报了家门。我曾经想：和萨达姆“对话”这样的任务，应该发生在一座外表光洁的地下建筑之中。建筑内设自动走廊、落地照明，还有最为先进的影像设施。可惜，这种情形只适用于好莱坞电影。等待我们的只是一座老旧的警卫房。室内除了若干把塑胶椅子，几近家徒四壁。军方搭起了一杆麦克风，又装上一台小小的针孔摄像机。如此一来，室外的人也能把对话的情况看个清楚。

那天，申请观看的人为数不少。不过，他们大部分都未能如愿。四下观看的时候，小组的负责人查理（Charlie）突然要走了我的手机。他走出屋外，和分站的站长取得了联系。查理的工作，就是对整个问话过程进行记录。此外，他还要负责把问话所得的“即时汇报”（situation reports）汇总成为“情报报告”（TD）。不过，我们和萨达姆的“对话”过程他并不会参与。

很快，查理回到屋内。他带来了总部的命令——“问话”立即开始。于是，我们没有准备时间，没有再次演习的机会。临时调整问题次序的想法，也变得不大可能。没办法，看来只有来一出“临场表演”了。这场“表演”越短越好。万一萨达姆谈兴太浓，后来的联邦调查局很可能落得一无所获的境地。我看了看布鲁斯，两人不由都是耸一耸肩。而后，我们走向了讯问室。

坐定之后，我们又等了一阵。眼前只有一把椅子，明显是要留给那位失去权势的“独裁者”。门开得有点突然，萨达姆就这样来了。从头到脚，他被蒙在一层套头衫当中，只能死死抓住那个扶着他进门的美国大兵。套衫一被除下，他就开始四处观望。很快，他就确定了自己的处境。从表情上看，他和被俘那一晚并无太大改变。他的身上，穿着一件蓝色夹克，外加一套迪什达沙长袍。不过，他的头发长了不少，而且明显需要剃须修面。看见我等来客，萨达姆的目光定住了。他用眼神一一扫过我们的脸，随后才走了过来。那一刻，他笑得很是温暖。亲切握手过后，他还不忘用英语送上一声：“你好！”这分明是个来自波士顿的政坛老油条。几年之后的一部关于乌干达独裁者伊迪·阿明的电影，让我回忆起了当年的场景。在《末代独裁》中的一个场景当中，阿明遭遇车祸。一名萍水相逢的外科医生立即对他展开救助。眼见陌生人越走越近，阿明显得有点警惕。没过多久，乌干达人就放松下来。他用亲和的魅力赢得了医生的爱戴。作为观众，这幅画面给了我似曾相识的感觉。想来想去，我才发现：这不就是萨达姆第一次见到我们时的那种表情么？萨达姆这个人可能“恶贯满盈”。但是，不得不说，他有着超凡的领袖魅力。他块头不小，身高足有6呎1吋（1.85米），体格也颇为健壮。6呎5吋（1.95米）的我在他面前，仿佛还矮了一截。他这种人，气场实在强大。即便知道自己难逃一死，他似乎还是那么沉稳。

我还没来得及有所反应，布鲁斯已经开始自我介绍。他自称“杰克先生”（Mr Jack），而我则成了“史蒂夫先生”（Mr Steve）。事后，我曾就这两个名讳向布鲁斯提出疑问。对方表示，假名乃是一种保护。于是，此后一段时间之内，我在萨达姆眼中就是“史蒂夫先生”。本来，一切都相安无事。可是，有一天，我却忘了摘下脖子上的工作号牌。很快，我发现了萨达姆投来的目光。他盯着那块号牌，明显在拼读上面的内容。虽然我及时扯下了那玩意儿，但萨达姆还是爆发了。“你到底是什么人？你叫什么名字？我要知道你的真实名字和信息！”他吼了起来。一直以来，萨达姆都对我们的身份很感兴趣。他也总在打听这些消息。我们是什么人有那么重要吗？我们从未向他透露我们的具体身份。我只告诉他：我们代表美国政府，至于具体的政府部门，他一定非常清楚。终于，萨达姆面带微笑地表示：“你们这么说，我就清楚了。”

问话的第一个阶段开始了。当时，我的舌头似乎有点不听使唤。学了这么多年的历史，我终于发现：自己也走到了历史之中，成了其中的一名演员。此前，作为中情局的“要人分析员”，我充其量只算个观察员。我对萨达姆的认识来自影像，来自人物档案里，来自那些关于他家庭关系的报告，来自伊拉克异见人士的口述。通过秘密报告，我了解到他的领导风格，也察觉了他那极度专制的个性。现在，我认识的这个人，就坐在自己的对面。

第一阶段的任务，就是让萨达姆开口说话。我们不打算问什么带刺儿的问题。毕竟，眼前这个人似乎还对我们存有疑虑。我们要争取获得他的信任。至少，他得容忍我们的存在。毕竟，我们一无大棒，二无胡萝卜，根本无法通过谈条件来赢取他的合作态度。我们可没法向他保证：只要合作，我们就能恳请法庭对你来一个“轻判”。对了，我们根本不知道他会在哪里接受审判，也不知道谁才是那个法官。

我们告诉萨达姆：大家可以谈一谈他的执政历程。他的话语，美国的领导人可是非常感兴趣——这一点，被我们反复强调。我还拿出一堆以萨达姆作为封面人物的书籍，向事主做了一番展示。而后，我向萨达姆表示：在西方，关于他的传闻非常之多。其中有的属实，有的则是无稽之谈。还有一些事情，我们也难辨真假。在我看来，这场对话也算一次机会。萨达姆可以借此告诉世界自己到底是个怎样的人物。而且我们保证，记录绝对公正。萨达姆一面聆听，一面颔首。显然，他赞同了我的动议。

作为小队当中唯一能说阿拉伯语的成员，艾哈迈德上尉给了我们很大的帮助。他和萨达姆的对话，还在我们的正式聆讯之前。上尉提供的细节，也完善了我们对于萨达姆的印象。艾哈迈德说，从被捕之后到接受“问话”之前，萨达姆很快便适应了监狱的环境。在上尉看来，萨达姆为人颇为谦卑有礼。有一次，他甚至要来针线，随后开始自行缝补衣衫。

艾哈迈德还记得，萨达姆曾对他表示：“怎么回事？你们怎么就不派人来和我谈话呢？”事发当时，应在他落网后的头两天之内，这可是个振奋人心的好消息。此前，我们可不敢肯定他是否愿意开口“聊天”。甚至我们无从判断他的反应。毕竟被捕那晚，他显得非常抗拒。因此，我们必须做好一切准备。问讯开始之后，不时会有医生走进房间为萨达姆检查身体。此时，艾哈迈德会一直守在犯人身边。同时，萨达姆的精神状况、言谈举止，都需要艾哈迈德进行记录和汇报。

按照计划，我们的这场对话原本应该持续数月。短短几天到数个星期的时间，显然无法达到效果。第一阶段结束之后，我和布鲁斯特地找到小队长，并向他陈述了相关情况。我们表示：聆讯需要讲究方式方法。目前，只要假以时日，我们很有信心获取萨达姆的完全信任。对方的回应却非常生硬："一切都要按照计划执行。联邦调查局那边的人还有几天就要过来。然后，你们就要把他交给人家了。还是抓紧时间，能问一点是一点吧。"显然，总部的人不会为了我们而修改章程，更不可能就萨达姆的问题特事特办。如此看来，我们也只有尽快了。其实，我已经掌握了不少有关萨达姆的重要信息。可是，我本来可想知道得更多一点。就像萨达姆常说的那样："咳，你们根本没有对话的精神！"

军方人员倒是乐于助人。在麦克雷文的带领下，他们已经竭尽全力在为我和我的同事提供方便。一次，我想看看萨达姆每天都在服用何种药剂。不料，医生并不愿意提供相关的讯息。于是，我们只得向麦克雷文求助。第二天一早，医生就把写有萨达姆服药状况的记录及时拿给我们过目。在我看来，麦克雷文就是一颗将星，他有天生的领导才能。因此数年之后，当我得知那位指挥行动，击毙本·拉登的人就是麦克雷文的时候，一点也不感到吃惊。

谈话之初，萨达姆显得很是自得。我们在场，并没给他任何不适的感觉。有时候，他甚至对这场聆讯很是享受。有一次，他主动告诉艾哈迈德：自己想在"问话"之前就去上厕所。这样一来，我们的时间就不会遭到耽搁；又有一次，他想显得"得体一点"，于是向艾哈迈德索要一件崭新的迪什达沙长袍。通常情况下，他会在聆讯结束之时抛出一句："今天我说出的内容，比预想的要多得多。"或者，他会提出："如果这场对话能在外边进行，我想效果还会更好一些。"

当然，萨达姆的态度有时也会变得十分抗拒。第三期聆讯期间，他以下面的话语作为回答问题之前的开场白："我是萨达姆·侯赛因·提克里提，我是伊拉克的总统。请问，你又是哪位？"我还记得，自己的一个问题似乎让他很是不快。为此，临走之前，他拒绝和我握手告别。冷哼一声过后，他直接把套头衫朝脸上笼了过去。而后，他气鼓鼓地向警卫伸出了手，并在后者的搀扶下走出了屋子。

萨达姆觉得，整个世界都该好好学习一下伊拉克的悠久历史——这段历史上溯美索不达米亚时代，下到他统治的当下。如此一来，大家才会理解他的为人和他的出身，并会进一步发现：他所做的种种事情，都是必为的义务。萨达姆觉得，自己一定会在伊拉克的史册上留下浓墨重彩的一笔。在他看来，自己就是伊拉克这个伟大国家的人形化身。同时，他还代表伊拉克的现代化进程。"什么是历史学家？历史学家就像能够看破黑暗的人！"萨达姆表示。

第一次"问话"期间，我曾提起：人类需要以史为鉴，好好了解百年之前的旧事。这番表态，引来了萨达姆的嘲笑。显然，他觉得我有点太过短视。如果需要以史为鉴，旧事的跨度起码要有千年之久。而后，他谈到了萨拉丁（Saladin Ayub Bin）[①]。他很想知道，我们有没有听说过伊拉克历史上的这位名将。布鲁斯本就想让萨达姆打开话匣子。眼看机会来到，他立即表示"没有"。萨达姆的眼睛一亮，声音也变得自信了些："哦，那你们要好好了解一下萨拉丁其人其事了。他实在是太重要了。"测谎专家就坡下驴，怂恿道："好的，那麻烦你向我们介绍一下这位人物好了。"而后，萨达姆开始长篇大论。他谈到了萨拉丁的种种胜绩，又说起了英雄的那些敌手。萨拉丁驱逐十字军、重夺耶路撒冷的故事，

---

① 萨拉丁·阿尤布·本：中东历史上著名的军事家、政治家，埃及阿尤布王朝首任苏丹。萨拉丁因在阿拉伯人抗击十字军东征中表现出的领袖风范、大将风度和军事才能而闻名世界。因为萨拉丁的出生地位于伊拉克境内，所以萨达姆也把萨拉丁当作"伊拉克人"。——译者注

被他完整地叙述了一遍。在萨达姆看来，自己和这位英雄之间仿佛存在某种传承。他很骄傲，因为他和萨拉丁同样出自提克里特，算是乡亲。当然，有一点他可没说——这位萨拉丁，其实是他颇为仇视的库尔德人。

萨达姆表示：如果我们想要谈谈历史，那他可是再高兴不过。兴头上的他不但声调变高，顺带还会竖起食指。而后，他满含自信、声音尖厉地宣布：我们若是想要从他这里套出什么情报，绝对没门。对此，我和布鲁斯都一口否认：不，我们才不想要什么情报。当然，其实那就是我们的目的。不过，想要得到情报，我们必须投他所好，用他的兴趣引发他的说话欲。而后，我们只管投下鱼饵，静待他咬钩上当。

第五章

掏指甲缝的萨达姆

“对话”进入第四个阶段，又一个关乎“历史”的问题成了开篇话头。我们问萨达姆：世界各国芸芸的政治领袖当中，是哪些人最让他感到钦佩？对此，萨达姆沉思了许久，方才给出答案。结果，还有点令人惊讶。萨达姆说，他最为欣赏戴高乐、列宁、毛泽东和乔治·华盛顿。他的偶像，无不是各自国家和政治体制的奠基人。萨达姆觉得：他和他们心心相印，好像兄弟一般。毕竟，他参与了现代伊拉克的创建，还是学者们口中的“复兴党”之父，也算是一个定鼎江山的人物。值得注意的是，没有一位阿拉伯国家的领导人能够得到萨达姆的赏识。

言语之间，伊拉克前总统对法国的政治人物表现出了特别的感情：“我去过法国两次，和巴黎的市长雅克·希拉克（Jacques Chirac）[①]很是熟识。其实我一直很想重游故地，但是，后来战争开始了。国家有难，有谁能抽得开身呢？”谈到和希拉克的关系，萨达姆表示：对方的心意真是难以看清。他觉得自己和希拉

---

① 雅克·希拉克：法国政治人物，曾任巴黎市长，并于1995、2007年两度担任法国总统。希拉克因为奉行独立外交政策而闻名，曾公开反对美国发起的伊拉克战争。据称，希拉克和萨达姆之间私人关系不错。——译者注

克是朋友。可是，这位朋友却不曾为他救急解难。作为联合国安理会常任理事国之一的法国，是萨达姆曾经仰仗的政治资源。伊拉克前总统希望法国方面能够帮助自己摆脱国际制裁。不过，法国方面提供的支持总是非常有限，从来没能达到萨达姆期望的那种程度。谈及此事，萨达姆的大腿都抖了起来。他似乎要借此动作，挥去记忆中的某种不快。（以下删去三行内容）

而后，我提到了美国海军“斯塔克”号（USS Stark），而萨达姆也在第一时间安静下来。此前，他的表情怡然自得。这个新问题，似乎一下子浇灭了他的谈兴。我自然不能放过这个步步追问的好机会。1987年5月，正值“两伊战争”期间。伊拉克军队的一枚法国制造的“飞鱼”导弹错打错撞，砸上了美国军舰“斯塔克”号。当时，军舰正在波斯湾值勤，负责保卫国际航道的安全。我告诉萨达姆：美国国内的某些研究者一直以为这次灾难看似意外，其实却是萨达姆有意为之。他这么做，是为了报复“伊朗—眼镜蛇案”（“两伊战争”之中，美国曾通过以色列这个中介，向伊朗出售军备和武器）。就这样，美国方面一下子就和萨达姆在中东的两大敌人扯上了关系。对于我的话，萨达姆没有回应。他甚至低下头，不敢直视我的眼睛。他很是紧张，玩起了手中的套头衫。他装出清理皮棉的样子，把那块料子展开后又折叠，折叠了又展开。他的如此表现，实在太不一般。事后，我们发现，一旦话题惹他心烦，他就会故伎重演。用那些经验丰富的聆讯专家和精神病学家的话说，这是一种“暗示性很强的非声音语言”。

萨达姆想要表现得淡定一点，仿佛“伊朗门”（Iran-Contra）①一案并未让他对美国生出恶感。不过，一场血腥的战争正在进行，他却看见美国和自己的

① “伊朗门”：1979年后，美国与伊朗的双边关系陷入低谷。但是在1986年底，经黎巴嫩媒体披露，美国向伊朗秘密出售武器。由此，里根政府陷入严重政治危机。该事件常常被人们拿来与理查德·尼克松经历的“水门事件”相比较，故名“伊朗门”事件。——译者注

敌人暗通款曲。由此而生的恨意不言而喻。多年之后，我和查尔斯·杜艾福尔（Charles Duelfer）曾就此问题爆发过一场争吵。杜艾福尔曾经参与对“大规模杀伤性武器”的追击。事发场地，则是在中情局总部的一次听证会。杜艾福尔表示，所谓“眼镜蛇事件 ”并未给萨达姆带来太多影响。为此，他专门制作了一张图表，标示萨达姆政权对美国政策的发展过程。我当即指出：杜艾福尔的那张图片之上，明显少了一年的痕迹——那是1986年，也是“眼镜蛇事件”遭到披露的时期。一席话下来，杜艾福尔明显有些恼羞成怒。

20世纪80年代中期，美国和伊朗之间的关系有所缓和。其间，美国和萨达姆政权也正处于持续发展的良好时期。美方解冻了伊拉克的信用评级，为萨达姆提供了不少贷款，还把伊朗军队的动向透露给了伊拉克军方。1984年，美国驻伊拉克大使馆在巴格达复馆。（在80年代中期，1979—1981年之间的德黑兰人质危机还让人记忆犹新，美国将伊朗政权视为异端。伊朗遭到西方国际社会封锁，国际信用评级骤降。伊朗方面只能通过现金购买武器。）1987年，所谓“伊朗门协议”落到了萨达姆的手中。伊拉克总统发现，伊朗将“美军协助推翻萨达姆政权”作为了谈判条件。早在乔治·沃克·布什向萨达姆发出警告的15年之前，美国政府就已经第一次谈起了“伊拉克政权更替”的问题。我对“眼镜蛇协议”的看法，在2011年得到了佐证。美国军队占领伊拉克过后，先后解禁了一批秘密文件。其中的一些资料显示，萨达姆曾在“革命指挥委员会”的会议上花了好几分钟的时间谈论“伊朗门”事件。对此，《纽约时报》（*The New York Times*）的迈克尔·戈登（Michael Gordon）曾有报告：“萨达姆先生及其阁僚认为，所谓‘伊朗门’事件让人失望。他们花了几个星期的时间，去分析其中的原委。伊拉克方面不明白：1986年，美国一面对利比亚进行军事打击，另一面，美方却又主动向伊朗示好。按照萨达姆先生的原话，伊朗在国际恐怖主义中扮演的角色远比利比亚‘要大得多’。”

那一次，“问话”持续了两个半小时。敲门声响起的时候，我们才发现已经到了萨达姆的用餐时间。于是，我和同事站起身来，表示自己很快会和萨达姆再次见面。萨达姆也点了点头，表示同意。离开的时候，他又转过了脸面对我和同事，萨达姆一手捂住心口，连声称谢：“谢谢大家，今天我非常愉快。几个月来，我都没有和人讲过话了。内涵如此丰富的聊天活动，我也很久未曾参加。好吧，期待下次再见。”说罢，他微微一笑，背向我们。随后，他戴好头套，被人扶着走出了房间。那一刻，我和同事都是心潮澎湃。萨达姆的肯定，让我们备感鼓舞。看来，我们的问话一定会大有收获。很快，萨达姆乐于展开话题的消息，就被我们上报到了总部。虽然，我们和他只是谈了谈“历史”，但是，话题很快就会涉及萨达姆和他曾经的政权。

回到拖车之后，参与“问话”的情报人员开始各自撰写报告。很快，分站的主管鲍勃（Bob）找到了我们。此人来自“国家秘密行动处”（National Clandestine Service）。所谓“行动处”，乃是中情局下辖的一个行动机关。鲍勃没有任何在中东工作的经验。上头派他镇守此地，更多地是想让他起到监督的作用，从而把分站繁杂的事务整顿有序。行动处的人对于情报分析员向来藐视，鲍勃的态度也是如此。他们一再宣称：自己不清楚情报分析员到底要干些什么。假如我们耐心地解释，鲍勃等人反而更会装出一副大惑不解的样子。相反，各位行动处主管往往外向而自信——这可不是讽刺。但面对我们，他们总是那么“亲切”。毕竟一旦我们利用专长为他们服务，他们对罪犯的审查工作也会容易一些。

对于情报分析员，“行动处”的各位同事还有另一种偏见：鲍勃等人总觉得，是我等情报分析员把有关情况泄露给了媒体。有一次，他甚至向我发出警告：如果我再念念叨叨重复萨达姆的某句话，他就立即请我走人。总之，鲍勃不觉得情报分析员是他团队里的必备编制。至于理由，也许就是上面说到的那些吧。那天晚上，鲍勃带来的消息如下：从当晚开始，我就不用参加对萨达姆的“问话”了。我们的小队长查理会取代我的位子。待他们“问话”完毕，会把萨达姆的回答内容当天向我做一次转告，我可以以此为据拟好向上的报告。而且，我还要把第二天的问题目录准备好。他的这一安排，我自然不能接受。为此，我不得不指出：要和萨达姆这样的人对话，像我这样的伊拉克问题专家是必不可少的。当时，我火气很大，鲍勃应该觉得我是有意顶撞。而后，我离开拖车，又找到了布鲁斯诉苦。我表示：假如不能参与“问话”，我就立即搭乘下一班飞机回国。在布鲁斯的劝慰之下，我的火气消散了不少。而后，测谎专家向我保证：他会劝服鲍勃。结果，他说到做到。鲍勃终于相信，我的专业技能有助于提高“问话”的成功率。

不久之后，分站再次遭遇人事变动，事情发生在我和鲍勃争吵过后不久。这一次，查理丢掉了自己的小队长职位，这样的变故可不多见。一切，自然是源自千里之外的中情局总部。原来，不知出于何种原因，总部里的某些官僚对我们的“问话”方式很不满意。查理得知自己遭到替换的消息之后，立即搭乘航班离开了巴格达。也许，后方的上司发现：我们提供的信息，很难用于取悦白宫的“大老板”。这样的行事方法，倒是很有乔治·特内特的个人风格。假如他对某个位子上的某位主管看不顺眼，就会立即吩咐自己的几个亲信准备人事变动。查理被撤的消息，倒也传递出了一个信号：总部需要我们尽快找到那堆“大规模杀伤性武器”。毕竟，特内特已经向白宫拍了胸脯。“大规模杀伤性武器”一旦现出踪迹，其轰动效应不亚于篮球场上的一次“盖帽”。显然，局长的大话，需要员工赶紧提供证明。

“大规模杀伤性武器”自然难以寻见，其实，萨达姆也不是那么好抓。追捕伊拉克“独裁者”的一个喽啰，也会耗费大量的精力。其中的艰苦，华盛顿当局似乎从没考虑过。他们惯于忽视获取准确情报所需的艰辛和难度。伊拉克战争开始之前的某一天，中情局曾经接到过一个线报：称萨达姆正在巴格达附近一所叫作“多拉庄园”（Dora Farm）的别墅，并准备和几名得力助手会面。提供情报的线人据说和萨达姆关系很近。就这样，萨达姆密会助手的消息传回了国内。特内特得知消息后，立即冲向白宫。在他的鼓吹之下，布什总统豪气大增，决定提前一天开展行动。于是，两架F-117“夜行者”战机向着既定目标投下了四枚掩体炸弹。但是，炸弹无一命中目标。传说中的萨达姆藏身之地还是安然无恙。不过，行动的损失也并不太大。萨达姆根本就不在那里。甚至，他从来就未曾靠近过那座“多拉庄园”。对话期间，我们得知了萨达姆的一大爱好——钱。对他而言，金钱就是一切。某些幼年出身穷苦、曾经饱受饥寒的人，会把金钱当作彰显地位的工具。在这种人眼里，金钱还是权力的来源。萨达姆的金钱观正是如此。他甚至觉得，守住金钱财产，要比前往“多拉庄园”和手下的高级官员进行会面的事情重要得多。那位告密者曾向美军透露过一个观点：如果不是政权遭到威胁，或是国家面临危机，萨达姆其实并不愿意出席任何国政会议。不过，若为写作或金钱之故，他可以抛开一切枯燥的政治事务。由于“联军”的追捕，萨达姆一早就把国内的大小事务交给自己的近臣处理。他的性子是如此难以预测，战争初期的美军也被搞得一头雾水。

因为钱的缘故，萨达姆和他人的关系时常出现变故。好几次，他都向我们表示：自己总在怀疑别人揩自己的油。提起这些“小偷”，他总会露出一脸鄙视。似乎类似的行为简直不能容于人类——他曾经的女婿胡赛因·卡迈勒（Husayn

Kamel）就遭到了如此的唾弃。这位胡赛因· 卡迈勒·哈桑曾在伊拉克名噪一时。1995年，他突然逃脱萨达姆的控制，来到约旦王国避难。与他同行的，还有萨达姆的另一名女婿（同时也是胡赛因· 卡迈勒的哥哥）萨达姆· 卡迈勒·哈桑（Saddam Kamel）及其家人。不过，兄弟两人的“投诚”并没得到美国承诺的任何好处，原因是中央情报局认为他们提供的情报没什么价值，这使兄弟俩处于进退维谷的尴尬境地；同时，他们的老婆，萨达姆的大女儿拉加德和二女儿拉娜不满约旦的逃难生活，怀念国内的公主待遇，于是不停劝说丈夫回国；与此同时，萨达姆也公开表态说，只要他们回国，就会宽恕他们。他俩甚至觉得：既然自己有了外国身份，萨达姆·侯赛因肯定也奈何不了他们。在这种情况下，哈桑兄弟在叛逃仅仅6个月后，又主动回国了。几天后，他们被判处“叛国罪”，还被勒令和妻子离婚。最后，在一场和萨达姆保镖的交火当中，兄弟两人丢了性命[①]。萨达姆历数了胡赛因·卡迈勒的种种不是——这位前任女婿是如何在约旦开办公司、从事洗钱的勾当，（此处删去两行文字）。听罢这番数落后，布鲁斯表示：这位胡赛因·卡迈勒的人品真不怎么样。萨达姆立即回应：“所以你现在知道，为什么他会待在现在那个地方了吧？”

萨达姆被俘之时，有关人员在他的藏身之地也搜出了不少金钱。对此问题，我感到非常好奇。萨达姆呢，则先是嗤嗤一笑，而后又恨恨地哼了一声。据他交代，这笔巨款数目着实不小。（此处删去一句内容）他说：“（此处删去一句内容）你们的军队打过来的时候，我就带着这笔钱出门了。”他又说，“对了，那天晚上，你们这些美国人黑了我不少钱呢。”他的表情异常认真。看起来，他已

① 哈桑兄弟之死还有一种说法是他们回国几天，就与萨达姆的女儿离婚。紧接着被哈桑兄弟的族人执行了伊拉克流行的“荣誉处决”。事后萨达姆表示他们的死洗刷了他们叛逃6个月给家族带来的耻辱。——译者注

经认定某些美国军人偷窃了他的财产。而且，他还指望我们帮他讨回公道。对此，我表示：那帮美国大兵应该没有机会下这个手。毕竟，抓捕行动是如此高调，而且从头到尾都有媒体镜头跟踪拍摄。至于特种部队，更不可能干这种偷鸡摸狗的事情。这时，萨达姆突然示意想借我的钢笔和笔记本一用。“能不能借一借？”他表示。得到我的允许之后，他立即在笔记本上写下了一份声明，声称自己的财物不幸失窃，总共的损失达到（词汇遭到删除）。而后，他一脸满足地还回了本子和笔。接下来的几天，我一直揣着这份声明。不过，我很快意识到，这份东西实在留不得。毕竟，局里派来的律师吩咐过，萨达姆口述和记录的任何事情都可能成为呈堂证供，所以必须尽快销毁。如今看来，我倒该把那份东西好好保存下来，作为历史的见证。但是，当时我只是把笔记本交给了某位队友，然后他又把它装进拉链袋，最后放入了保险柜……现在，我只敢说，萨达姆的这份手迹一定静静地躺在某个盒子的夹层当中。至于具体地点嘛，我就不清楚了。

“问话”初期，缺乏资料的问题一直困扰着我和我的同事们，就好像捆住了我们的手脚。大量的政府文件，都在美国军队的掌控之中，我们无从得知，也不能翻阅。在“伊拉克自由行动”（Operation Iraqi Freedom）①这样的大型战争当中，参与行动的各个部门根本无法做到协同作战，进退有序。假如我们能拿到那些文件，无疑可以为问话增加筹码。我们大可以告诉萨达姆：这里有干货！没准儿，他的心理防线会在瞬间崩塌。不过，等我有机会接触到这些文件，已经是两年多之后的事情了。那一刻，我真是气得有点“五雷轰顶”。其中的内容如果能一早得到披露，对我们的“问话”大有裨益。联邦调查局方面要是获得这些资源，也能从中收获匪浅。萨达姆的被捕，让美国情报机构始料未及。文件的事，

① “伊拉克自由行动”：美军对于2003年伊拉克战争的代称。——译者注

无疑再一次证明了相关部门的准备不足。

“革命指挥委员会”是萨达姆政权的最高决策机构，而“委员会”的主席则由萨达姆亲自出任。每一次“委员会”举行会议，都会进行详尽记录并立案存档。相关的档案，对于我们的工作帮助匪浅。毕竟，“问话”之中，证据也是力量。不用酷刑折磨，也无须体罚和羞辱，白纸黑字的档案纪录，足以摧毁一个人隐匿秘密的决心。审讯当中，绝大多数审问对象都知道大叫无辜。不过，证据当前，他们就会心慌发虚。只要能够限制对方的说谎能力，不让他们进行误导话题，审问人员就有机会得到更多的收获。有时候，对方会在突然之间大吐实情，只求用合作的态度换来日后的宽待。

萨达姆常说，自己特别期待和我的对话。但是，这点客气话，并不代表他十分配合。

对他来说，所谓对话更像是消遣娱乐。每当我们要他对某件事情做出解释的时候，他就会有意曲解其中的意思。他这样做，自然是暗示我等愚蠢无知。有时，面对一个直白的问题，他会用上复杂多样的“逻辑线”[①]来进行解释。他常常说：“好吧，我接下来说一说我对这个问题的观点。不过，首先让我先提一下另一个问题。”如此这般，他总能编出一大段的演讲，但是内容早已离题万里。临到最后，他才把话锋转向原来的话题，并把这个话题和他刚才的一顿唠叨生拉硬凑扯在一起。

在我认识的人群中，萨达姆绝对是疑心病最重的那个。他习惯用问题来回答问题。而且，他会常常先行打听我们提问的动机。一段关于他执政时期的问话，

---

① “逻辑线”，就是以线型的方式，将思维的过程反映为关键点之间因果关系的组合。——译者注

他的答案却处处有关于萨拉丁的事迹。几段长篇大论过去，布鲁斯终于叫住了他："萨达姆，我觉得，您还是就事论事好了。至于那些历史细节，能不能不要说得那么详尽？"对此，萨达姆露出了一脸的迷惑。"我刚才说的这些东西很重要啊，你们应当全盘掌握才是。"看着他，我不禁浮想联翩：这世界上到底能有几个人对萨达姆下过"请说重点"的命令？然后，这些人当中又有几个能活到现在呢？

当然，萨达姆还是有可亲的一面。而且，他确实很风趣。有些时候，他会一面转移话题，一面展示自己的幽默感。而且，执政时期的种种趣事，也被他趁着空隙一再提及。20世纪90年代，他曾去哈班尼亚湖（Lake Habbaniya）[1]参加会议。其间，他那些"伙伴"并未随行。相反，他只带了几个贴身保镖。不料，一干好心的群众发现了他的踪迹。他们喊着他的名字，向他包围而来。"萨达姆在这里"的消息很快传遍了整个小镇。没过多久，他那几个保镖就被挤得人仰马翻。这时，一个男孩遭到保镖的推搡，直接跌倒在地。这一幕，正被准备上车的萨达姆看在眼里。而后，他又发现那男孩抄起一根木棍，准备向保镖的后背发起偷袭。于是，萨达姆朝男孩挤了挤眼睛，要他把手上的动作暂停一下。而后，总统大声呼唤那个保镖的姓名。对方一转过身，脑袋上就挨了一闷棍——这当然是被推倒的男孩实施的报复。话到这里，事主也禁不住哈哈大笑，而我等审问人员也陪着笑了几声。我表示："萨达姆啊，您这个故事还真有点意思。"他则表示："我还有更有意思的事情呢。"接着，他又讲了几个类似的小趣事。不过，所有的故事的套路都大致如一：临到结局，总有一个倒霉蛋会经受皮肉之苦。而萨达姆，总是那个负责实施惩罚的人。

---

① 哈班尼亚湖曾是伊拉克的旅游胜地。——译者注

如果我们胆敢触及一些敏感问题，萨达姆就会大发雷霆。不过，这倒也符合他的个性。一天，我们谈起了伊拉克和叙利亚的双边关系， 这层关系就叫他很是不爽。谈话间，他显得心不在焉，一直在拨弄自己的指甲缝。这个小动作，正好说明我们已经点中了他的某处死穴。于是，我会趁机向他施加压力，不断重复刚才的问题。对此，我们的询问对象干脆摆出一张眉头深锁的脸。而后，他又把双手摊在大家眼前，并耐心地从指甲缝中掏取污垢。如果我们继续追问，他甚至会开始用手剔牙。

对话一旦进入禁区，萨达姆会变得不大高兴。他往往表示抗议：显然，大家的话题已经偏离了历史的范畴。我向他问起叙、伊两国之间的贸易问题，终于惹得他勃然大怒："什么贸易？谁在乎什么贸易问题？你难道觉得，萨达姆·侯赛因只是个做生意的？哼，生意人不过是历史的沉渣而已。"以下几个问题，萨达姆似乎永远也不想提及——他的个人安全，他和其他阿拉伯国家领导人的关系，他和那些忠心耿耿的部下的关系，还有就是情报事务。萨达姆甚至表示：放眼全世界，他只和两个人交好结谊。不过，这两位密友的身份，他永远也不会透露给我们。

我们的工作很是刺激。毕竟，我们向萨达姆抛出的种种问题，其他人从来未曾向他提起过。有些问题会惹得他勃然大怒，有的问题则会开启他的演讲欲望。他总是谈及历史，也总想为某个历史事件找到合适的解释。有时候，我们的问题真会让他大吃一惊。比如，我曾经问到了他的老婆们（没错，他有两个老婆——一个是萨吉达；另一个则是伊拉克航空公司的空乘员萨米拉·沙赫班达尔）的情况。而这个话题，他明显也不太欢迎。有时候，他觉得自己说得有些过多。于是，他会力图收住话头。迄今为止，我们只是在和他"搞好关系"。不过，我们并不知道，自己还能和这位"客人"相处多久。而且，华盛顿的各位领导，还有一大堆问题需要我等从萨达姆身上挖掘答案。其实，相比即将介入事态的联邦调查局同行，我等中情局人员对于萨达姆的了解自然要深入得多。但是，经验丰富的我，余下的时间却已经不多。没办法，乔治·特内特和他那堆“马屁精”们根本就不知道该如何推进一场成功的聆讯。

萨达姆坚持认为，自己仍是一名国家元首。于是，他总以“总统”自居。为了给他一点打击，我们也顾不得礼貌了。“萨达姆先生”和“总统先生”这样的称号，我们从不提及。相反，我和同事都习惯直呼其名“萨达姆”。对于这种待遇，萨达姆有些失望。不过，他很快就已适应，并且变得不以为意。

一天，他向看守表示自己想要看书。后者搜罗了一堆阿拉伯语读物，送进了他的囚室。其中，有一本他的演说集。第二天，他就把这本书带进了审讯室。而后，他表示，他有些东西想要朗读，并请我们一道聆听。他朗读的内容，是1980年的一篇讲话。他还特地嘱咐我：“昨天你告诉我，挑起‘两伊战争’的人是我。今天，我也有话对你说。”而后，他开始自顾自地读了起来。字里行间，他在为自己侵略伊朗的行为寻找理据。

我和同事听了一会，立即向他表示感谢，谢谢他能就“两伊战争”的源头问题不吝赐教。不过，相关的话题可以待会再聊。当下，还有一些事情更为重要。那一刻，我有些失望。我很想听听他谈一谈那场战争，如果不是时间有限，他可以足足说上几个小时。要知道，世界上没有几个人能有机会当上这种听众。对于自己在“两伊战争”期间的表现，萨达姆深感自豪。其实，听他讲讲那些当年的战斗，看他耍弄小手段去抬高自己抹黑敌人，又何尝不是一种乐趣呢?

第六章

来自伊朗的威胁

我问到了萨达姆的成长经历。他的家乡提克里特贫穷落后、几近蒙昧。我很想知道一个青年如何走出困顿，又在日后登上权力巅峰的全过程。对此，萨达姆只是表示：小时候家里很穷，日子自然非常艰难。那么，萨达姆和他的母亲关系如何？他和他那位继父又相处得怎样呢？发问之前，我的心中似乎就有了答案。早年间，作为“要人研究员”的我，好像已经洞悉了萨达姆的家庭秘密。我知道，他的继父其实也是他父亲的兄弟。也就是说，此人拥有爸爸和叔叔的两重身份。那时，我还听说，继父待他很糟。幼时的他就已经饱受责打。后来，他还为了躲避虐待而选择离家出走。继父的所作所为塑造了萨达姆的性格。正因如此，他才如此暴虐，如此好斗。甚至继父的残忍，方才导致了他对核武器的痴心追求。

以上推论，当然有些异想天开的成分。但是，又似乎合理合情。反正，研究萨达姆的各位精神病学专家都对此深信不疑。学界也好、情报圈子也罢，无不唱着同样的调调。至于本人，当然不能免俗。在呈给政府高官的情报文件当中，我也一再重复了上述内容。而萨达姆本人的回忆，却与我等先前的看法完全相

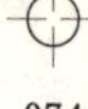

反——他和继父很是亲近。在他心中，继父就是天底下最慈爱的那个人。萨达姆之所以离开提克里特，确实是与继父有些关系。不过，老人家只是觉得家乡机会寥寥，不适合萨达姆这种有志青年发展。于是，他建议萨达姆应该出去闯一闯。继父的鼓励，让萨达姆一直感念在心。那么，继父对幼年萨达姆施以暴力的种种传闻，又该做何解释呢？面对我的疑问，萨达姆表示："那都是无稽之谈。安拉保佑，易卜拉欣·哈桑（Ibrahim Hassan）[①]但凡有什么秘密，都会立即告诉我。对他来说，我比他的亲儿子伊达姆（Idham）更值得托付信任。"

好吧，看来是我自以为是了。"独裁者"家庭内外的诸多事情，我并不像想象之中那样了解真情。由此，我对中情局的各位医生和精神病学专家也起了疑心。也许，他们对于萨达姆的"诊断"也并非那么可信。此前的很多年内，我和我的同事们曾经认为萨达姆背部有恙。人到六十的独裁者，脊背的确有些僵直。不过，他的绝大多数同龄人莫不如此。萨达姆的身体状况远远好过局里专家的估计。我还记得，司机萨米尔曾经慨叹萨达姆体力充沛。他们一干人在逃亡的途中都累得灰头土脸、呼天抢地的，唯有萨达姆始终精神饱满。总体而言，除却偏高的血压以及前列腺方面的一点小小毛病外，萨达姆其人相当健康。他倒是有些精神上的恐惧症。比如，身处胶合板打造而成的囚室之中，就叫萨达姆很不适应。为此他抱怨连连，还自称对木材过敏。其实，萨达姆的这个居所光线不佳，又赶上伊拉克那潮湿多雨的冬天。一个人身处其中，很难产生良好的感觉。就连造访此地的我等审讯人员，都变得有些病恹恹的。

讯问之前，局里的专家还透露了萨达姆的两个小习惯——他不吃红肉，而且还戒了烟。为此，我特意讯问"独裁者"。难道，他真舍得雪茄这个爱好？对

---

① 易卜拉欣·哈桑：萨达姆继父的名讳。——译者注

此，萨达姆哈哈大笑。“独裁者”指出，我的这些情报来源不明，而且大错特错。他身边的任何人都清楚：他对雪茄一直痴心不改，一天就要抽掉足足四支。他甚至打趣地询问本人，想知道我有没有带上那么一两根可供一起分享。我只得表示抱歉，同时声明本人素无烟瘾。闻听此言，萨达姆有点怅然若失。他随即表示，自己不但没有放弃雪茄，也从不曾和红色肉类绝缘。一名医生，如何能够对素未谋面的研究对象进行诊断，又何从知道对方的健康状况呢？由此得来的种种情报，似乎也没有太大的价值。多年以后，笔者有了一名新的研究对象——金正日[①]（Kim Jong Il）。自然地，局里医疗部门的专家同行又得向我通报研究对象的健康状况和生活习惯。而他们的报告内容，几乎就是当年萨达姆的翻版。总之，金正日身体有疾，而且已经禁肉绝酒。这种情况不知是出于巧合，还是抄袭使然。

对于萨达姆来说，阶下囚的生活，其实和身居高位的日子相差不大。无论在那个时候，还是更久之前，他都没有任何的行动自由可言。以前，萨达姆的身边保镖密布，安保人员时刻不离；入狱之后，他的周围仍然是戒备森严。过去，他有什么生活需要，只能向身边人开口索取；作为囚徒，他也时不时就会提出要求——当然，监狱里的看守可不是有求必应。大多数情况下，萨达姆只能收获一声“不行”或者“没有”。

萨达姆的问题五花八门。时间，是他常常问及的东西。他无时无刻不想知道，自己处于一天之中的哪一刻。知道了确切的时间，他才好进行礼拜[②]。我的

① 金正日：朝鲜第二代最高领导人，于2011年12月病逝。——译者注

② 礼拜：穆斯林及基督教的重要宗教活动。——译者注

很多同事都觉得，萨达姆此举纯属“表演”。他们觉得，伊拉克“独裁者”扮出一副虔诚的面孔，只是为了麻痹民众。这样的看法显然失之偏颇。据我所知，晚年的萨达姆确实显出了倾心宗教的姿态。但是，他并非瓦哈比思想的追随者，也不相信什么“圣战”。他沉迷宗教，更不是因为他和“基地”组织在私底下有秘密的勾连。在我看来，宗教曾是萨达姆幼年生活的重要组成部分。他后来的“虔诚”举动，可能只是出于个人经历的缘故。当然，萨达姆虽然“虔诚”，却也把宗教当成了破坏“问话”过程的挡箭牌。我们的话题一旦触及他的禁区，萨达姆便会抬起头颅，四处张望。“守卫在哪里？”他会说，“时间到了，我要做礼拜啦！”做礼拜，是萨达姆对我们施行“格挡”的有效技术手段。同样的伎俩，他耍弄得不厌其烦，还曾因此闹出了一个不大不小的笑话。那天，我们谈到了大规模杀伤性武器的问题，而萨达姆则不失时机地开始询问时间。确定时刻之后，他立即宣布：“嗯，我觉得又该是做礼拜的时候了。”没办法，问话中断了整整10分钟。随后，看守敲响屋门，表示萨达姆该回监房了。

作为审讯人员，我和布鲁斯要让萨达姆感觉舒服自然，要让他畅所欲言。不过，我们又得掌握“问话”的主动，不能被萨达姆牵着鼻子走。于是，我向看守提出：我们再提一个问题，随即就请讯问对象回屋。通常情况下，我们的最后一问都会无关痛痒、轻松愉快。那一天的提问人正好是布鲁斯。测谎专家声称：萨达姆的人生经历，让他想到了美国历史上的一位伟人。在布鲁斯看来，萨达姆和美国的第十六任总统亚伯拉罕·林肯[1]很是相似。布鲁斯的这番话语，让萨达姆精神一振。对方立即好奇起来，想知道布鲁斯为什么有此一比。于是，布鲁斯开始侃侃而谈，陈述理由：萨达姆和林肯一样都是战时总统，两人同样出身寒微；

---

① 亚伯拉罕·林肯：美国第十六任总统，曾发动废奴运动，后来遭遇刺杀身亡。——译者注

而且，他们虽然都缺乏军旅经历，却又都在生死之战当中担起了军事领袖的职责。萨达姆越听越入迷。虽然看守三番五次前来催促，提醒礼拜时间已经到了，他却只是摆手拒绝，不予理会。显然，做礼拜固然重要，布鲁斯的吹捧却更让他感觉受用。那一刻，萨达姆仿佛觉得布鲁斯和自己心心相印。眼前这个测谎专家，好像就是他真心诚意的知音。

问话开始的那一段时间，我发现萨达姆的眼皮总在打架。对此，前总统忍不住大加抱怨：原来，他所在的监狱大门紧闭。但每到晚上，总有新犯人前来报到。铁门因此开了又关，关罢又开，闹得萨达姆完全无法安眠。问话之中，萨达姆倒是一直强打精神。他当时那副模样，仿佛一个刚刚哭闹整夜的婴儿。眼看他眼皮下坠、哈欠连天，我觉得，可能是看守监狱的军人有意捣乱。而且，监狱当中时不时传出的高八度音乐声，也叫萨达姆很不适应。昏昏沉沉的几次“问话”过去了，我终于向狱方提出要求，请他们为萨达姆换一间囚室。狱方应允了，而萨达姆也得到了一觉睡到大天亮的机会。养足精神的他，倒也多了几分和我等审讯人员斗法的底气。睡眠问题虽已解决，萨达姆还有一点不满意之处——他一直想要一些纸和一支笔，狱方却拒绝提供这些东西。“你知道，我是个文字工作者。”他向我展示这个身份的时候，语气颇为郑重其事。“我需要纸、需要笔，以此记录自己的思和想，贵国军队造访我的住处那一阵，我正在写作一本书。书稿尚未完成，我又怎么能够心安？为什么我不能继续写东西？你们大可放心，我绝对不会伤害自己。”其实，萨达姆的表白不无道理。但是，这是军队的地盘，一切要由他们说了算。万一萨达姆以笔自残，甚至自尽，由此而来的后果谁都承担不起。

对话期间，萨达姆一再表示自己遭到了“虐待”。没错，看守可能有意打搅他的清梦，并趁被捕之初的当儿给了萨达姆一顿拳脚教训。他们不给他纸笔，让

他写下自己的心声，也许确实有些不近人情。不过，本人可以保证，萨达姆从未遭遇什么虐待。总体而言，美国方面待他还算仁义。尚在总统位置上的他，对待自己的政敌可远没有如此客气。在监狱里，萨达姆不用担心三餐不继。同时，他还有一本《古兰经》可读，以及一份阿拉伯语版的《日内瓦公约》可供参考，便于维护自己的权利。看守尊重他的信仰，允许他每天礼拜五次。1999年，他手下的“情报局”曾经逮捕了一些涉嫌勾结伊朗的什叶派反对派分子。这些人随即被解往阿布·格莱布监狱。三天的羁押过后，反对派遭受了惨无人道的酷刑。个中的细节实在令人发指，也不适合在书中进行披露。总之，萨达姆纵容手下的恶棍，欺凌那些可怜人的种种恶行，笔者是永远无法忘怀的。

谈话中，我提到了伊朗这个国家及其政府。那么，萨达姆对他们有何看法呢？提到伊朗，萨达姆的口吻郑重了起来。他力图摆出一副大政治家的气魄，他想让自己的语气庄重得体，而又不失谦虚谨慎。当然，萨达姆只是在惺惺作态。谈笑之间，他实在掩饰不住自己对于伊朗人的仇恨。有时候，他干脆口无遮拦，直接嘲讽起来。我曾经提道：美国和伊朗虽然敌对，但两个国家其实颇有相似之处。比如，洛杉矶的伊朗移民人数众多，多到沦为“德黑兰矶”（德黑兰为伊朗首都）的程度。我的话语，引得萨达姆呵呵大笑。而后，我又提道：“9·11”事件发生过后，伊朗民众曾经点起长明灯祭奠死难者。萨达姆立即摆出一副苦脸。“呵呵，伊朗人又在耍弄两面手段了。哦，既然他们如此真心，美国政府为什么不对他们敞开怀抱呢？对啊，美国和伊朗应该亲如一家啊，”说着说着，萨达姆笑出了声，“长明灯？我倒要看看能亮到什么时候。”

其后，萨达姆又抱怨起来：他曾委托塔里克·阿齐兹起草了一封公开信，就“9·11”事件向美方表示慰问。只不过，信件交到了前任总检察长拉姆塞·克拉克（Ramsey Clark）手中。此人和布什总统素有仇怨，自然无法向白宫转达萨达姆的好意。不明就里的萨达姆，只能带着迷惑，重重地发着牢骚：“难道你们美国人，就没有读一读塔里克·阿齐兹写给拉姆塞·克拉克的慰问信吗？德黑兰市长的几句话就让你们感动不已。试问，一个小小市长的几句话，能比伊拉克总理的亲笔慰问更为重要吗？”

萨达姆一向以阿拉伯民族的钢铁长城自居。他真诚地觉得：是自己的存在，抵御了伊朗人的入侵；伊拉克人民甘为屏障的贡献，也赢得了世人的尊重，以及“世界上最高贵民族”的头衔。一番自夸过后，萨达姆开始了对伊朗的激烈批判：“这不是一个诚实的国度。而且，他们觉得世界上所有人都像他们那样谎话连篇。他们嘴上说着一套，做的又是另一套。伊朗人的劣根性莫过于此。”谈话进行到后来，萨达姆还不忘挞伐伊朗：“伊朗方面仍然怀有狼子野心，他们妄图打着宗教的旗帜，征服和奴役阿拉伯世界。他们一直鼓吹：时机一旦成熟，伊朗将发动战争，解放耶路撒冷（al-Quds），并由此建立一个所谓‘伊斯兰的国度’。呵呵，伊朗人自觉有了核武器，就有了解放耶路撒冷的能力。而且，他们觉得自己可以统领整个阿拉伯民族。”1996年，萨达姆的长子乌代曾经躲过了一场刺杀。相关的仇和怨，也被萨达姆记在了伊朗人的账上。

接下来的几次问话之中，伊朗仍是我们和萨达姆的热门话题。每一次，萨达姆都摸黑来到审讯室。解除禁锢之后，他照例坐定，并向我和布鲁斯问好。而后就是他冗长无端的讲演时间。演讲的内容一以贯之，统统关乎“两伊战争”。“你们知道吗？‘两伊战争’爆发之前，伊朗方面曾经先后548次挑衅我国。”萨达姆表示。此后，他总会一五一十、历数伊朗的寻衅行为，恨不能把所有548起事件都细细讲述一番。我和布鲁斯自然没有兴趣全盘了解。不过，对于其中的某些事件，我们却又希望萨达姆好好谈谈。比如，当时的阿拉伯河（Shatt al-

Arab）河口曾经发生大量的沉船事件。受害船艇既有伊拉克籍，也有不少来自国外。要知道，河口可是伊拉克通往波斯湾的门户，船只沉没的问题也被大家当作“两伊战争”的导火索。那么，萨达姆对此又有何看法呢？“我国曾就沉船事件，向联合国呈送了290份备忘录，”萨达姆如是说，“伊朗方面呢，只用了短短的一份报告就聊做回应，打发了事……当年的9月22日，伊朗国防部长还曾放出狂言：他们的军队一旦侵入伊拉克境内，就会一路高歌猛进直至攻陷巴格达为止。”而在实际进程中，伊拉克军队在1988年就解放了法乌半岛（al-Faw）。此地位于阿拉伯河河口之上，扼守着水道的要津。自此以后，伊朗军队再也未能染指伊拉克领土。对于萨达姆和伊拉克而言，法乌战役就是“两伊战争”中的重要转折点。

接下来的几个小时，萨达姆的谈话内容始终未变。对于伊朗这个国家，他有太多的看法需要倾吐。能叫他如此专注的话题可真是少见。在萨达姆看来，“两伊战争”期间，伊拉克方面的表现堪称英勇。那场战事，同时也是参战两国的一次武器实验。萨达姆觉得，战争中的种种事实，都足以证明伊拉克拥有“世界上最好的战士”。大多数军事研究者都同意这样一个观点：“两伊战争”是由萨达姆挑起的。当时，伊拉克出动了10万大军，外加200多架飞机，对伊朗进行了突然袭击。那么，萨达姆为什么要开启战端呢？面对我们的如此问题，萨达姆却又提出了抗议。

萨达姆一口咬定，伊朗才是主动点燃战火的元凶。他表示，伊朗方面强占了本国两处居民定居点，而后又不愿意签订合约，退还领土。而且，伊朗人还曾向伊拉克油井纵火，甚至在靠近伊拉克领土的边境地区布置了大炮。对了，那些大炮还是美国货。伊拉克方面出动军队，完全是为了“抵御”大炮的威胁。萨达姆还说，自己曾先后3次致信伊朗领导人，提醒对方事态可能升级的严重性。“但是，伊朗方面不管不顾，甚至开始炮击伊拉克境内重要的港口城市——巴士拉，并用炮弹骚扰我国的油井设施。”萨达姆控诉道，“伊朗军队还侵入迪亚拉[①]。他们的部队，就驻扎在被掠夺的我国领土[②]。侵略军遭到迎头痛击，不少人被我方俘虏。其中的一名俘虏，被我们关押了整整10年。我方希望他成为人证，证明这场战争并非始于9月22日（伊拉克军队于1980年9月22日侵入伊朗领土）。实际上，战事早在9月4日（伊朗军队占领赛义德·沙阿的时间）就已爆发。”此外，萨达姆还指出：“伊朗方面一直采用暗杀手段，意图对我国领导人不利。塔里克·阿齐兹、拉提夫·努赛义夫·贾西姆和穆萨海尔·巴德尔·丁都被他们如此针对过。即便在两国和平相处的阶段，伊朗方面也不忘派出军机，在我国领空进行干涉和袭扰。前前后后加起来，相关活动竟然多达240次。”伊朗精神领袖阿亚图拉·霍梅尼[③]曾呼吁伊拉克境内的什叶派信众发动起义以推翻萨达姆政权的统治。事主随机借势发言：“你们看看，他们就是这样干涉我国内政的……这种行为，不是形同侵略吗？”

“两伊战争”期间，伊拉克军队曾在战场上使用过化学武器。如此行为，萨达姆一直不愿直接置评。但是，化学武器倒也算不上萨达姆的口舌禁忌。他非常想要证明，其实伊朗方面也动用了同样的战争手段。而且，伊拉克军队使用化学武器，纯粹出于自卫目的。每到此时，刚才还缄口不语的萨达姆，总会在忽然之间大发谈兴。按照萨达姆的说法，伊朗军队才是开启化学武器这个潘多拉魔盒的

① 迪亚拉：伊拉克境内一省份，邻近两伊边界。——译者注

② 伊朗军队夺取了伊拉克当地一处名为“赛义德·沙阿”的地区。——译者注

③ 鲁霍拉·穆萨维·霍梅尼：伊朗什叶派宗教学者（大阿亚图拉），1979年伊斯兰革命的政治和精神领袖。该革命推翻了伊朗国王穆罕默德·礼萨·巴列维，霍梅尼成了国家最高领袖。——译者注

黑手。他说1981年的霍拉姆沙赫尔（Khorramshahr）之役[①]中，伊朗方面率先利用化学武器对据守当地的伊拉克军人进行残害。事实上，霍拉姆沙赫尔位于伊朗境内，是伊拉克军队入侵伊朗的最重要的城市。当然，萨达姆军队的攻势也在这里遭到了阻断。

伊拉克方面在“两伊战争”中的种种策略，也让我和布鲁斯很有兴趣。萨达姆的回答相当简短：“这种问题，你们还是去咨询我国国防部的负责人吧。”当年伊拉克方面的导弹攻势，萨达姆自然也不愿多谈。对于“两伊战争”期间的导弹纠葛，他的回答完全遵循“套路”：一切事端，皆出自伊朗的阴谋暗算。他还表示，利比亚也在这场纠葛中插了一脚。正是利比亚提供的导弹，成了伊朗侵略伊拉克的一柄利器。“我曾通过电台向伊朗方面喊话：所谓导弹攻势，只会导致双输的结局。虽然伊朗人一直寻衅，但我仍然不想对伊朗领土进行“同态”报复[②]。但是，既然伊朗人不愿悬崖勒马，我们也只好展开还击。飞毛腿导弹[③]就是我们的反击手段。当然，我们的行动，又招来了伊朗人的报复。总之，我们从未有意侵害伊朗。每一次，都是他们不义在先，而后我们被迫行动，以牙还牙，以眼还眼。”

我决定换个话题，于是，主动问起了艾哈迈德·哈桑·贝克尔（General Ahmed Hassan al-Bakr，伊拉克总统，1968年至1979年在任）下野的事。我们的问话对象登上权力巅峰之前，伊拉克的国家元首正是这位贝克尔。许多美国学者认为，萨达姆曾经导演了一出逼宫大戏，迫使老上司让渡权力。他们的意见，

---

① 霍拉姆沙赫尔：为伊朗港口城市。“两伊战争”中，两国军队曾在当地展开残酷的拉锯战。仅伊拉克军队攻占霍拉姆沙赫尔城的战斗中，双方就死伤7000人。——译者注

② 也就是导弹攻击。

③ 飞毛腿导弹：一种苏制武器，曾在“两伊战争”和海湾战争中名声大噪。——译者注

被我转达给了萨达姆本人。不过，我也向萨达姆表达了自己的立场。我知道事实真相可能并非如此。当时的贝克尔对于伊拉克的未来很是忧心。那时候，什叶派原教旨主义步步得势。霍梅尼正向伊拉克境内的什叶派展开宣传和蛊惑。什叶派信众虽在伊拉克占据了人口中的多数，但在政治领域，他们又是失意一族。在伊朗的引诱之下，伊拉克国内随时都会生出事端。如此背景之下，贝克尔很有可能选择主动让位，放任萨达姆这一干强硬的少壮派领导人去和伊朗周旋。此外，我还告诉了萨达姆另一则传闻——有些西方观察家觉得，萨达姆就是谋害贝克尔的凶手。1982年贝克尔去世的时候，“两伊战争”已经闹得不可收拾。危局当前，萨达姆害怕自己地位不保，于是才对贝克尔下了黑手。在我看来，如上推断大多都是无稽之谈。不过，这一次我并未阐明观点。我倒想看看，事主本人想要如何自辩。当时，我分明发现，萨达姆已经有点怒不可遏。我的转述很是细致，也不知道翻译人员有没有向萨达姆完完整整和盘托出。总之，问话对象只是表示：这些胡说八道，他是从未听闻。

贝克尔当年是主动让贤。对于这一点，萨达姆的态度非常坚决。他还表示：在位期间，贝克尔的健康状况一直不佳，随着时间推移，更有每况愈下的趋势。因此，老上司决意退位。萨达姆还说，贝克尔早就相中了那么一个接班人。在贝克尔看来，此人熟悉政府的运转模式，而且，唯有他才有笼络人心、维护团结的能力。这个唯一人选，自然就是萨达姆本人。面对上司的托付，萨达姆一开始选择了婉拒。毕竟，我们的“问话”对象自称“一向无心问政”。萨达姆甚至声称：当时的他只想回到家乡，在提克里特做个农民。不过，眼看国家正在陷入危机，萨达姆也开始了一场心理斗争。最后，他决定接下贝克尔交给自己的这副重担。以上言辞，统统来自萨达姆的自述。

那一刻，我觉得时机已到。于是，我向萨达姆提出了一个问题：1979年，伊拉克复兴党召开代表大会。萨达姆借此机会逮捕和杀害了不少政敌。也许，他干出这些勾当，只是为了获得贝克尔的信任？我的问题一出口，萨达姆就有些坐不住了。他立即申辩：自己之所以设下那出鸿门宴，是要拆穿一桩阴谋。策划阴谋的人，来自叙利亚复兴党[①]。萨达姆表示，叙利亚人的阴谋已近得逞，就连自己的秘书也都遭到策反。当时，伊拉克复兴党内人人自危，反叛事件也是层出不穷。说着说着，萨达姆的左眼皮突然剧烈跳动起来。

“问话”已近尾声。遵循旧例，我和布鲁斯想用一个轻松的问题结束当天的讯问。于是，我向萨达姆提出，自己想知道他最喜爱哪种读物。萨达姆表示，他喜欢历史读物。此外，阿拉伯民间故事也是他的最爱。接着，我又问起他最为中意的一本书。这一回，萨达姆给出了明确的答案。原来，他很是欣赏美国作家海明威（Ernest Hemingway）。“想一想那幅画面，”萨达姆说，“一个人、一叶舟、一条渔网，一本书里，只有这寥寥几个元素。但是，人类的处境又一览无遗。真是好故事啊！”就这样，“问话”结束。但是，我能发现，萨达姆有些愠怒。很明显，我对贝克尔的某些评论，叫他很是不快。

嗯，那天我确实招惹了萨达姆。这一点，很快就在下一次问话中得到了确认。当天，我还没来得及开口，萨达姆就主动抢过了话头。他一举手，表示有话要对我宣布：“你好，我有件事情要向你说清楚。你昨天的话，相当伤人！你居然认为我应该为艾哈迈德·哈桑·贝克尔的死负责任。但是，你肯定不知道，他其实是我的亲族长辈。对我来说，他老人家有如父亲。而且，我俩还是忘年知

---

① 叙利亚复兴党：和伊拉克复兴党一样信奉阿拉伯民族主义，两国也同属世俗派威权政权。——译者注

交。这些事情，你知不知道？”萨达姆滔滔不绝，在我眼中，他正在鼓舞自己把情绪一步一步调入亢奋状态。我可不想他以此为由，对我们闭口不言。于是，我只得主动示好，我告诉萨达姆，和他谈话让我获益匪浅。他提到的好些事情，我此前都闻所未闻，见所未见。而且，我装出一副好奇的样子，向他请教叙利亚人针对伊拉克复兴党的种种阴谋内幕。我还表示，自己提到那些关于贝克尔的种种，无不属于道听途说。终于，萨达姆显得平静了些。“好吧。”他吐出了一句话，而我们的对谈又可以开始了。

与萨达姆纵论伊朗的过程当中，还曾出现过一个颇为有趣的瞬间。那一次，我把话题扯到了萨达姆的某位近臣身上。我说了不少这人的情况，不过内容却是错误多多。当然，这是我的计策。我希望好为人师的萨达姆能够纠正我，并由此抖出一些关键信息。可惜，萨达姆会意错了。他只觉得我这个人才疏学浅而且愚妄，这就是独裁者当时对我的评价。这时，同在桌边的布鲁斯忍不住开了腔：“嘿，您是说我的朋友是个笨蛋，对吧？那么，他有没有蠢到把全国的防空力量统统献给敌人的那种地步呢？您怎么看？”此话一出，萨达姆立即怔住了。当时，我发现他几乎呆若木鸡。他没料到有人如此无礼，竟敢直接揭露自己的旧日“疮疤”。1991年海湾战争期间，萨达姆曾把一批战斗机和军舰运往伊朗。他觉得如此一来，这些武器就可以逃过美国人的轰炸。而且，他还以为，伊朗方面日后定将完璧归赵。这个想法，未免有些天真，有些傻。本书写成的时候，萨达姆的战斗机仍在伊朗人的手中。而且，没人敢保证飞机还是原先的模样。萨达姆的举动，启迪了研究者的想象。有些人甚至提出了大胆的推论：萨达姆此举，是为了把老对手伊朗也拉入战局。当然，具体原因已不可考证。我只知道，布鲁斯的话叫萨达姆愣了神。而后，他忽然莞尔，随即爆发出一阵大笑。那一刻，他真是乐得“花枝乱颤”，而且还向布鲁斯伸出了大拇指。“你这话，扎心了啊！”萨达姆表示。我和布鲁斯，也不由得受到他情绪的感染。

萨达姆很在意历史评价。他总会讲出一些富于希望与正面的小小故事，借此突出自己的高大形象。那些故事宛如寓言，相关背景，我和布鲁斯很是陌生。自然，我们无法驳嘴，只能由着他发挥兴致。比如，萨达姆就告诉我俩：自己对于霍梅尼绝无不敬之意。1989年，伊朗领袖与世长辞。随即，不少伊拉克人陷入了狂欢。同胞的这等行为，萨达姆并不苟同。当时，一位部长打来“报喜”的电话，还遭到了他的批评。他告诫部下：对于霍梅尼这种“圣人”，大家应当怀有一份敬意。萨达姆的这个故事，我和布鲁斯实在有些听不下去。我俩都清楚，萨达姆对霍梅尼恨得入骨。在他看来，伊朗领袖就是自己的死敌。我问萨达姆：既然他如此敬仰霍梅尼，那么，“两伊战争”期间，他又为什么在电台讲话中把霍梅尼骂得狗血淋头呢？当时，萨达姆言辞犀利，可谓尖酸至极。对于我的问话，萨达姆大叫冤枉，他请我拿出证据。他想要知道，他到底在哪个日期、哪个场合对霍梅尼发表了何等不敬的评论。我只得回敬：下次见面的时候，我会把相关细节呈现到萨达姆的面前。当然，前提是他愿意纠缠这个问题。

我话锋一转，提起了霍梅尼的一段流亡经历。1965年到1978年间，伊朗宗教领袖一直在伊拉克客居。对于这段旧事，萨达姆又有何看法呢？事主表示，自1975年《阿拉伯河协议》（*Shatt al-Arab Agreement*）签订之后，两伊政府已经决意不再干涉对方的内政。“当时，霍梅尼也算得上伊拉克的客人。但是，这个客人又和伊朗政府有些龃龉。当然，这也不代表我们两国关系不睦。而且，伊拉克政府也要对客人的安全负责。协议签订过后，霍梅尼接见了不少记者，也通过录音带发表了很多评论。为了求得他的理解，“革命指挥委员会”的一名委员特地拜望了霍梅尼，向他解释我国政府与沙阿当局（即伊朗国王）的协议内容。

◢ **萨达姆和第一任妻子萨吉达** 萨达姆的家乡提克里特贫穷落后。他小时候家里很穷，幼年丧父，他的继父其实也是他叔叔——萨达姆眼中天底下最慈爱的人。老人家觉得家乡机会寥寥，不适合萨达姆这种有志青年发展，建议萨达姆投奔在巴格达的舅父海拉拉·迪尔法赫——后成为他的岳父。迪尔法赫是政治家，借此，萨达姆攀上了高枝，一脚踏进了波谲云诡的伊拉克“首都官场”。从此，一个青年走出困顿，并逐渐登上权力巅峰，成为西方历届领导者欲除之而后快的政治“强人”。

◢ “两伊战争”期间，萨达姆和他的幕僚们

对于伊朗，萨达姆有太多的看法需要倾吐。1960年欧佩克成立，1973年该组织凭借垄断地位首次对西方禁运，大大提高了油价。这不符合美国的利益。怎样瓦解欧佩克呢？让他们打仗。1980年，美国出钱出枪支持萨达姆进攻伊朗，伊朗很快招架不住了。战争这么快结束也不行，于是美国又通过以色列向伊朗卖军火。就这样，两伊战争打了8年。到最后双方都打不动了，两个国家不但花光了自己的外汇储备，还都欠下一屁股债，一场莫名其妙的战争以双方都宣布胜利结束。对于自己在两伊战争期间的表现，萨达姆深感自豪。但是，萨达姆被抓后也没搞明白，美国政府的举动与态度为什么反复无常？“两伊战争”时美国还和他站在一起，现在为什么又反目相向？大多数军事研究者都同意这样一个观点：“两伊战争”是由萨达姆挑起的。萨达姆却在聆讯中一口咬定，伊朗才是主动点燃战火的元凶。

伊拉克有丰富的石油资源 1999 年 1 月欧元正式启动，萨达姆随后宣布，伊拉克的石油交易用欧元结算。其他国家纷纷效仿，都表示也可以考虑用欧元进行石油交易的结算。2003 年 3 月 20 日，美国以伊拉克藏有大规模杀伤性武器并暗中支持恐怖分子为由，绕开联合国安理会，单方面对伊拉克实施军事打击。有一种观点说布什打伊拉克是为了给父亲报仇，可是，直到今天美国也没在伊拉克找到大规模杀伤性武器。诡异的是，美军进入巴格达的第二天就宣布用美元计价石油，急不可耐。从此，欧元就再也没有了挑战美元的机会。从与萨达姆的谈话中得知，萨达姆并未意识到什么，或者，他已经意识到了，但是在与审讯人员装糊涂。

军人奔赴伊拉克 一般而言，“深入研讨”用时不过 10 到 15 分钟。那一次，我（本书作者，下同）却和布什总统聊了近半个小时。末了，总统又抛出了一个问题。“对啦，”他说，“你敢肯定萨达姆没告诉你，他到底把那些装着化学制剂的坛坛罐罐藏到哪里了么？”总统的这句话，让全场振奋，每个人都期待答案。我则给出了自己的回答：“萨达姆从来不曾提到所谓的大规模化学杀伤性武器。如果对方招供，总统先生您应该是第一个知晓的人。”老实说，我当时的回答确实有些生硬。但是，总统先生的这个临别“笑话”，我真有些欣赏不来。要知道，为了这“莫须有”的大规模化学杀伤性武器，已有几千名美国青年献出了自己宝贵的生命。此外，战争还让许多人终身残疾。

萨达姆认为“两伊战争”期间开启化学武器是出于自卫

“两伊战争”期间，伊拉克军队曾在战场上使用过化学武器。如此行为，萨达姆一直不愿直接置评。但是，化学武器倒也算不上萨达姆的口舌禁忌。他非常想要证明，其实伊朗方面也动用了同样的战争手段。而且，伊拉克军队使用化学武器纯粹出于自卫目的。我问萨达姆，既然美国政府在“大规模杀伤性武器”方面“大错特错”，那么，他是如何看待其中原因的。对方的回答颇具哲学意味，“因为倾听和理解精神的缺位。当然，本人也有一定责任”。萨达姆关于伊拉克已不存在大规模杀伤性武器的发言殊为少见。这番表态，似乎证明他确实有意制造并使用类似的武器。

小布什的前任克林顿和老布什都曾经和萨达姆交过手 1992年，老布什竞选失利之后，曾准备在次年访问科威特。据情报称，萨达姆有意趁此机会杀死老布什。对此指控，萨达姆在审讯中矢口否认。其实，老布什不再担任总统后，萨达姆曾表示已经不再视之为敌。不止小布什想要为父“报仇”，克林顿总统曾经也接到“确切”情报，声称伊拉克方面有意取前总统的性命。他下令向伊拉克发射了23枚巡航导弹以示惩戒。白宫方面一直觉得，萨达姆曾经花费了整整6亿美元，只为谋害布什家里那两位宝贝千金。中情局局长也向拉姆斯菲尔德表示：“先前您指挥的军事行动要了萨达姆那两个儿子的命，所以他才想对您的家人展开报复。”这些说法后来被证实甚为可笑。

▲ **萨达姆自称是一位作家** 对于伊拉克境内的种种情况，美英两国的领导人其实并不了解。执政末期的萨达姆，又何尝不是如此呢？萨达姆对政府公务毫无兴趣。他是那么酷爱历史，却又难于以史为鉴。哪怕身陷囹圄，他仍以伊拉克总统自居。不过，他也常常自称是个“作家”。被抓后，身边缺纸少笔，萨达姆很不适应。“有件事，你们应该知道，我，是一个作家。你们剥夺我的写作工具，无疑加重了美国侵犯人权的罪行！”他很欣赏美国作家海明威。“想一想那副画面，”萨达姆说，“一个人、一叶舟、一条渔网，一本书里，只有这寥寥几个元素。但是，人类的处境却又一览无遗。真是好故事啊！”萨达姆说，四季之中，自己对于春天最为钟情。只可惜，在伊拉克，春色总是来去匆匆，让萨达姆难以尽兴。

这是那个“巴格达屠夫”吗？

美国总统布什在白宫发表战前演讲，声称：萨达姆有着发动无理侵略和犯下可怕罪行的长期记录，他拥有恐怖武器 2003年3月17日，布什趁着发表“告美国人民讲话”的当口，给了萨达姆一次流亡海外的机会。按照布什的承诺，萨达姆足足拥有48小时可供“逃亡”。此后，美军将兵临伊拉克，推翻萨达姆政权的统治。既然如此，为什么“伊拉克人”还是赖着不走呢？有一种说法是，只有身处伊拉克，萨达姆才有安全感。萨达姆是个念家的人。终其一生，萨达姆仅仅有过两次外访经历，只访问过一个国家，那就是苏联。可以说，他这辈子几乎没离开过伊拉克领土。萨达姆甚至表示：放眼全世界，他只和两个人交好结谊。不过，这两位密友的身份，他永远也不会透露。

这是萨达姆没有想到的结局 “船到桥头自然直”面对美国大军压境的态势，他只能如此祈祷了。萨达姆年轻的时候就刺杀过前总理，还留下了伤疤，这道伤疤也是萨达姆被捕后中情局人员断定萨达姆真伪的重要标记。萨达姆执政后也遇到过多次危险，都稀里糊涂地逢凶化吉。他总觉得，这一次的情况也莫过于此……他甚至没有制定任何国防计划以迎接美国的挑战。一开始，美军势如破竹、节节胜利，他们会摧毁他的部队、占领他的部分领地。然后，出于战局不顺的原因，又或者慑于国际社会的谴责和劝阻，美国会放弃进攻。或者美国会觉得自讨没趣，于是选择悻悻而去。联合国的介入也能达成停火的目的……但是，这一次，真的不一样。

当地时间 2017 年 1 月 22 日，伊拉克卡齐尔难民营，无家可归的居民等待人道主义援助 萨达姆是个“独裁者”：对外入侵科威特，和伊朗打了多年；对内残酷镇压库尔德人的反抗和国内不同政见者，获得“巴格达屠夫”称号。但他在伊拉克又是一个强权统治者，他通过高压政策，使伊拉克各种宗教、政治势力相对“平衡”，使宗教极端武装组织被压缩在边境一隅，在伊拉克“无所作为”。萨达姆认为，“原教旨主义”势力已经找好了一片天然的根据地——这个地盘，正好位于伊拉克与约旦、科威特、土耳其、沙特阿拉伯以及伊朗等国的边界之间。“我国本来自有一番政治平衡。但是，外国势力横插一杠，打破了我国人民赖以生存的政治格局。”萨达姆说。

入侵伊拉克等于打开了潘多拉魔盒 阿卜杜拉二世于“9·11”事件后访美。他和布什的会谈气氛融洽。不过，国王仍然警告总统：入侵伊拉克等于打开了潘多拉魔盒。以后的事实证实了国王的谶言。多国部队联军在伊拉克取得了军事上的完胜，萨达姆政权被推翻，萨达姆本人被活捉；代价是花了数万亿美金，伊拉克各种宗教和政治势力争夺政权，社会长期动荡不安，引发“阿拉伯之春”蔓延整个中东地区，“伊斯兰国(ISIS)”组织趁机坐大，无辜平民生灵涂炭。这绝不是西方各国特别是美国的初衷。胜利和代价不成比例。

1995 年 10 月，针对联合国武器禁运，萨达姆的年轻支持者在首都巴格达示威 萨达姆等“独裁强人”，在阿拉伯国家确实有其存在的根基。而且，他们倒台之后留下的权力真空，往往会演化为一片“乱局”；“强人”离去后的空缺，往往要由“独夫”来填补。而且，后来者的政治手段，比起前人更为血腥和恐怖。“伊拉克人自己都难于处理的家务事，美国方面更是无能为力。”美国政府必须和伊拉克境内的逊尼派势力修复关系，而且，美国要迫使掌权的什叶派人士以宽容和忍让的态度对待曾经压迫他们的逊尼派势力。这自然不易。但是，如果还希望伊拉克及其邻邦能够成为打击“ISIS”的重要堡垒，就必须朝着这一目标努力。

萨达姆的警告 萨达姆让人心生恐惧，并非仅仅是他的统御手段，还因为他拥有众多的支持者。不但逊尼派中的大人物对他十分拥戴，有些什叶派人士和库尔德人也对他相当崇拜，尽管萨达姆对什叶派的镇压手段十分残酷，许多民众遭到禁锢、折磨，甚至被捕入狱。“萨达姆对伊拉克人的了解，要远远胜于我等。”美国政府费神又费钱，却仍对阿拉伯世界一无所知。被幽禁的萨达姆看在眼里，也觉得有些不可思议。“你们肯定会一败涂地，”萨达姆表示，“统治这么一个国家绝对不容易，这一点你们早晚会察觉。”以史为证，萨达姆所言不虚。

有没有替身 萨达姆统御伊拉克数十年，留下了不少传说。萨达姆被活捉后，美国方面派出包括作者在内的团队鉴定真假。其中，要数“影子武士”（替身）的故事流传最为久远。当然，传言不过只是传言。“我和我的分析员同事们，无数次强调了这个观点。但是，白宫的一众高官还是深信传言不能自拔。敢于指出其中错漏的人，只会遭到一阵呵斥。”战事愈是推进，各派人马之间也开始互相指责和推卸责任。白宫方面也就愈加确信萨达姆拥有“替身”。不管情报部门如何辟谣，他们也未曾改变想法。

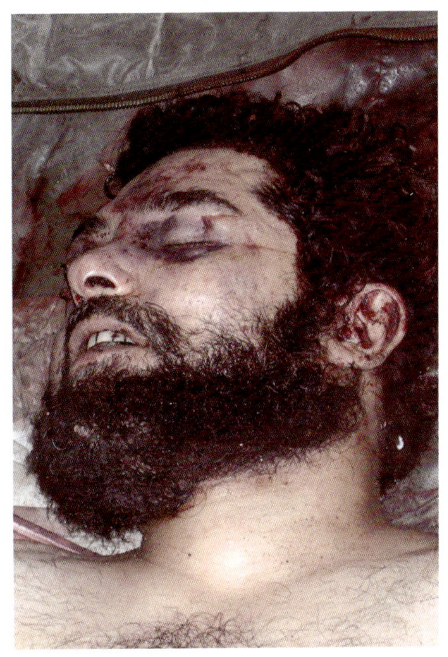

萨达姆的次子库塞·侯赛因生前和死后 萨达姆的两个儿子——乌代和库赛在逃亡的途中死于非命。萨达姆表示，能有乌代和库赛这样的儿子，他感到非常骄傲。萨达姆还有两个女儿拉吉德和拉娜，她们分别嫁给了两兄弟胡赛因·卡迈勒与萨达姆·卡迈勒。一次事件后，两兄弟带上各自的老婆——也就是萨达姆的两个女儿一起逃往约旦，后又回到伊拉克，两兄弟双双遇害。谈到女儿，萨达姆眼眶泛泪，声音也颤抖了好一阵。

当提到另一则传言——听说，萨达姆和萨米拉育有一子，而且取名"阿里"。这一次，萨达姆真是急了眼。开始"对话"以来，他从未如此这般焦虑。"好吧，如果我表示肯定，你们这些美国人会不会杀掉他？就像你们杀掉乌代和库赛一样？"萨达姆发问。"我们阿拉伯人有个说法：'不办婚礼不要紧，有了孩子就是夫妻；结婚不生孩子，算什么两口子？'我就说这些，其余不谈了。"

萨达姆一家人 身陷囹圄的萨达姆表示，自己和妻子（萨吉达，在伊拉克政治生活中占据着重要位置）算是青梅竹马、一见钟情。对于结发妻子，萨达姆不愿多谈。他只是表示，自己愿为发妻献出生命。询问萨吉达的下落，他也只是回应：“我是不会告诉你的！”“我们阿拉伯人经常说：‘祸不及妻女’。所以，你们就不用再问了。”当提到他的另外一位老婆萨米拉·沙哈班达尔时，萨达姆马上来了火气。

如果不知道这张照片中的男主人是萨达姆，大多数人都会认为这是一个幸福的家庭。但是，时代选择了萨达姆，然后又抛弃了他。人生反复无常，诸事难料。

事前，我们已经商定：如果霍梅尼能够接受协议，那么一切照旧；如果他无法理解，我们也只能对他下逐客令了。然而，霍梅尼仍然坚持要反对沙阿当局。”不久，客居的“宗教领袖”表示了离开伊拉克的意愿。他本想前往科威特，不料对方却拒其入境。萨达姆披露，沙阿当局曾经多次施压，希望伊拉克方面能留住霍梅尼。但是，他到底尊重了“宗教领袖”的选择，并由得对方去了法国巴黎。

萨达姆的如上描述，和历史记录大相径庭。也许，他只是不想留下印象，让我俩觉得当年的他被伊朗国王穆罕默德・礼萨・巴列维[①]牵着鼻子走。显然，驱逐霍梅尼应该是沙阿当局的意思。但是，萨达姆想摆出姿态，掩饰自己遵从伊朗沙阿当局方面行事的这个事实。其实，《阿拉伯河协议》已经过去了三十多年。但是，往日的事，仍叫萨达姆万分在意。他一再强调，自己在和巴列维的较量当中占了上风。双方的谈判过程中，伊朗方面一直向他苦苦哀求，祈愿议和。萨达姆还说，自己曾为了霍梅尼的事情致信巴列维。信中表示，假如霍梅尼留守伊拉克境内、并一再从事反对伊朗政府的活动，那么，不但伊朗人民会心生反感，伊拉克人也将觉得本国政府背信弃义。“对了，霍梅尼掌权之后对伊拉克如此仇视，也和这件往事脱不开干系。”萨达姆表示，“当然，本人觉得：任何人掌握了伊朗的权柄，都会对我国采取仇视策略。”

而后，萨达姆又提起了伊拉克国内的那些敌与友。他的一番表态，叫我大吃了一惊——萨达姆竟然说，自己“非常喜欢”库尔德（Kurds）[②]这个民族。“我

---

① 穆罕默德・礼萨・巴列维：伊朗国王，其统治1979年被霍梅尼领导的“伊斯兰革命”推翻。——译者注

② 库尔德族：西亚最古老的民族之一，总人口约3000万。库尔德人聚居地被称为库尔德斯坦。库尔德人信仰伊斯兰教，多属逊尼派，讲库尔德语。1980年，“两伊战争”开始，为给伊拉克制造麻烦，伊朗重新支持伊拉克库尔德人，在萨达姆后方进行捣乱。为此，萨达姆对库尔德人采取了残酷镇压政策。——译者注

很欣赏库尔德人，具体原因我也无法说清。可能，我是喜欢他们简单的心性吧。简单纯良的乡民，我最是欣赏。我和农村里的乡亲相处得很好。这些人性子直，没有那些弯弯绕的东西。1961年之前，库尔德人真是特别质朴。即便在巴格达这种大城市，我们也可以安安心心地把任何值钱的物品托付给他们。但是，1961年过后，一些人又在北方挑唆民族仇恨。对此，政府不得不做出回应……不过，哈拉布贾（Halabja）那件事情过后，政府方面失去了库尔德人的人心。从此，他们对政府不再信任。”话到此处，萨达姆的语调变得有些惨然。看他那模样，仿佛并不清楚库尔德人为何如此仇恨复兴党政权。当年，“两伊战争”行将结束之前，萨达姆的部队袭击了伊拉克北部城市，同时也是库尔德人聚居地的哈拉布贾。其间，政府军使用了化学武器，数千人因此死亡，伤者更是不计其数。受害人员大多属于平民。此等行为，已经被定义为种族屠杀。

萨达姆政权此举，显然是要报复当地人支持伊朗军队的旧怨。其实，袭击哈拉布贾、使用化学武器皆非出自萨达姆的命令。待到他有所察觉，已经为时晚矣。相关情况实在有些讽刺，我等也是等到萨达姆政权倒台方才得知。萨达姆表示，一切都是尼扎尔·哈兹拉吉（Nizar al-Khazraji）惹的祸。此人曾经担任伊拉克陆军的参谋长。哈兹拉吉的行动，叫萨达姆大为光火。当然，他可不是因为屠杀平民、侵犯人权的行为而感到义愤。他只是觉得，这宗屠杀针对那些亲近伊朗的民族团体，一定会被伊朗方面抓住把柄，大做文章。由此而来，国际舆论很可能对自己大加挞伐。

萨达姆对库尔德人的“热爱”似乎限于平民。对于库尔德人中的政治领袖，他可是没有半点好感。无论是库尔德斯坦（Iraqi Kurdistan）自治区的民主党领导人马苏德·巴尔扎尼（Masud Barzhani），还是库尔德斯坦爱国联盟

（PUK）领导人贾拉勒·塔拉巴尼（Jalal Talabani）[①]，在他眼中都属于撒谎成性的无耻政客。萨达姆觉得，正是由于他们的欺瞒，库尔德人才会对自己如此反感。“贾拉勒·塔拉巴尼吐出的每一个字都不可信。对于我的态度，他也非常清楚。我曾当着他的面表示：‘你这个人，真是晚上一副面孔，早上又变成另外一副嘴脸。’”

① 贾拉勒·塔拉巴尼：伊拉克战争结束后，塔拉巴尼于2003年7月13日出任伊拉克临时管理委员会成员，并于11月担任临管会轮值主席。2005年4月，塔拉巴尼当选为总统，成为伊拉克历史上第一位库尔德人总统。2006年4月，塔拉巴尼在议会会议上获得连任。——译者注

第七章

宗教里的政治

对于那些热衷政治的宗教人士，萨达姆向来很是不满。更何况，这些人的所作所为经常不合他的意愿。源于沙特阿拉伯的“瓦哈比思潮”（Wahab thought），最让他觉得反感。什叶派在伊拉克占据人口多数。他们的势力，萨达姆自然忌惮；而来自伊朗的威胁，也令他坐卧难安。

不过，在萨达姆看来，以上两派势力对他的政权影响只能算小疾；逊尼派“原教旨主义”（fundamentalism）①才是复兴党政权最大的心腹之患。

萨达姆初掌权柄的那一阵，正值阿拉伯民族主义方兴未艾之时。其实，他的许多同辈领导人，都在这种思潮的勃兴时期成长起来。时过境迁，如今的民族主义已经失去号召力。相反，宗教极端思想和组织却在中东地区扎下了根。萨达姆觉得，宗教极端主义会成为一大乱源。他认为：“早在1977年，我就对宗教极端

① 原教旨主义：人们一般把回归经典、尊重传统、拒绝改变的种种行为，称为原教旨主义。伊斯兰原教旨主义的创始人是穆罕默德·依本·阿卜杜勒·瓦哈比。瓦哈比思想核心就是“回到《古兰经》去”。一切都回归传统，严格坚信真主安拉，反对一切有形的偶像，当年他针对土耳其主张圣战。200年后的今天，宗教极端组织多奉行演绎后的“现代原教旨主义”。——译者注

思潮的滥觞产生了警惕。而且，我还曾经著书立说，予以阐释。我们复兴党一向主张政教分离。宗教干预政治，只能是双输结局，一方面亵渎信仰，一方面也破坏了政治的大局。”萨达姆并不喜欢“瓦哈比思想”。但是，他很“看好”“瓦哈比分子”的政治前景。他觉得，他们将会迅速得势，引起全世界震惊。毕竟，过去50年来，阿拉伯各国人民已经对各自的政治领袖失去了信任。“瓦哈比思想”的蛊惑，正好能够收拾已经涣散的民心。萨达姆还指出，“原教旨主义”势力已经找好了一片天然的根据地——这片地盘，正好位于伊拉克与约旦、科威特、土耳其、沙特阿拉伯以及伊朗等国的边界之间。“我国本来自有一番政治平衡。但是，外国势力横插一杠，打破了我国人民赖以生存的政治格局。现在，你们美国人要把‘瓦哈比势力’引入我国，只能致使伊拉克局势的失衡。”萨达姆如此表示。

对待逊尼派同胞，萨达姆向来采取怀柔政策。在他当政期间，地方上的部落首领能从政府那里领取不少金钱。此外，萨达姆还会慷慨解囊，为各位部落首领添置代步工具。独裁者觉得，自己的这些恩惠，定能换来地方势力派对他的忠诚。正因如此，他才对宗教极端思想警惕万分。毕竟，“瓦哈比思想”很有可能形成离间效应，让国内的逊尼派势力对萨达姆生出二心。而且，“瓦哈比派”有着一个坚强后盾——沙特阿拉伯方面从来都不惜工本，只为宣传和推广“瓦哈比思想”。长此以往，难保萨达姆政权不会祸起萧墙。

入夜，我回到了自己的拖车之上。想起萨达姆对于“原教旨主义”的看法，我的睡意渐渐消散。其实，平日里我的睡眠质量还算不错。有时候，哪怕戴上耳机，耳边响着音乐，我也可以速速进入梦境。当然，我也会失眠。1月13日那个晚上，我就一直辗转反侧、夜不能寐。为了研究萨达姆的所思、所想和所为，我花了很多年的时间。我当然清楚，他一向和“原教旨主义”分子势同水火。那些相信“原教旨主义”的“瓦哈比分子”或者“萨拉菲主义（Salafism）”[①]可不会把萨达姆看作至高无上的偶像。唯有《古兰经》和《圣训集》（Hadith）——也就是弟子记录下的穆罕默德言行集萃，才能得到这帮人的尊崇和服膺。

当政期间的萨达姆，也曾和“原教旨主义”势力闹得剑拔弩张。1996年，杜莱姆（Dulaim）部落的一名首领被萨达姆怀疑“涉嫌叛国”，而遭遇死刑的命运。此后，萨达姆当局和这个伊拉克境内最大的逊尼派部落长期处于对立状态。

当时，我等分析人士都觉得，“杜莱姆事件”不过是萨达姆展示权力的一种手段。也许，事件和部落纠葛有关。但是，没人发现其中的宗教因素。我们只知道：对于境内“原教旨主义”势力的蔓延，萨达姆的“情报局”一直隐而不报；美国情报部门倒是看在眼里，警惕在心。不过，我们的警惕也很有限。当时，大家都觉得：除非“原教旨主义”势力急速膨胀，否则萨达姆不会对他们动手。聆讯期间的一个不眠夜，我翻来覆去、恍然间，我突破了当年的思维局限——啊！我们怎么就没想到，“巴格达屠夫”对于逊尼派势力也怀有一份猜忌呢？虽然这些部落是他政权的重要组成部分。无论是出于有心，还是纯属无意，萨达姆好像都卸下了自己的假面具，让我们能够一窥他的真面目。而且，他提及的某些内容，白宫方面很可能并不乐见。那一刻，他不再是西方媒体描绘的那个说一不二的“暴君”。相反，他谈到了施政期间，自己需要留意的种种事情。没错，即便是萨达姆·侯赛因这样的“强人”，身处逊尼派的腹心地域，也需要谨慎行事，

---

① 萨拉菲主义：一种复古主义意识形态，旨在通过重返第一代穆斯林宗教教诲或萨拉菲方式来设法清除西方对伊斯兰的影响以及不适当的法律。在许多阿拉伯国家，都有“萨拉菲派”，但不是伊斯兰教的主流派别。在一些阿拉伯国家，萨拉菲派还成立了自己的极端主义武装组织，其思想主张及性质与基地组织相近。——译者注

万分小心。

对于什叶派势力，萨达姆一向采取打压之势。而且，他往往通过武力达到这个目的。不过，从始到终，他也没能消除什叶派势力对政权的威胁。不过，他巧妙借势，反而化威胁为力量。什叶派的存在，让境内的逊尼派势力在忌惮之余，必须向萨达姆寻求庇护。没有这层关系，某些逊尼派政治人物也有可能生出推翻萨达姆的野心。总之，萨达姆一直在扮演着伊拉克逊尼派保护者的角色。要知道，在伊拉克逊尼派的人口处于绝对劣势。

但是，萨达姆也清楚，自己永远不可能得到原教旨主义者的信任。在他看来，瓦哈比派一直想要渗透进入他的政权，并在最后夺取他的权柄。为了描述这种威胁，萨达姆还主动提到卡迈勒·萨切特·贾纳比（Kamel Sachet al-Janabi）的故事，当年，这位卡迈勒·萨切特可是伊拉克军队中冉冉升起的新星。“两伊战争”期间，萨切特便以战功卓著著称。后来，他还陪在萨达姆左右，充当伊拉克总统的高级参谋。入侵科威特之后，卡迈勒·萨切特前往被占领国家就职，不过他亲眼看见伊拉克军队在1991年的惨败。军队和军旅生涯，是卡迈勒·萨切特这种人最为珍视的东西。海湾战争的失利，也成了他人生由盛到衰的转折点。

萨达姆表示，卡迈勒·萨切特这种人才，自己始终很是爱惜。海湾战争之后，他把萨切特调离军队一线，转而安置在自己的“军官团”当中。“军官团”的成员报酬丰厚。他们虽然身着戎装，但大多已经退伍。20世纪90年代的某段时期，萨切特开始醉心于宗教事务。为此，将军花费了很多精力和工夫。萨达姆曾经告诫手下：宗教诚然神圣而高贵，不过不可太过着迷。但是，萨达姆后来发现：自己那番劝诫，萨切特并未完全领受。后来，萨切特甚至在和“瓦哈比分子”暗中联系。

1998年底，伊拉克政坛的上空，飘来了“政变”的疑云。为求万全，萨达姆先发制人，逮捕并处决了卡迈勒·萨切特，罪名自然是“阴谋反对政府”。其实，所谓“政变”很可能并无其事。即便萨切特等人有心谋反，恐怕也远远没有进入实践程序。谈起卡迈勒·萨切特，萨达姆的表情很是痛苦和不舍。但是，忠诚才是“独裁者”最为看重的品格。他的任何手下一旦涉嫌不忠，便有可能遭遇性命之忧。多年以后，我读到温戴尔·斯蒂亚文森（Wendell Steavenson）的《芥末种子的重量》（*Weight of Mustard Seeds*），从中知晓了卡迈勒·萨切特的人生故事，以及他在伊拉克“情报局”迫害下惨死的经历。萨切特原是一名忠心耿耿的将领。萨达姆主导的侵略行动，让他对当时的伊拉克政权大感失望。萨切特本来就笃信宗教。此后，他更是和逊尼派宗教极端分子搭上了关系。最终，他因为涉嫌反对萨达姆而遭到处决。不过，斯蒂亚文森并未提萨切特和“瓦哈比分子”的联系才是他遭遇杀身之祸的缘由。而且，卡迈勒·萨切特的几个儿子，都成了“基地组织伊拉克分支”的得力干将。他们指挥的叛乱武装，一直在和美军对峙。

有人觉得，萨达姆和“基地”组织是一条战线上的盟友。对此，萨达姆坚决否认。他还指出，自己其实和“基地”不共戴天。我们立即问到了“9·11”事件有关情况。根据某些人的“指控”（怀疑），这出“惨祸”也是萨达姆的阴谋。不过，萨达姆很快抓住了“指控”当中的漏洞：“为什么你们居然觉得此事与我有关？麻烦你们好好看一看，那些凶手来自哪个国家？他们来自沙特阿拉伯！还有这个主使的穆罕默德·阿塔（Muhammad Atta）又是哪里人？他是埃及人！对了，你们怎么不去问一问侯赛尼·穆巴拉克（Hosni Mubarak）[①]相关情况，把他定为‘9·11’事件的幕后黑手呢？你们凭什么觉得这种事情就一定有我一份呢？”

我则提起了另一件事——“9·11”事件过后不久，萨达姆的长子乌代在《巴比伦报》（*Babil*）上发表文章。字里行间，总统的大公子似乎都在幸灾乐祸。我告诉萨达姆，乌代的行为颇为惹恼了一些美国人。“那又怎样呢？我的儿子说什么话，和这件事情又有什么相干？请问，我那儿子是政府官员还是什么身份？”萨达姆如此反驳。我只得向他解释：美国方面也清楚，《巴比伦报》在伊拉克重量非凡。而且，乌代毕竟曾是他选定的接班人。为此，美国政府中很多人都觉得，乌代的话语就是出自萨达姆的授意。闻听此言，萨达姆朝我翻了翻白眼，而后不由得笑了起来。

若论对伊拉克国情的了解，这世上恐怕无人能与萨达姆相比。他清楚伊拉克人的梦想，也知道大家有些什么期望……甚至，他们若是有了反叛之心，他也可以一眼看出。但是，提及国际政治的风云变幻，或者万里之外某片异域（比如美国）的社情民意，萨达姆可就是两眼一抹黑了。他从来没有意识到“9·11”的严重程度。他甚至觉得，这是一次契机，可供美国和伊拉克修复邦谊。萨达姆甚至认为，既然策划恐怖袭击，在纽约和华盛顿掀起腥风血雨的人属于宗教极端阵营，那么，美国一定需要他这样的世俗派身先士卒对“瓦哈比分子”进行打击。不得不说，萨达姆对于局势的分析鞭辟入里，很有逻辑性。但是，他没能料到美国下一步的动作。美方不但没有如他所愿，与他修好，反而宣布对他已经忍无可忍，不能再忍。布什政府已经下了决心，一定要把萨达姆拉下总统宝座。

---

① 侯赛尼·穆巴拉克：他是当时埃及总统，也是美国的长期盟友。萨达姆在此故意提到他，明显有讽刺之意。——译者注

面对重重指控，萨达姆从来不觉得自己有罪。有时，我们提及他涉嫌残害百姓的事情，他还是会予以回应。凡此情形，他总要推卸责任，建议我们直接去找那个负责执行的军事将领。当然，有一次，他差一点就服软认错了。当时，我们谈到了他入侵科威特的举动。起兵之前，伊拉克方面多次指责科威特利用“斜孔钻探”[①]技术偷采伊拉克境内的石油资源。萨达姆兴兵讨伐科威特，最大理由也在这里。另外，伊拉克在“两伊战争”期间向科威特方面借贷的500亿美元，也是那场战争的一大导火索。后来，萨达姆眼见无力还款，干脆决定将债权国一口吞下。而且，科威特当年大力提高石油产量的举动，可能也触怒了萨达姆。当时，由于科威特（以及阿联酋）的举动，石油输出国组织（OPEC）[②]不得不将预期油价下调至每桶18美元，伊拉克的财富随之大为缩水。故此，萨达姆才会对科威特怀恨在心。（不过，海湾战争爆发前几天，科威特方面已将石油产量降至石油输出国组织规定的水平。）而后，伊拉克方面悍然入侵科威特，并开始了长达7个月的占领期。其间，全球多国都对萨达姆的侵略行径表示谴责，海湾战争也因此爆发。乱局当中，近40万科威特人选择出逃国外。逃难的人数竟然达到科威特总人口的一半，入侵的过程中，萨达姆的部队对科威特进行了洗劫。到撤退的时候，伊方则纵火焚烧科威特油井。科威特境内的700座油井当中，有600余座遭到破坏。由此而来的问题包括环境污染，也对当地人的健康形成戕害。

第一次见到萨达姆，我就提及了科威特问题。当时我发现，萨达姆仿佛有些畏缩。随着话题的继续深入，他的表情开始焦虑起来。接着，萨达姆试图转换话

---

① 深斜孔钻探技术对勘察深层矿体有着至关重要的作用。——译者注

② 石油输出国组织：又称“欧佩克”，科威特和伊拉克同为欧佩克成员。海湾战争后，伊拉克遭遇国际制裁，石油出口也受到限制。——译者注

题，而我也由得他自由发挥。毕竟，我们的首要任务，是撬开萨达姆的嘴。我可不想一着不慎，使萨达姆没了谈兴。下次“对话”，我又主动将对话引向了科威特。这一回，只见萨达姆双手抱头，不住慨叹：“哎呀呀，哎呀呀，这个问题真是让我头疼啊。”他就这样直截了当，而我们也一下子明白了他对于海湾战争的观点：此事实在是大错特错，错到他不敢面对和承受。

1990年的那场战争当中，34个国家加入了打击萨达姆的行列。多国部队总人数达到70万，其中美军就有54万。开战之前，大多数美军都在沙特阿拉伯境内驻扎和集结。（那一场战争耗资600亿美元，而沙特方面慷慨支付了其中的360亿）我们问萨达姆，他有没有动过先发制人、利用“大规模杀伤性武器”打击驻沙美军的心思。“如果你们那些部队驻在其他国家，”萨达姆表示，“可能我国已经动手了。但是，沙特阿拉伯的领土可是一片圣地。当然，你们能在圣地驻军，也是一种罪孽。我们可不想为了打击你们而去造孽。不，我们从来没想过利用什么大规模杀伤性武器。这个问题，不在我的讨论之列……我们才不想用化学武器对抗整个世界。试问，哪个精神正常之人能做出这等蠢事呢？毕竟，人不犯我，我不犯人。”

1994年10月，伊拉克方面在伊、科边境集结重兵。“共和国卫队”[①]的两个王牌师团也参与其中。我们想请萨达姆解释一下，当时他到底有何动机？对此，萨达姆表示，那只是一次正常的演习。一方面，萨达姆希望“演习”能让美国和科威特这两大敌手提心吊胆而又摸不着头脑。另一方面，他必须让自己的部队适应伊拉克南部的环境。毕竟，那个地方随时可能成为战区。“那个时候，我们两

---

① 共和国卫队当时是伊拉克军队中最精锐的王牌部队，由南北两个军构成，共编为3个装甲师、1个机械化师、2个步兵师和若干个独立旅，总兵力约14万人。——译者注

国其实还处于交战状态，”萨达姆表示，“把所有兵力集中一处，可不是明智之举。那样一来，敌人只会轻易掌握我们的动向。因此，我必须时时调动部队，以便迷惑敌人。而且，当时伊拉克和科威特的边境摩擦持续不断，我们有所行动，科威特方面才会有所收敛。一切，都是我们的战略，而对方果然吓得不轻。很多人甚至星夜逃离科威特，只因他们慑于我们的武力。这倒也是好事，只不过并非我们的主观故意。”萨达姆展开“演习”之后，克林顿总统立即做出回应。总统警告萨达姆：如果他觉得美国在海湾战争之后会变得软弱，那可就是“大错特错”了。此外，克林顿还派出军舰，前往波斯湾水域巡逻游弋。而后，一支34000人的美军地面部队也在邻近地区待命。最后，联合国安理会也发表声明，对相关局势表示忧虑。此后不久，萨达姆便匆匆撤了军。

伯纳德·帕雷斯爵士（Sir Bernard Pares）是英国历史学家，同时也是一名外交官。在帕雷斯看来，俄国十月革命的源头，其实在沙皇尼古拉（Nicholas）一家的育婴房里。爵士的话不无理由。尼古拉的儿子、皇储阿列西斯（Alexis）患有血友病（hemophilia）[①]。某种程度上说，阿列西斯的健康状况，确实是罗曼诺夫王朝（Romanov）——沙皇俄国的末代皇朝倾覆的原因之一。总之，是家事妨害了国事。如此论断，似乎也适用于萨达姆。正是一些卧房客厅里的家庭纠葛，终结了萨达姆政权的国运。这个话题，萨达姆自然不愿谈起。有时候，他甚至会因此大发脾气。而且，萨达姆一再声称：他，才是侯赛因一家的主人。这一点，确切无疑！为了予以证明，萨达姆可是没少在我和布鲁斯的面前耗费口

---

① 血友病为一组遗传性凝血功能障碍的出血性疾病，其共同的特征是活性凝血活酶生成障碍，凝血时间延长，终身具有轻微创伤后出血倾向，重症患者没有明显外伤也可发生“自发性”出血。——译者注

舌。而后，我问到了萨吉达的情况。萨达姆表示，自己和妻子（萨达姆的妻子萨吉达在伊拉克政治生活中占据着重要位置）算是青梅竹马、一见钟情。幼年时的他，曾在她家借住多时。而且，她的父亲——同时也是他的叔父，海拉拉·迪尔法赫对萨达姆还有养育之恩。少年萨达姆，是在叔父的关怀下长大成人的。迪尔法赫是一位政治家，主要以巴格达为活动范围。二战期间，他曾对纳粹德国表示过支持和同情，并因此遭到英国占领当局的监禁。对于岳父，萨达姆非常尊敬。而且，他还很清楚：正是自己和萨吉达之间的这段婚姻，加上岳父的提携，才让他交上了飞黄腾达的好运。当然，翁婿之间也曾有过矛盾。萨达姆登上总统宝座的最初时分，迪尔法赫也在巴格达担任市长。不过，岳丈实在是贪渎成性，女婿不得不免去了他的官职。下野之后，迪尔法赫出版过一本著作。那书篇幅不大，名头却有点骇人——《真主造物之时的三大错误：波斯佬、苍蝇和犹太人》（*Persians, Flies and Jews: Three Whom God Should Not Have Created*）。

对于结发妻子，萨达姆不愿多谈。他只是表示，自己愿为发妻献出生命。我向他询问萨吉达的下落，他也只是回应："我是不会告诉你的！"接着，我提到他的另外一位老婆萨米拉·沙哈班达尔（Samira Shahbandar），萨达姆马上来了火气。当年，他为了迎娶萨米拉过门，差点让一个家庭分裂成为几大阵营。其实，按照伊斯兰教习俗，萨达姆完全可以同时拥有两位夫人。而且，当时的萨达姆确实更愿意和萨米拉双宿双飞。萨吉达作为"正妻"，又是伊拉克的第一夫人，却遭到了丈夫的冷遇，这使第一夫人大感伤心。后来，哪怕萨达姆又欠下了好些风流债，萨吉达也不再理会。不过，她不能完全睁一只眼闭一只眼，萨吉达的娘家人因此对萨达姆很是怨恨。后者为总统的前途，也因此蒙上了一层阴影。"她们的事情，我是不会谈的，"萨达姆告诉我和布鲁斯，"我们阿拉伯人经常说：'祸不及妻女。'所以，你们就不用再问了。而且，她们和政治也没有关系。”乌代也因为父亲的出轨而有些怨愤。大公子和母亲的感情很深。任何曾经伤害萨吉达的人，都会遭到乌代的报复。（20世纪80年代末，萨达姆的贴身生活秘书卡迈勒·哈纳莫名横死，而凶手正是乌代。据称，哈纳常常充当掮客，介绍女性供萨达姆玩弄。因此，大公子才要了他的命。）

眼见萨达姆对于妻子如此关心，我和布鲁斯都表示感动。不过，我俩也向他请求理解。相关的问题，我们不得不问。毕竟，这是上峰的命令。说到妻儿，我还特地提醒萨达姆：萨米拉和前夫育有一子。早在20世纪90年代，那男孩就去了美国学习飞机驾驶。这层关系，终于被媒体挖了出来。很多记者立即如获至宝。他们觉得，男孩没准就是“9·11”这起谜案中那个“丢失的一环”（missing link）。当然，这都是无稽之谈。为此，我还特地向萨达姆解释了一番。萨米拉曾是个空乘服务员，而她的前夫则在伊拉克航空公司担任高管。中东家庭的长子，一般都会继承父业。我的意见，得到了萨达姆的首肯。

而后，我又提到了另一则传言——听说，萨达姆和萨米拉育有一子，而且取名“阿里”（Ali）。这一次，萨达姆真是急了眼。开始“对话”以来，我从未发现他有如此这般焦虑。“好吧，如果我表示肯定，你们这些美国人会不会杀掉他？就像你们杀掉乌代和库赛一样？”萨达姆发问。面对眼前这位焦虑的独裁者，我只是表示：本人从未夺人性命，从来没有。那一刻的气氛有些诡异。我们面面相觑，相对无语。终于，萨达姆还是开了口：“我们阿拉伯人有个说法：‘不办婚礼不要紧，有了孩子就是夫妻；结婚不生孩子，算什么两口子？’我就说这些，其余不谈了。”萨达姆的话，让我和布鲁斯分析了好一会儿。

我俩觉得：看来萨达姆确实还有个儿子，而且名字也叫阿里无疑。如此信息，当然只算细枝末节。不过，追踪萨达姆这么多年，看见一出所谓的“谣言”终于水落石出，我竟然有些兴奋。作为一个母亲，萨米拉·沙哈班达尔为了保护儿子可谓殚精竭虑。伊拉克的政治生态如此险恶，也不由得她不小心。一方面，复兴党的残余势力很可能找上门来，推举阿里“子承父位”。当然，某些什叶派势力也会盯上萨达姆一脉家族的最后男裔，并想尽方法夺取阿里的性命。不过，萨米拉早已不见踪迹，而阿里也躲过了历史的风口浪尖。这对母子真是“命好”。

萨达姆表示，能有乌代和库赛这样的儿子，他感到非常骄傲。但是，他也明白两位公子的毛病。有时候，他当然要给他俩一点教训。大公子乌代，尤其让父亲头疼。一次，萨达姆偶然得知，大儿子收纳了许多名车。而且，乌代在巴格达辟有一处车库，停放他的那些宾利、捷豹和奔驰。车库之外，还有共和国卫队的士兵站岗放哨。萨达姆告诉我：“我们这么做，伊拉克的老百姓会怎么想？要知道，因为制裁，他们中好些人都在忍痛挨饿！”于是，父亲决定把大儿子的收藏品付之一炬。其实，在那之前不久，乌代还闯下了另一出祸事。1995年，萨达姆的女婿兼外甥、伊拉克“工业与兵器工业部部长”胡赛因·卡迈勒选择出逃约旦。卡迈勒的叛逃，也和乌代有关。某晚，醉醺醺的乌代闯进萨达姆·卡迈勒的住所。当时，卡迈勒正在家中派对狂欢。席间，乌代居然和胡赛因·卡迈勒的兄弟萨达姆·卡迈勒挥拳相向。后者的拳法远胜乌代，而吃了亏的大公子决定用枪还击。狂怒之下，乌代朝着卡迈勒的府邸疯狂开火。萨达姆同父异母的兄弟瓦特班（Watban）不慎闯入交战现场，还因此受了点伤。而后，卡迈勒两兄弟带上各自的老婆——也就是萨达姆的两个女儿一起逃往约旦。女婿、女儿和孙辈集体出逃，萨达姆政权内外自然震动不小，独裁者身边那个小圈子，也在众目睽睽之下生出了嫌隙。

“对话”期间，萨达姆也曾伤情。当然，也就那么一次而已。当时，我们谈到了他的两个女儿拉娜（Rana）和拉吉德（Raghid）。萨达姆眼眶泛泪，声音也颤抖了好一阵。最后，他只能哽咽道：“我很想她们。我们父女关系很是融洽。女儿们爱我，我也很爱她们。”但是，他对女婿的看法，可是天差地别。萨达姆讨厌叛徒，也不喜欢那些觊觎他财产的人。卡迈勒两兄弟不但背叛了他，还拿走了他不少钱。萨达姆表示：卡迈勒两兄弟叛逃之后，自己只想接回女儿和孙辈。他们身处异国，很可能遭遇不测，而他却不能予以保护。一想到这些，萨达姆很是心急。1996年后，卡迈勒两兄弟回到伊拉克，而后不久，两人双双遇害。对此，萨达姆表示：自己并未下令处死两人。两人的死，他也是过后方知。萨达姆还声称：听说卡迈勒两兄弟死于枪战的那个当口，他正在签发命令，允许两人重归伊拉克定居。萨达姆还说，闻讯卡迈勒两兄弟死之后，他立即手书了一条金句：“正义之剑，终不枉纵恶人！”如此做派，倒也符合萨达姆的性格。

我又提起了乌代和库赛。我想知道，萨达姆是在何时听闻了两人的噩耗？萨达姆对此表示：他是在英国广播公司（BBC）的广播节目中得知了这个消息。那么，当下他又做何感想呢？萨达姆认为：如果牺牲无可避免，他的两个儿子如此死去，也算死得其所。“因为解放国家民族而付出生命，应该是一个人能够获得的最为光荣的人生结局了。”萨达姆觉得，乌代和库赛死于非命，并不是由于萨达姆之子这个身份。相反，他们身死野外，只是因为他们是伊拉克人。萨达姆还说，一位领袖，倘若爱怜自家的孩子胜过爱惜自己的子民，那就不配获得众人的尊敬。乌代和库赛死去的时候，两人正在一起逃亡的途中。对此情况，萨达姆也很清楚。不过，他并未交代他们如此行事。萨达姆还表示，两人肯定遭到了出卖。至于他自己，也是中了叛徒的计。在他心目中，两个儿子都是烈士。那么，萨达姆和两个儿子，是不是曾经一起逃出了巴格达呢？对此问题，萨达姆表示：“可能吧。”乌代和库赛的藏身之地位于摩苏尔。那座府邸，属于一名谢赫（部落首领）。此人算是萨达姆一家的远房亲戚。出于亲族道义，他收留了两人。几周过去了，这位谢赫发现，美军101空降兵师的飞机总在摩苏尔附近来回巡弋。

为此，他有点惶惶不安。终于，他找到兄弟两人，询问他俩打算什么时候继续行程。库赛表示，何时上路他们自有分寸，谢赫完全不用理会。二公子还请远亲一定要为自己和哥哥保守秘密。如然，两人一定会对主人酬以重金。其实，谢赫并不待在那个地方。房子里只有库赛和乌代等人。他们百无聊赖，只能通宵达旦地玩电子游戏。时间，就这样过了几个星期。当美军得到情报后，把整栋屋子围得严严实实，交火则还在继续。乌代和库赛很快都丧了命。死者还有一名保镖。

萨达姆有好几个兄弟——瓦特班、萨巴维（Sabawi）和巴尔赞（Barzan）。他们同父异母，相互关系有时显得很是滑稽。各位读者，不妨把这群人想象成伊拉克版的“马克思兄弟”（Marx Brothers）[①]，萨达姆就是道貌岸然的齐博（Zeppo），而瓦特班、萨巴维和巴尔赞分别对应疯疯癫癫的齐科（Chico）、哈勃（Harpo）和格鲁曹（Groucho）。

萨达姆告诉我们：一次，有人向他报告，表示瓦特班的车队正在巴格达大街上游走。车队随着红绿灯走走停停，总统的异母兄弟渐渐失去了耐心。于是，他钻出自己那台“政府”牌照的车辆，举起手枪，把“阻路”的交通信号灯打了个稀巴烂。而后，车队扬长而去。为了此事，萨达姆把瓦特班召进共和国宫。总统表示，自己得到报告，声称瓦特班有意制造交通混乱。他想知道，此事是否属实？这个故事，萨达姆讲得津津有味。提及瓦特班那副抓耳挠腮的急切模样，他似乎很是愉快。那一次，瓦特班向萨达姆认了错。而且，兄弟还承认了另一起事故——那天，瓦特班还撞倒了一名行人。萨达姆则表示，他无法容忍如此行径发生在自己的国家里。他告诉瓦特班，伊拉克是个共和国，共和国的一切权力属于

① 马克思兄弟：又称“无政府主义四贱客”，是美国经典喜剧表演组合。他们热衷于塑造或癫狂或装傻充愣的人物，表现荒诞不经的内容，并凭此独步20世纪 30年代的喜剧电影界。——译者注

人民。作为惩戒，瓦特班必须到大街上去指挥交通。执勤地点，就在他损毁的那座信号灯的旁边。想起异母兄弟那副不情不愿的样子，萨达姆不禁笑出了声。每一次，他都会讲起类似的逸闻趣事。究其主题，也总是那么一致。他不过是想让人知道：他，才是说一不二的“老大”。在萨达姆看来，他的这些亲戚大都形同小丑。他能够容忍他们胡作非为，不过最终他总能想方设法，让他们俯首帖耳。

阿德南·海拉拉（Adnan Khayrallah）是萨达姆的小舅子，曾经担任复兴党政权的国防部长。1989年，一场诡异的直升机事故夺走了阿德南的生命。许多伊拉克问题专家都觉得，萨达姆乃是事故背后的黑手。当时，“两伊战争”已经结束，而阿德南·海拉拉的名望却在步步上升。军方对阿德南十分认可，萨达姆的地位，似乎遭到了严峻挑战。面对我们的疑问，萨达姆一再表示：自己和阿德南感情很深。看他当时的表情，萨达姆的这番情谊表达应当是很真诚的。他说，自己曾和阿德南·海拉拉一齐奔赴“两伊战争”的最前线。对方的种种建议，他都很是欣赏。对于阿德南的死，萨达姆表示：“失去他，就好像被长矛刺穿心脏。打那时开始，麻烦真是接踵而至。”他的语气充满悲恸。我想请萨达姆好好谈谈“麻烦”的问题，他却不肯搭话。我只得认为，萨达姆口中的“麻烦”应当代指他心境的改变。那个时候，他正雄心勃勃，想要攫取地区政治的主导权。可是，面对险恶的地缘、复杂的时势，他却失去了一个又一个值得信任的得力助手。伊拉克这艘航船，只能由他一人独立驾驭。阿德南·海拉拉是萨达姆少有的亲信。唯有此人可以感知萨达姆的心情变化，并能及时进谏而又不会激怒他。萨达姆曾经慨叹：作为领袖，很少有机会能够将信任托付他人。独自决策，也是领导者难以承受之重。因此，一位领袖的身边，必须要有一位可以忠实执行命令的人作为陪伴。阿德南·海拉拉之于萨达姆，似乎就有这样的作用。

萨达姆表示，自己年纪尚幼的时候，就已经知道自行掌握命运："家里兄弟姐妹中，我排行老二。大哥安瓦尔去得很早，降生不到4月还是6月，就已经接到安拉的召唤。我出世之前6个月，父亲也去世了。之后，母亲被迫回到娘家，到外祖父（迪尔法赫·穆斯利特）家继续过生活。我的舅父海拉拉·迪尔法赫当时以务农为生。他在提克里特郊外有那么几份田产，自己的家则安在提克里特城中。那几块田地，他雇请了几个农人帮忙打理。按照传统，父亲死去，叔叔伯伯将会代行父职，照顾全家人。我有三位叔伯，都非常亲切。不过，我仍留在外祖父身边生活成长。外祖父逝世之后，舅父海拉拉·迪尔法赫决定举家迁往巴格达。当时，我不过两岁。不久，一位叔父找到母亲，和她结了婚。这位叔父就是易卜拉欣·哈桑。我们也搬了家，先去提克里特，而后又是奥贾。而且，我自己打定主意要去上学！这是我自己拿的主意，而不是叔父的意愿。"

那么，我问萨达姆，上学这回事和阿德南·海拉拉有没有关系呢？"没有，当时阿德南年纪还小，不过，我母亲的堂兄（奥马尔·穆斯利特）倒是和我年纪相仿。那一年，我大概9—10岁。有一天，我俩到河中游泳。河水冷得浸骨，我们只得去沙滩上取暖。我看见他在沙上画着字母和数字。我很好奇：'这是什么？'他回答：'是阿里夫、巴、塔、萨。'[①]我问：'在哪里能够学到这些东西？'他表示：'在学校。'我又问：'学校收钱吗？'他答：'不收，免费的。'我想知道：'那我去上学行不行？'他说没问题。于是，我立即去央求叔父和母亲。叔父表示，忘了上学这回事吧。父辈不上学，不也活下来了？我们还要谋生。不过，他说不动我。我还是得上学。我母亲的侄儿把我带去提克里特，为我在学校注了册。嗯，我的叔父和舅舅都很爱我，待我很好，不把我当小孩子看。"

---

① 此处为阿拉伯语字母表。——译者注

第八章

“去死吧！”

“对话”进入第二周，我们和萨达姆谈起了地缘政治。其间，萨达姆一直顾左右而言他，也不太愿意说其他领导人的坏话。但是，他却又好几次本性难耐，忍不住地长篇议论、臧否各国领袖人物。总之，阿拉伯世界的政治领袖都难入萨达姆的法眼。在他心中，自己才是“伟人”中的“伟人”。邻近地区的同行，都难以望其项背。作为阿拉伯民族的一员，萨达姆很是自豪。不过，他也表示，自己并不想做整个阿拉伯世界的领袖。自己能够统领伊拉克一国便已知足。“我只想做伊拉克人的领袖，”他表示，“伊拉克人就是全世界品质最为高尚的民族。”对于已故的约旦国王侯赛因（King Hussein），萨达姆觉得此人不可信任。而且，国王还是以色列和美国的“傀儡”。对于邻近地区的新一代领导人，他似乎只有仇恨这一种情绪。叙利亚总统巴沙尔·阿萨德、约旦国王阿卜杜拉二世·本·侯赛因尤其让他不屑。而后，我们提起了埃及的杰米勒·阿卜德·纳赛尔（Gamil Abd al-Nasir）。那么，萨达姆如何看待这位著名的泛阿拉伯主义者呢？只听萨达姆嗤笑一声，娓娓道来：“纳赛尔算是个好人，只可怜这个人不够命长，所以没能看见他的宏伟蓝图变成现实。不过，生前的他倒是很快便和敌人达成了和解。但是他那些敌人如此贪婪，是不会就此罢休的。”对话当中，萨达姆提到了许多阿拉伯国家的领导人。但是，没有一个能有幸得到他的夸赞。在他看来，无论智识还是胆魄，这些人统统不如自己。

我们和萨达姆的对话，有两个永恒的话题。当然，两个话题都和任务没有太大关系。其一，萨达姆总在埋怨监房里的居住环境不好。其次，他老是向我们讨要一些奢侈品。此外，身边缺纸少笔，也叫萨达姆很不适应。“有件事，你们应该知道：我，是一个作家。你们剥夺我的写作工具，无疑加重了美国侵犯人权的罪行！”萨达姆如是说。为了打发时间，他一直在索取各种阅读材料。萨达姆告诉我，一名狱卒曾经塞给他一本由克里夫出版社出版的简易版《罪与罚》（*Crimes and Punishment*）。当然，是阿拉伯语译本。对于此书，萨达姆很是欣赏。“这个陀思妥耶夫斯基（Dostoyevsky）[①]的眼光太毒辣了，一下子就能窥破人性。”他最为崇拜的作家，则是来自埃及的纳吉布·马哈福兹（Naguib Mahfouz）[②]。为此，萨达姆还请我给他带去一本马哈福兹的《开罗三部曲》（*Cairo Trilogy*）。问话期间，炸弹爆炸的声响常常传入我们的耳际。大家都知道，窗外的远方，叛乱武装分子正在活动。这一切，都瞒不过萨达姆的耳朵。他完全清楚：美国人及其盟友在伊拉克的日子并不好过。眼见我们这些美国人费尽全力，想要稳定伊拉克的局势，萨达姆不禁觉得好笑。过去，他为了巩固自己的统治而花费了许多年的光阴。没想到，美国人竟然如此天真，觉得只要自己踏入伊拉克的领土，一切问题都会随之消弭。里根时代的内阁成员、切尼的崇拜者——斯坦福大学国际研究所战略研究中心教授肯尼斯·阿德尔曼（KennethL

① 陀思妥耶夫斯基：俄罗斯作家，因《罪与罚》《卡马拉佐夫兄弟》等作品而享誉世界。——译者注

② 纳吉布·马哈福兹：埃及作家，曾获诺贝尔文学奖。——译者注

Adelman）曾经表示，伊拉克的问题简单得就像“吃饼”。他的断言，定能不朽于史册。因为由此显露出的愚蠢与自大，肯定能叫后人难以忘怀。

此前，我们中情局，还有其他政府部门都一再告诫决策者：萨达姆拥有高超的驭人之术。可是，他们却不以为意。卡南·马基雅（Kanan Makiya）的一本书，却成了许多分析人员争相引用的标题。马基雅生于伊拉克，现在布兰迪斯大学（Brandeis University）从事教职。他那本书名为《恐惧共和国》（*Republic of Fear*），出版于1989年。对于美国出兵伊拉克的行动，马基雅非常支持。他还主持建立了“伊拉克记忆基金”，专门纪录萨达姆·侯赛因犯下的各种罪行。

当然，让人心生恐惧，仅仅是萨达姆的统御手段之一，他还拥有众多的支持者。不但逊尼派中的大人物对他十分拥戴，有些什叶派人士和库尔德人也对他相当崇拜。萨达姆对伊拉克人的了解，要远远胜于我等。布什政府虽然下了命令，而且从事伊拉克研究的分析人员也日益增多。大家对于萨达姆其人其行，却越来越陌生。布什政府对于萨达姆相关情报的需求，让各大情报机构不堪重负。很快，相关情报的质量急剧下滑。各位政府官员对中东形势一无所知，为了满足他们的知识水平，各大情报机构只得降低情报内容的水准。重压之下，难免出现这样的结果。美国政府费神又费钱，却仍对阿拉伯世界一无所知。

萨达姆看在眼里，也觉得有些不可思议。“你们肯定会一败涂地，”萨达姆表示，“统治这么一个国家绝对不容易，这一点你们早晚会察觉。”有史为证，萨达姆所言不虚。不过，那还是2003年的12月，没几个人能够想道：伊拉克战争会以这种结局收场。那么，当时的萨达姆又何出此言呢？对此，我很是好奇。“你们肯定会一败涂地。因为你们不懂这里的语言，不清楚此地的历史。而且，你们无法知晓我们阿拉伯人的思维方式。”萨达姆还说，不了解伊拉克的地貌和气候，就无法真正了解这个国家。谈到天气，萨达姆的话多了些。他向我介绍：

四季之中，自己对于春天最为钟情。只可惜，在伊拉克，春色总是来去匆匆，让萨达姆难以尽兴。

他还说：一般而言，秋季才是巴格达居民的最爱。前后算来，巴格达的秋天能有两月之久，而春天不过持续20余日。“见识过这里的天气，读过这里的历史，你才能明白伊拉克人的心思。你我两国习俗迥异，区别大得就像夏与冬、昼和夜。看看这里的夏日和暑气，你才能明白，为什么我们伊拉克人的性子如此暴烈。”话到这里，萨达姆不觉笑出了声。“明年夏天，最是暑热难耐的时候，肯定会有人起来造你们的反。想想1958年那个夏天，天气是不是有点热？到了60年代的盛夏，我们的革命就成功了[①]！哼哼，这个消息，麻烦你一定转告布什总统。”

20世纪90年代末期，伊拉克境内的什叶派势力开始抬头。为此，萨达姆寝食难安。他曾向我们抱怨：“这些人（什叶派）时刻都想暗算我，日夜不停。稍不注意，就有可能中招。因此，你只能日夜不休地盯着他们。”1999年，著名的什叶派领袖穆罕默德·萨迪克·萨德尔遭到伊拉克情报机构谋杀。当时，教士刚刚完成周五祷告，正在驱车回家的途中。教士的身旁，还陪着他那两个年纪最大的儿子。一阵枪响后，夺走了穆罕默德·萨迪克·萨德尔的生命（同年两个儿子也被杀害）。后来，形势的演变，愈发让萨达姆感到忧虑。1991年，“海湾战争”余波未定，伊拉克什叶派势力趁机在伊拉克南部武装举事。打那以后，伊拉克的局势一度太平。穆罕默德·萨迪克之死，让萨达姆经受了1991年来最大的惊吓。为此，他甚至启动了臭名昭著的“巴格达安全计划”。按照计划，巴格达将被划

① 1958年，伊拉克最后一个王朝结束统治。60年代，复兴党上台执政。——译者注

分成几个同心圆。其中的几个要害据点，将由“共和国特别卫队”的忠诚分子负责守卫。

穆罕默德·萨迪克·萨德尔的死，成了一系列武装起义的导火索。不过，起义时间持续不长，很快就遭到萨达姆的残酷镇压。前后算来，不过几个星期。不过，回首往事，我们可以认定：穆罕默德·萨迪克·萨德尔之死，为萨达姆政权的坍台敲响了倒计时。

1980年，什叶派民众就曾遭受“羞辱”。当时，他们被迫默默地观看了穆罕默德·萨迪克·萨德尔的兄弟——穆罕默德·巴克尔·萨德尔①的死刑实况，却又无力改变时局。到了1999年，萨达姆政权及其暴力机器仍然很强大。虽然，它们的运转能力不如以往强劲，甚至露出了些许疲态。这一次，什叶派民众却选择奋起反抗。他们把矛头指向了萨达姆政权的官员。有人趁着夜色，向复兴党党部发射枪弹；有人则通过其他行为表达怨愤。2008年，本人曾和一位萨德尔派分子谈到穆罕默德·萨迪克·萨德尔的死。对方表示：“当时，我们觉得自己不能这么窝囊下去任由萨达姆欺凌，大家都需要反抗！”

那么，为什么什叶派民众会这么想呢？我们必须了解穆罕默德·萨迪克·萨德尔其人其事。伊拉克境内的什叶派高级教士之中，萨迪克是第一个挺身而出，向赤贫阶层表达关心的。大阿亚图拉②阿里·西斯塔尼（Ali Sistani）领导的“静修教派”（quietest clergy），一向避世，主张宗教与政治分离。穆罕默德·萨

---

① 穆罕默德·巴克尔·萨德尔是20世纪最受尊敬的什叶派思想家之一，他与伊朗霍梅尼是亲密的朋友。穆罕默德·巴克尔·萨德尔因反对执政的阿拉伯复兴社会党，于1980年被萨达姆杀害。——译者注

② 大阿亚图拉：伊斯兰教什叶派别中的一个等级。什叶派的宗教学者等级制度，包括大阿亚图拉、阿亚图拉、霍贾特伊斯兰三个等级。大阿亚图拉为其中一个等级。只有极少数的什叶派宗教学者（乌里玛）才能达到大阿亚图拉的等级。——译者注

迪克却认为：什叶派民众应当团结一致，争取政治权力。此外，穆罕默德·萨迪克还对萨达姆政权持反对态度。不久，穆罕默德·萨迪克创建了所谓“发声教派”（vocal clergy）。这个“教派”的名字，显然来自纳杰夫（Najaf）省的那座什叶派顶尖经学院（阿里·西斯塔尼主持的‘静修学院’）。不过，穆罕默德·萨迪克觉得，什叶派民众的诉求，应该通过政治活动得到满足。甚至，他们可以在伊拉克建立一个伊朗式的“伊斯兰共和国”。当局渐渐发现，人数众多的什叶派实在不容忽略。穆罕默德·萨迪克通过接纳捐赠获取金钱，然后又用金钱把追随者组织起来。布道的时候，他坚持使用教区信众常用的方言土语。这一点，和其他那些用词典雅、生僻的教士大不相同。通过类似的行动，穆罕默德·萨迪克吸引了为数百万的追随者。大家发现，原来不是每位教士都只关心天堂和身后之事。至少还有穆罕默德·萨迪克在意人世间的疾苦。

萨达姆对什叶派的镇压手段十分残酷。许多民众遭到禁锢、折磨，甚至被捕入狱。穆罕默德·萨迪克当时还在世的长子穆克塔达为了逃避萨达姆手下的暗杀，不得不转入地下活动。据传，穆罕默德·萨迪克和萨达姆曾经有过一次秘密会面。不过，当我们问及有关情况时，萨达姆的回应却很简单：“你们想知道穆罕默德·萨迪克死在谁的手上吗？那么，请你们先告诉我，是谁杀死了穆罕默德·巴克尔·哈基姆？”[①]话里话外，萨达姆似乎对这位哈基姆十分关心。其实呢，两人却是不折不扣的仇人。

接着在一次“会谈”中，我还是再次问到了穆罕默德·萨迪克。这一回，萨达姆选择装傻。“你说的这个人是谁啊？”他问道，同时脸上还一片茫然，仿佛

① 2003年8月29日伊拉克南部城市纳杰夫的阿里清真寺遭汽车炸弹袭击。伊拉克伊斯兰教什叶派最高精神领袖、“伊拉克伊斯兰革命最高委员会”主席（大阿亚图拉）穆罕默德·巴克尔·哈基姆在爆炸中身亡。——译者注

他根本想不起这个名字。我重复了教士的名讳，萨达姆却表示："这个名字很是陌生。这是个伊拉克人吗？要不然，你为我介绍一下他的事迹？也许我就能够想起一点什么东西呢。"显然，萨达姆很清楚我的指代对象。只不过，他不打算透露任何事情。除非我把我掌握的情况向他完全倾诉。这一招，他在对话之中屡试不爽。萨达姆总会扮出无知的模样，而后请求我为他提点一二，帮助他回忆。实际上，他是想通过这种伎俩，摸清我们的底牌。"你说这个人是老，还是少？"那一次，萨达姆如此发问。我告诉他，这位穆罕默德·萨迪克·萨德尔是一位长者。这时，萨达姆的眼睛忽然一亮，他表示："哦，对了对了，我想起你说的这个人到底是谁了。没错，我的一些下属是和他谈过话。当时，我们劝诫他谨言慎行，停止煽动民众。我还知道，他被人谋杀了。为此，我还特地组织了专案组调查，并责成情报局出具调查报告。结果显示，这是一起什叶派高级教士之间的纷争。祸事，源于'哈乌扎'（静修教派）之内。"此外，萨达姆还声称，自己与萨迪克之死绝对毫无牵涉。

萨达姆表示：杀害穆罕默德·萨迪克·萨德尔的凶手，也是一名什叶派教士。此人就是大阿亚图拉阿里·西斯塔尼[①]。在当时的我看来，他这个结论真是荒谬透顶。"其实，我们伊拉克的什叶派民众是抗击伊朗侵略的重要力量，"萨达姆说，"战争的胜利，也有什叶派民众的一份功劳。无须逊尼派走上前线，什叶派就会参与战斗。当然，我们政府并不支持任何宗教活动。1991年，部分什叶派'极端分子'发动叛乱。之后，萨迪克·萨德尔曾来拜会过我。当时，他还不算高级教士。所有的什叶派领袖，其实都想和政府和解。他们无不向我保证：

① 阿里·西斯塔尼：伊拉克什叶派地位最高的大阿亚图拉。作为宗教领袖，他在伊什叶派穆斯林中享有崇高的威望。——译者注

‘我们绝不想让事态继续扩大。’教士们一旦出动，就等于正中伊朗人的下怀。他们觉得：影响教士，就等于影响了伊拉克的局势。这一点，就连巴列维的父亲也很明白。萨德尔当上高级教士之后，也曾为了他那儿子（此处，萨达姆指的是穆克塔达·萨德尔的某位长兄）的事来求过我。我告诉他，根据我们掌握的情况，他的儿子涉嫌支持伊朗反政府分子。当时，这些人正在纳杰夫活动。”萨达姆继续回忆，“萨迪克·萨德尔立即表示，刚才说的事并不属实。而且，他再三哀求我的谅解，而我也没有和他计较。不过，我警告这些教士：不要利用宗教影响干预政治。作为伊拉克公民，他们享有选举与被选举权，也有权参与政治。但是，参与政治之前，他们必须脱掉那层教士袍。”

1991年，伊拉克南部爆发什叶派大规模起义。当时，萨迪克·萨德尔选择支持萨达姆当局。他谴责了起义者，并因此得到萨达姆的丰厚犒赏。伊拉克总统甚至给了萨迪克一份官职，让他专司负责宗教事务。萨德尔利用手中的权力和金钱，为贫苦阶层办了不少好事。同时，他也致力于保护什叶派信众的权利。正是出于后一种职责，萨迪克终于走到了萨达姆的对立面。一天，他公开批评萨达姆政权，谴责当局对待什叶派的方式。我问到了萨迪克·萨德尔的死因。萨达姆表示：政府多次派人和教士沟通，要求他立即放弃自己的立场。据称，最后一位访客来自“特别安全组织”。此人警告萨迪克·萨德尔：如果再不收敛，一个月后他就会死。刺杀行动的指挥塔里克·阿齐兹是萨达姆的亲信，政府副总理兼外交部部长。阿齐兹信仰基督教，因此方能受此重托。同时，萨迪克·萨德尔以一副白色罩袍加身的形象出现在信众之间。大家由此知道，教士已经做好赴死的准备。刺杀的具体任务，由一名叫作塔希尔·贾利勒·哈卜西（Tahir Jalil Habbush）的情报人员负责执行。哈卜西的表现十分高效。可能由于除掉萨迪克·萨德尔的这份功绩，哈卜西被擢升为伊拉克情报局的主管。后来，他成了

“扑克牌通缉犯”[①]中的那个“方块J”。本书写成之时，哈卜西仍未归案。

1980年，穆罕默德·萨迪克·萨德尔的侄儿、穆克塔达·萨德尔的岳父穆罕默德·巴克尔·萨德尔被萨达姆杀害。我向事主问起了其中的原因。这一次，萨达姆到没有继续装傻。不过，因为这个问题，他显得有些烦躁。面对一系列关于他侵犯人权的诘问，萨达姆叫苦不迭。“你们美国人很快就会发现，管理伊拉克这么一个国家可不是简单的事。”萨达姆表示。

接着，他开启了一段鸿篇巨论，主题是关于政教分离的重要性。他表示，穆罕默德·巴克尔·萨德尔和霍梅尼有勾结。伊拉克情报局还在电话上录下了两人对谈的内容，作为现行犯罪的凭证。据称，巴克尔·萨德尔有意在伊拉克组织“伊斯兰革命”。萨达姆表示，巴克尔·萨德尔有传播宗教的权力，但他无权干涉政治事务。这些事宜，他曾直接告诉过巴克尔·萨德尔，对方并未纳谏。萨达姆只好将其逮捕下狱，随后处决。同样因为“颠覆行为”罪遭处死刑的，还有萨德尔的姐姐宾特·胡达（Bint al-Huda）。

有段时间，萨达姆的“大规模杀伤性武器”仿佛是美国国家安全的头号威胁。事到后来，却又沦为白费力气的“追逐游戏”。伊拉克战争之前多年，中情局已经遵命对萨达姆的“大规模杀伤性武器”进行了研究和评估。纵观美国的情报史，恐怕没有第二个议题能像“大规模杀伤性武器”一般大肆“吞噬”金钱、人力等各种资源，有关它的报告、汇报和会议材料等高度吸引了从总统到下面各级的层层关注。

---

① 扑克牌通缉犯：2003年美军出兵伊拉克期间，由美国政府所设计、绘有人像在牌身上的扑克牌，用以帮助军队识别萨达姆·侯赛因政府的通缉犯成员。截至2005年2月，“扑克牌通缉令”所列52名前伊高官中已有46人被捕或被杀，其余6人仍下落不明。——译者注

对话中，我们自然避不开这个话题。当时，我们打算以“两伊战争”为切入点，步步诱导萨达姆入局。对方很快看穿了我们这套把戏，并立即打断了我们的话语：“这个话题，我们已经讨论过了。你们就不用浪费时间了。世界上还有比你们寻找的那个‘玩意儿’更危险的东西呢。”萨达姆的心思，我也能够洞悉。我知道，以色列才是他想要涉及的主题。而且，他还主动讲起了海湾战争期间的“侯赛因飞弹事件”。1991年，伊拉克军队曾用“侯赛因火箭”袭击以色列。对于事件的背景，萨达姆做了阐释：“我们不仅仅代表伊拉克人，也代表整个阿拉伯民族。我一向认为：中东的乱象，美国势力的侵害，并非美国和阿拉伯两种文化所造成的冲突；一切乱源，都和以色列的阴谋以及犹太复国主义势力的活动分不开。犹太复国主义势力不但极力游说美国政客，也在竭力影响美国大选。同时，他们还指使美国政客，做出有利于己的决策。正是由于他们在美国的活动，美国才会对我们施以暴虐……

所以，当时我们分析，只要向以色列发起攻击，那么美国人就不敢轻举妄动。于是，我直接下了用飞毛腿导弹攻击以色列的命令，而没有征求参谋长的意见。其实，开战之前，我们就有言在先：美国打我们，那我们就攻击以色列。当然，我也告诉过参谋长，要针对以色列境内的军用目标。”不过，伊拉克方面何以得知以色列主要军事设施的方位呢？当然，他们更有可能是只朝着以色列的方向乱射一通。如果火箭能够击中什么东西，就足以令他们感到意外惊喜了。

原来，萨达姆的许多决策，真是完全来自“即兴表演”。确认此事之后，我不禁有些兴奋。这个事实，和国内那些伊拉克研究专家的预计大不相同。面对伊拉克问题，我们其实很少权衡利弊。无论对于某项具体措施，或者情报搜集和分析，抑或是在高度机密的情报会议当中，利弊分析都一应俱缺。如果事情进展不顺，我们也缺乏弥补过失的后续方案。事后看来，我觉得大家都低估了萨达姆随机应变的能力。海湾战争期间，我们就知道他每个晚上都会变更居所。有时候，给他提供住宿的主人很可能就是个普通百姓。萨达姆会突然出现在某户普通人家的门口，敲响屋门而后询问主人是否可以住一宿。

海湾战争之后，伊拉克并未完全执行联合国安理会的相关决议。面对我们的质疑，萨达姆提出反驳："请问，伊拉克又在哪一点上违背了联合国决议呢？我们唯一不认可的，只有第661号决议（正是第661号决议决定对伊拉克实施制裁）。其他条款，我国全数接纳。不过，对于决议的执行问题，我国又有自己的看法。请问，以色列方面又受到多少条决议的谴责和限制？而他们又执行了其中的多少？而且，他们有没有因此付出战争代价？其实，有多少国家因为违背联合国决议而遭到入侵呢？想来想去，我只发现了一个案例——那就是我国。"

"倒是你们美国人，应该思考一下贵国政府侵略我国的行径到底有何意义。伊拉克并不支持恐怖主义，我们也没和本·拉登发展关系。所谓大规模杀伤性武器，更是子虚乌有的罪名……而且，我们也不是邻国的威胁。但是，美国布什总统竟然诬称我国意图杀害其父老布什，而且还猜疑我国存有大规模杀伤性武器。"（其实，不止布什想要为父"报仇"。比尔·克林顿总统曾经也接到"确切"情报，声称伊拉克方面有意取前总统的性命。此后，克林顿总统下令向伊拉克发射了23枚巡航导弹以示惩戒。）1992年，老布什竞选失利之后，曾准备在第二年访问科威特。据情报称，萨达姆有意趁此机会杀死布什。对此指控，萨达姆矢口否认。其实，老布什下野之后，萨达姆曾表示已经不再视之为敌。他哪里想得到，一次莫须有的"谋杀"，竟然成了又一位美国总统想要赶他下台的重要理由。

我问萨达姆，既然美国政府在"大规模杀伤性武器"方面"大错特错"。那么，他是如何看待其中原因的呢？对方的回答颇具哲学意味，"因为倾听和理解精神的缺位。当然，本人也负有一定责任。”萨达姆关于伊拉克已不存在大规模杀伤性武器的发言殊为少见。这番表态，似乎证明他确实有意制造类似的武器。

萨达姆表示，联合国调查小组的工作，他个人并不会亲自参与。相关事宜，都交由塔里克·阿齐兹去打理。1991年，伊拉克方面声称：已经响应联合国安理会第687号备忘录的要求，单方面销毁了所有化学武器。而且，虽然中央政府下了命令，要求各级官员配合联合国特使开展工作。但是，眼见外国人要对自己的事务横插一杠，许多地方官员仍然很不情愿。而且，他们也不想公开有关的档案。“战争期间，”萨达姆解释道，“为了避免档案遭到空袭而被焚毁，所有档案都已经转移了收藏地点。有人却觉得，我们保护档案的举动是有意隐瞒。”他还指出，联合国调查组组长、瑞典外交官罗尔夫·埃克乌斯（Rolf Ekeus）在海湾战争后多次来过伊拉克。此人曾经记录：“1995年，伊拉克95%的化学武器遭到摧毁。因此，1995年至今，近5%的化学武器不知所终。美国军队参与搜查，也未能将其找到。”

我们则表示：多年以来，伊拉克官员都表示对于本国的化学武器情况一无所知。到了1995年，却又把近120箱文件交给联合国方面。所有文件，都记载着当时关于化学武器库的详情。（在那之前，萨达姆那位女婿胡赛因·卡迈勒刚刚出走约旦，伊拉克官员就奉命把联合国调查组带到胡赛因·卡迈勒名下的一处农庄。农庄里，除了饲养的家禽，还包括所有关于化学武器的政府文件。）

“如果我们心里有鬼，大可焚毁这些文件，或者将其深埋在土里。”萨达姆表示，“我们也不打算重拾核计划，而且，塔里克·阿齐兹也告诉我，那些文件并不重要。而且，他也不知道文件为什么会在胡赛因·卡迈勒那里。”（实际上，伊拉克人常把敏感物品囤在高官家中，以逃避国际机构的查检。）

一直以来，萨达姆政权都声称：伊拉克的国防力量并不强大，而且基于防卫目的。不过，1995年，伊拉克方面却又坦陈：自己曾经拥有一个庞大的化学武器库。萨达姆表示：所有化学武器的目录，他早已上交联合国有关机构。海湾战争之后，什叶派暴乱随之而来。伊拉克全境18个省中的14个省先后陷入混乱。多地的复兴党党部遭到袭击，大部分政府文件也遭到焚毁。“没有一份存留下来，全都在火海中灰飞烟灭，就连地契和房屋凭证也不例外……在这种情况下，我们还能找到一些有关资料，已经算得上仁至义尽。就像塔里克·阿齐兹说的那样：一场考试，拿下95%的分数，难道不算好成绩吗？”但是，萨达姆很是疑惑，联合国调查组不但没有表示赞赏，反而因为剩下那5%而纠缠不休。相关的禁运和制裁自然未能撤销。萨达姆继续说道：“有人真是以恶意揣测我们。可以说，没有哪个国家，能够承受伊拉克这样的委屈。”

对于伊拉克境内的种种情况，美、英两国的领导人其实并不了解。执政末期的萨达姆，又何尝不是如此呢？当时的他和自己的敌人一样，都失去了对社情的把握。由于长期荒废政事，萨达姆一步一步走进了“陷阱”。随着2003年那场战争的临近，他已经难于抽身。自己的政府公务，萨达姆也是毫无兴趣。他甚至没有制定任何的国防计划，以迎接美国人的挑战。“船到桥头自然直”，面对美国人大军压境的态势，他只能如此祈祷了。其实，过去萨达姆倒也曾经稀里糊涂地逢凶化吉。他总觉得，这一次的情况也莫过于此……一开始，美军势如破竹，节节胜利，他们会摧毁他的部队，占领他的部分领地。然后，出于战局不顺的原因，又或者慑于国际社会的谴责和劝阻，美国人将会主动放弃进攻。或者美国人会觉得自讨没趣，于是选择悻悻而去。联合国的介入也能达成停火的目的……

总之，那个时候的萨达姆并未认真听取情报机构的汇报。那场即将到来的暴风雨及其后果，他自然一点也未曾预料得到。其实，就连年轻的乌代和库赛，也对美军的突然来袭大感震惊。紧急会议之上，每位高官都看向了萨达姆。他们本还指望，总统肯定胸有成竹，能有妙计应付“联军”。很快，大家就意识到：其实萨达姆也没招了。

没错，面对联军，萨达姆的招数就是企图以无招应付有招。对此，事主也展开了自辩：“你们想一想，当时的我又有什么选择？其实，事情的结局无非两种：其一，美军遭遇顽强抵抗。其二，美军未遇任何抵抗。出于男子汉的尊严、军旅的荣誉和民族的荣光，任何男人逢此情况都必须抵抗。他们应该为了原则而战。感谢真主，我们不但奋起抗击，而且没有投降。这是莫大的光荣。对方公开挑衅，闹得举世皆知，我们的应对方法也必须简单。当然，各地的抵抗力度并不那么一致，而我们也非常清楚，对于人民而言，自然希望寸土不让；但是，政府官员应当知轻重，并根据问题的轻重缓急分配抵抗力量。你们可能觉得，提克里特作为萨达姆·侯赛因的故乡，理应得到重兵拱卫，对吧？但是，你们错了。我们的重兵，都集中到摩苏尔、基尔库克（Kirkuk）、巴士拉这些真正的重地去了。”

巴格达，显然应该也是一块战略重地。不过，首都的防卫力量却十分薄弱。这一点，实在叫人吃惊。萨达姆其人，向来崇拜军旅。不过，他对于军事知识的了解却相当有限。持续8年的“两伊战争”，似乎并未让他有所长进。为什么巴格达门户洞开？萨达姆自有一番解释。他声称，自己已经命令共和国卫队撤往新的地点，以对首都形成拱卫。不过，时间紧急，部队无法重新集结。而且，他还得面对联军的空中优势。在萨达姆看来，“地面部队的任务，就是巩固空中力量赢来的胜利成果。假如，我们能和多国部队来一次纯粹的陆军决战，那么，胜利可能就属于伊拉克了。当然，这倒不是说我们的军人要比美、英、法的同行来得优秀。毕竟，我们是要为保卫家园而战。保家卫国的战士，战斗力总是更强一些。”

虽然萨达姆一贯有些闭目塞听。不过，美军及其盟友的巨大声势，他却仍有很强的感应。那一次，“联军”南线部队跨过科威特进入伊拉克境内，西线部队自沙特阿拉伯和约旦而来，北线部队则以库尔德人聚居区为通衢。我们想知道，萨达姆对手下将领当时的表现有何看法？他表示：“他们表现很棒。德国隆美尔[①]这种优秀将领，最后不也是以败局告终吗？我觉得每个伊拉克军人都很尽职。有些成功达到战略目的，有的则没那么幸运。所有人都尽了全力。不过，战争的输赢并不系于这些原因。”那么，当时的萨达姆，有没有摧毁底格里斯河或幼发拉底河之上那些水坝的计划呢？对此，萨达姆断然否认。“你难道觉得，人民会允许我们摧毁自己的财产？这都是你们的想象，一点也不现实。我们就连摧毁桥梁的计划也没有。桥梁一旦遭到毁坏，国家即被一分为几。1991年的教训就十分惨痛。”海湾战争期间，巴格达附近的桥梁体系和路网在美军的空袭下变得支离破碎。此后，萨达姆发觉：自己很难对于伊拉克境内的多个库尔德人和什叶派聚居区进行有效统治。

就这样，我们谈了好些关于2003年那场战争的事情。我发现，萨达姆似乎不大清楚战争之前的形势。他的那些评价和论断，因此显得很是怪异。至于美、伊两军对垒过程之中的具体态势，他也知之不多。他对于美国空中力量的看法，更是暴露了他对美国军队战斗原则的无知。美军空中单位和地面战斗小组的配合模式，对他而言显然难以理解。言谈之间，萨达姆仿佛还在暗示：这场仗，美国表现得有些不太讲究、不大公平，整场战争，美军不够光明正大。

我们拿出一张伊拉克地图，摊在萨达姆的面前。希望他可以把地图当作实

---

① 隆美尔：二战时期德军著名将领，被称为“沙漠之狐”。——译者注

景，好好讲述一下自己对于战局的设想和布置。不过，我们发现：伊拉克军队的推进路线，萨达姆却记忆不清；至于伊军地面部队经历的种种战役，他也同样想不起来。讲述中，萨达姆倒是体现了他对于历史的爱好。他觉得，伊拉克战争和美国的南北战争[①]很是相近，值得做出一番比较。在他看来，美国南方的邦联军队之所以失利，是因为他们必须“攀缘而上”。萨达姆的意思，我一时难于理解。于是，我只得请他好好解释一下。萨达姆一手指向地图，而后表示：美国南方的地势较北方为低。因此，从地理位置而言，北方联邦军队天然地占据了一片战略高地。

1995年，萨达姆终于接受了联合国方面提出的“石油换食品计划”[②]。此前6年，计划一直遭到他的拒绝。根据计划，伊拉克方面可以通过售卖石油，换取伊拉克国内急需的食品、药品和其他民用物资。他态度的转变，又是出自何种原因？萨达姆表示，这等“计划”不但有辱于他，而且是对全体伊拉克人的冒犯。“你们把我们当成什么了？畜圈里喂养的家禽么？我们病了你们就喂药？我们饿了你们就喂饭？”说到此处，他的民族情绪似乎轰然爆发：“我们这个国家，也是有军队、有学校，还有高等学府和学院的。我们清楚，售卖的石油将被运往美国，而美国的炼油厂非常仰仗伊拉克的石油资源。因此，美国人为了搞到石油，炮制出了这么个‘石油换食品’计划。请问，难道你们觉得伊拉克人民是‘蠕虫’么？难道我们除了吃就只知道睡吗？如果你们真是为了伊拉克人民的利益着

---

① 南北战争：美国历史上唯一一次内战，参战双方为北方美利坚合众国和南方的美利坚联盟国，最终以北方联邦胜利告终。战争之初，北方为了维护国家统一而战，后来，演变为一场消灭奴隶制的革命战争。——译者注

② 石油换食品计划：一项缓解伊拉克人民困境而允许伊利用石油出口收入进口急需食品、药品等人道主义物资的一项“临时性”计划，由伊拉克与联合国安理会共同签署和负责实施。该计划从1996年2月开始执行，2003年11月结束。——译者注

想，那就请解除贸易禁运。”

1998年，美军展开“沙漠之狐”行动（Operation Desert Fox）。此举是为了对萨达姆驱逐联合国武器核查专家的行动表示惩戒。自然，我们想要知道他对此举的看法。“具体细节，我已经记忆不清。但是，我还记得其中的要害。”他表示，“通过此事，我了解到一点美国的政治生态。一个美国总统，如果不对伊拉克进行武力干扰，那么他就会被认为软弱可欺。过去，我经常开玩笑：‘没办法，我们命不好。美国一有了新领导人，我们就要遭殃。’因此，我觉得，连任的美国总统，总比新官上台的要好。面对‘革命指挥委员会’，我也说：‘真是感谢幸运星的保佑，这一次的空袭仅仅持续了4天，对我们的工业没有造成实质性的影响。’”

那么，“沙漠之狐”行动到底带来了多大的破坏呢？反正萨达姆一口咬定对当时的伊拉克毫发无伤。“美国的军机遭到伊拉克防空力量的袭击，美方居然还会提出抗议。这真是怪哉也。过去，我们常常因此而愤怒不已。你们的飞机侵犯了我们的领空。请注意，这些美军军机并非位于洛杉矶上空。它们的出现，已经侵犯了伊拉克主权，也是对保护伊拉克主权的联合国宪章的挑衅。”接着，萨达姆话锋一转，开始了一次反事实推理，这可是他的拿手好戏。“伊拉克没有任何大规模杀伤性武器，伊拉克领导层也没有批准过大规模杀伤性武器的生产。如果不信，你们大可找个叛徒——就是引导你们前来对付萨达姆·侯赛因的那种人。让他说说大规模杀伤性武器到底在哪里？”然后，萨达姆再次转换话题，严词控诉联合国安理会的禁运措施给伊拉克人带来的种种痛苦。1990年，伊拉克军队入侵科威特，联合国方面随即宣布对伊拉克进行制裁。直到2003年，禁令方才解除。

美国与伊拉克双边关系的变迁起伏，一直让萨达姆感到迷惑。谈到相关问题的时候，他的脸上也是疑云密布。那个时候，萨达姆仿佛陷入沉思，好像想要记起美伊关系出现问题的具体一刻。“有一段时间，你们西方的媒体对萨达姆·侯赛因简直不吝赞美，”萨达姆表示，“1990年之后，一切都变了。

有趣的是，萨达姆的观点得到了美国高官的响应。2011年，全国广播公司组织了一次圆桌电视会议，以纪念20年前爆发的海湾战争。出席会议的布什政府国家安全事务顾问布伦特·斯考夫罗夫特表示：1990年之后，萨达姆这个人变了。对此观点，前国务卿贝克也是点头同意。两位高官不明白，为什么美伊关系会发展到那个地步。在20世纪80年代，双方明明还打得火热。事情的变化，似乎源于萨达姆性情的改变。其实，就任总统期间，萨达姆一直都是那个萨达姆。他的举动，也总是出人意料。他悍然入侵科威特的行动，就让出任第41任美国总统的布什先生措手不及。假如，美国政府出言在先，把入侵科威特的可能后果向萨达姆交代清楚，那么，他还会在1990年铤而走险吗？对此，我很是怀疑。

对话中，萨达姆指出：“两伊战争”期间，美国可是伊拉克的盟友。而后，他开始叫屈：“如果我是个魔头，美国政府当年何必支持我的行动？如果我没有错，你们又凭什么改变态度呢？”在他看来，美国政府的态度才是变化无常、难以捉摸。“里根总统时期，美国和伊拉克关系良好。但是，布什父子上台之后，一切便走上了歧途。”萨达姆回忆，“20世纪50年代，伊拉克年轻人对于美国的各种消息都是热情接受。现在呢？试问，如果没有配备枪支保护，美国驻伊拉克大使馆的各位外交官能在这里生存下去吗？”

谈到美国和伊拉克关系，萨达姆总会浮想联翩。对于两国交恶的历程，他还秉持着阴谋论。在萨达姆看来，以色列“犹太复国主义分子”的阴谋妨害了两国的邦谊。犹太人对于美国政府部门和大型机构，尤其是国会和各家媒体的操控，也让美国和伊拉克关系蒙上阴影。萨达姆指出：曾几何时，西方媒体对他印象颇佳。他还认为，媒体的报道，就是政府态度的晴雨表。不过，1990年的战争之后，一切天翻地覆。“打那以后，‘犹太复国主义分子’介入事态，影响两国的正常交往。他们操控美国国会，阻止我们从美国进口谷物。在我看来，这都是犹太势力在作祟，也和我们对于巴勒斯坦的支持有关。”

而后，我们又提到了“两伊战争”。大多数分析人士觉得，那场战争终于一场“僵局”。萨达姆却觉得，伊拉克方面取得了战争的胜利。不过，他指出，得胜之后的伊拉克，随即遭到了美国的猜忌，而这正是“海湾战争”的起因。萨达姆表示，当时的伊拉克军威壮大、政府独立，经济形势也很强劲。美国政府无法容忍中东地区出现一个伊拉克这般强大的阿拉伯国家。毕竟，他领导的伊拉克不但可以主导地区局势，还能对以色列构成威胁。萨达姆还觉得，苏联解体之后，华盛顿当局一直都寻觅新的对手。唯有如此，美国才有理由维持一支庞大的军队，也好满足军工企业的利益。在萨达姆看来，唯一超级大国的地位让“美国政府中的很多人生出一股虚骄之气，就好像得了病”。

话题轮转，我们又开始和萨达姆谈论他心中的杰出领导人。早年间，我曾在局里无数次听人提起萨达姆的“两大榜样”：一个是斯大林，另一个则是希特勒。据说，萨达姆一直以两人为师。萨达姆本人却表示，自己的榜样是戴高乐、列宁、毛泽东和乔治·华盛顿。第二次谈及“杰出领导人”这个话题的时候，我们发现萨达姆又多出了两位榜样：前南斯拉夫总统铁托（Tito）和印度国父尼赫鲁（Nehru）。萨达姆小心翼翼地表示，列宁的思想，让他非常崇敬。“至于斯大林，我却不大‘感冒’。斯大林不是一个思想家。我只欣赏那些在思想方面有建树的人。而且，我听说过斯大林的那些旧事。我知道他在农业建设方面很是失策；而且，他处理地主阶级的方式，他建立的苦役营（又称‘古拉格’），还有他手下那个情报头子贝利亚，我统统有所耳闻。因为这些事情，使他的名声受损。而且，他也有些过于仰仗雷霆手段了。”

对于希特勒，萨达姆也没有什么敬仰之意。在我们的对话过程中，萨达姆从未表露出对此人的欣赏或喜爱。不少学者把萨达姆和纳粹头子相提并论，主要还是出于通俗普及的原因。缺乏对伊拉克和萨达姆“知识”了解的一般民众，由此可以了解萨达姆的为人。其实，丑化一位“强人”何其容易、又何其简单。可是，就连政界中人，也接受了这种并不准确的“比较”。海湾战争的前夜，小布什总统也把萨达姆和希特勒好有一比。当然，布什总统也是别有一番“用意”。毕竟，希特勒的得势，给了我们一个教训：如果盟国最初拒绝“绥靖”，也许德国的大独裁者根本无法成气候。

如果萨达姆真是“希特勒二世”，美国方面应该义无反顾投入战争吗？

第九章

萨达姆“失控”

几次“对话”过去，布鲁斯主动找到了我。测谎专家向我提出了一个请求：在以后的工作当中，不如由我掌握发问的主动权。此前，问话之事一直是我俩分摊。看来，以后我要独挑大梁了。至于布鲁斯，他的任务就是保证“对话”的顺利进行。如果萨达姆拒绝合作，布鲁斯就得需要出面安抚。作为测谎专家，布鲁斯对于萨达姆的了解十分有限。他觉得，自己囤下的那点问题已近枯竭。勉力坚持，只能降低“对话”的质量。眼前这桩任务，我和布鲁斯已经渐渐习惯。我俩的默契也与日俱增。对于布鲁斯的请求，我也表示乐意采纳。其实，当时我已在伊拉克逗留了3个月，几乎有点精疲力尽。其实，我原本块头不小，应该算是壮汉一条。但是，3个月来营养不济、睡眠不佳的状况，加上密集的工作流程——按照计划，每天我们都要和萨达姆“对话”那么一到两次，我着实掉了不少体重。精神上，我也感觉很是倦怠。我们忙得没有充电学习的时间。好容易有点闲暇，缓慢的网速也叫人没了求知欲。我有时觉得，这场任务我完全可以糊弄过去。我们可以例行公事地问上几个不痛不痒的问题，按部就班写好报告，最后丢给白宫那帮官员去阅读领会。

不过，我们毕竟有自己的专业操守，而且，与萨达姆“对话”就是当下最为重要的任务。我还觉得：如此难得的机会，自己可能再也难以遇到。说来，这也算一片新鲜的工作领域。我等中情局员工很少获得这种与他国原总统直接“对话”的机会。上一次中情局人员参与其中，大概还是1989年，“对话”的对象则是巴拿马的独裁者马努埃尔·诺列加（Manuel Noriega）①。至于再一位遭到美方羁押，并享受中情局人员“对话”待遇的国家元首，则是希特勒钦点的接班人、“第三帝国”的“统帅”卡尔·邓尼茨（Karl Doenitz）②。那次“对话”，已经要追溯到第二次世界大战期间。

每天早上开始工作之前，我和布鲁斯都要先和军方的诸位同仁碰个头。他们会把萨达姆在上次聆讯之后的种种表现，向我俩通报一番。我也要把当天准备问的问题罗列成表，呈给军方过目和备案。接下来，就是前往审讯室，等待萨达姆的到来。当时，我们已经接到通知：联邦调查局的诸位同事将会推迟行程。他们来到伊拉克的时间，肯定在明年元旦之后。为此，我曾向联邦调查局驻巴格达的代表请教，想知道他们如此安排有何原因。对方只是耸了耸肩后表示：“要我猜的话，他们大概是想过完节假日，然后再动身过来吧。”好吧，我觉得，联邦调查局应该还在厉兵秣马、做着准备。毕竟，萨达姆可不是他们平日里惯于对付的那种小角色。一旦做好准备，他们的工作进度就会立即进入快车道。据称，为了“接待”萨达姆，联邦调查局会委派一位精通阿拉伯语的专家担任讯问小组的组长。

---

① 马努埃尔·诺列加：1983年出任巴拿马国防军总司令。美国1988年指控他有贩毒行为，并于次年对巴拿马采取军事行动。1990年，诺列加向美军投降。美国法院1992年以走私毒品和敲诈勒索罪判处他40年监禁，后减刑至17年。——译者注

② 卡尔·邓尼茨：法西斯战犯，纳粹德国海军元帅，第二次世界大战时期曾担任海军总司令、总统兼武装部队最高统帅等职。——译者注

某次“对话”开始之前，我循例看着自己准备的“问题表”。那时，我和萨·达姆已经就不少重大事件有过交流。突然，我下了决心，准备再次提出“那个话题”——当时，萨达姆曾经对于其中的细节避而不谈。我挂念的事情，发生在1988年4月。当时，萨达姆的部队利用化学武器，袭击了库尔德斯坦负责管辖的与伊朗接壤的边境小镇——哈拉布贾（Halabja）。“惨祸”发生的真正原因，其实是为了报复当地的库尔德人曾在“两伊战争”期间对伊朗军队表示过欢迎。那一次，共有近5000人丧生。整出“惨剧”，都在阿里·哈桑·马吉德（Ali Hasan al-Majid）[①]的直接导演之下发生的。此人和萨达姆互为堂兄弟。对于这起“事件”，艾弗拉姆·卡尔什（Efraim Karsh）和伊那里·拉乌特西（Inari Rautsi）曾在他们撰写的萨达姆传记中有过披露。书中写道：“两伊战争尚未结束，库尔德人聚居区内一多半的村庄和不少城镇都变得空空荡荡。居民被迫迁徙，萨达姆当局把他们放逐到了西南部的沙漠中，圈禁在定居点甚至集中营里。”当时，萨达姆心里“有鬼”。他总担心伊朗人会通过库尔德人的住地，向自己发起攻击。于是，他决定先行动手。用毒气弹攻击库尔德人聚居的哈拉布贾小城。论及规模，这次攻击可谓史无前例。“伊拉克军队的飞机投下的黑色雾气渐渐消弭，慢慢和晴空化为一体。终于，在伊朗人的开路引领之下，一大群电视记者朝着小城的方向冲了过去。骇人屠杀的全貌，即将展现在全世界面前。”[②]

对于哈拉布贾发生的这出“惨剧”，萨达姆并不想提及。一方面，整个

---

① 阿里·哈桑·马吉德：伊拉克前政权高官，曾担任国防部长、内政部长和安全机构领导人等职务。新政府组成后，2010年1月17日，伊拉克高等刑事法庭第四次判处马吉德死刑并于1月25日执行。——译者注

② 摘自卡尔什和拉乌特西《萨达姆：政治家列传》，第169页，纽约自由媒体出版社1991年出版。

“事件”已被国际社会定性为种族屠杀；而且，他对库尔德这个民族颇有“好感”——当然，这极有可能是虚情假意。当我再次提到这段“小城往事”的时候，萨达姆怒不可遏！他只是说：“这件事，你应该去问尼扎尔·哈兹拉吉（Nizar al-Khazraj）。”他所说的哈兹拉吉，正是哈拉布贾“惨案”的直接指挥者。对此，我只得表示：很遗憾，哈兹拉吉不在此地。还好，你萨达姆就在我的眼前；因此，我只能向你请教事情的原貌。萨达姆立即表示他要投诉。他认为，我这是在审讯他。而他绝对不接受任何审讯。

见他如此不合作，我的心头也有些不悦。毕竟，“哈拉布贾事件”是个突破口。从中，我能洞悉萨达姆在“两伊战争”中的真实目的，也能知道他对“惨剧”到底应该负有多大责任。当然，具体的收获还不止于此。施放毒气残害库尔德平民，不但又为萨达姆的罪孽添上了一笔新的血债，同时，我们也可以据此得出铁证：萨达姆拥有大规模杀伤性武器，而且有意将其用于杀戮——哪怕对象是他的同胞。

当然，我不能把气氛弄得太僵。我决定换个讨论方法，迂回接近“哈拉布贾事件”。于是，我谈到了萨达姆政权的政治制度，以及居于这种政治制度中心的“革命指挥委员会”。1979年以来，萨达姆一直担任这个“革命指挥委员会”的主席。与此同时，他还是一国总统。至于委员会本身，也被看作是复兴党政权的权力中枢。对此，萨达姆表示：“革命指挥委员会”确实地位超绝。这一点，得到了宪法的保障。但是，由于他的鼓励，议会的权力也逐渐增大。有时候，议会订立的法律，完全可以凌驾于“革命指挥委员会”之上。萨达姆还表示：有朝一日，自己希望伊拉克能够实现“多党并立，百花齐放”。对于这一点，他总在我们的面前喋喋不休、反复提及。他显然想要证明，自己崇尚民主，提倡多元化的政治格局。而在伊拉克推行民主和多元化的政治格局，正是美国政府为入侵伊拉克寻找的“理论依据”。不知不觉，一个小时过去了。我终于听到，萨达姆亲口确认了他在“革命指挥委员会”中的领导地位。而且，他还表示，“革命指挥委员会”做出的一切决定，都需通过他的批准方可执行。

没错，这就是我一直在寻觅的突破口。面对萨达姆，我突然发问：伊拉克政府军战机向哈拉布贾投放毒气弹的命令，到底源自哪里？也许，策源地就在“革命指挥委员会”？那一刻，萨达姆真的怒了！他发现，自己已经被我逼进了墙角。如果开口不慎，他就等于在招认：“哈拉布贾事件”是自己下令屠杀库尔德人造成的。可是，此前他一再表示，他是事过之后方才知情。“你这个问题，到底是什么意思？”萨达姆反问。我还在步步紧逼：“请您告诉我，关于哈拉布贾遭受毒气袭击的事情。相关的命令，您和同事是不是在‘革命指挥委员会’上讨论过？”此时，萨达姆已经激动万分，就连呼吸吐纳也沉重了好些。终于，他爆发了：“我们听说过哈拉布贾的事情。但是，大家都觉得那又是伊朗方面的宣传战，所以也没有理会。我们一直希望解放国家的每一寸土地。你刚才的意思，是不是认为哈拉布贾那回事是委员会下的命令？好吧，如果我想要下达那么一出命令，那我绝对会立即动手！我才不会这样害怕你们，害怕你们那个总统。为了保卫国家，我会竭尽全力，无所不用其极！”

他说完了，双臂也环抱在了胸前。那副样子，分明是在暗示他不会再为这个话题多说哪怕一个字。可是，他到底还是吐出了最后一句：“但是，我并没有下令对哈拉布贾动手。”当时，我和布鲁斯也决定：对话暂停。然后，按照常规，我准备找些轻松话题结束当天的工作。于是，我问起了几件趣事，可萨达姆实在太过生气。他几乎没听到我在问话，自然也无暇张嘴回答。没办法，我们招来了警卫。萨达姆也准备离开了。他一面气鼓鼓地盯着我，一面拿着头套往脑袋上送。而后，他一手伸向警卫，由后者牵引着走出审讯室。那一次，连我的小组负责人也吓坏了。终于，我触到了萨达姆的逆鳞。

我这辈子，倒也惹毛过不少人。不过，像当天萨达姆那么动气的，也是绝无仅有。那一次，我感觉他很想要了我的命。尽管他枷锁在身，我还是觉得有点后背冒汗、心头发凉。同时，我和萨达姆的那次激烈碰撞，也让我生出了一点别样的感觉。此后的几个月内，感觉一直萦绕在我的思绪之中。我越是回忆当时的场景，意识里就越是觉得：也许，萨达姆的话可能并非不是事实。表面上看，萨达姆确实把化学武器的使用权交到了一线的军事指挥官手中。此后，还是当时的国防部长、他的小舅子阿德南·哈拉拉向他透露了哈拉布贾的实情。当时，他大为光火。不过，萨达姆发火，并非出自义愤。他只是担心，属下使用化学武器的地区，其居民大多是库尔德人，他们抱持亲近伊朗的态度。哈拉布贾“惨案”，无疑会被伊朗方面用以大做文章。当然，我不觉得萨达姆真是个心地柔软的人。如果把他指为哈拉布贾“惨案”的元凶，也不算全然的冤枉。毕竟，他曾下过命令：如果局势所迫，他手下的将领可以自行决定使用化学武器。此前，他确确实实利用过化学武器，迎击伊朗的“人海攻势”。这，也是一种罪行。只不过当时美国和伊拉克处于同一阵营，因此美方没有予以理会而已。对于这起“惨案”（指对伊朗军队使用化学武器），萨达姆并没有悔意。同时，这起惨案，再次暴露了美国政府的无知。当然，也许不是无知，而是有意的掩饰。相关事例，在萨达姆倒台的过程中还有很多，不胜枚举。

任何有关侵害人权的问题，都可能触怒萨达姆。一旦有人敢于提及，他会立即打起精神，准备辩驳。至于我，常常就是那个扮黑脸的角色。为此，萨达姆没少对我眈眈相向。有时候，他好像准备用上一切手段，只是为了好好教训我一顿。某次，我说起了一则新闻。新闻声称，人们在伊拉克多地掘出了“乱葬岗”，甚至“万人坑”。听罢我的话，他立即倾斜上身，力图凑近我，略带威胁地表示：“我以前说过，当年的那场暴乱之中，很多地方已经不受中央节制。正因如此，很多地区都会有尸骨出土，这里20具，那里40多具，不奇怪。”（1991年海湾战争过后，伊拉克爆发什叶派大起义。全国的18个省中，有14个先后落入地方武装的控制。萨达姆的话明显在暗示：既然政府已经失去很多地区的控制权，那么，当地的屠杀暴行也并非他的罪孽。）我则表示：2003年前，巴士拉一直处于政府军控制之下。但是，当地也发现了疑似集体屠杀的遗址。萨达姆立即针锋相对，要我说出遗址的所在地。我立即指出，地点位于巴士拉郊外。他则继续辩驳：“那你说说，那里面的尸骨到底是什么身份？知不知道死者的姓名？”对此，我只能表示并不知晓。他则一甩双手，一脸不屑。在他看来，既然我并不清楚尸骸的身份。那么，我怎么能肯定，它们不是一群埋骨他乡的伊朗士兵呢？这样的交锋，持续了近一个小时。

世人眼中淋漓的血色惨案，由萨达姆讲来，却好似有玫瑰般的光彩。他曾经当着我的面，粉饰过自己对于“沼泽阿拉伯人”（Marsh Arabs）[①]的迫害。“沼泽阿拉伯人”大多属于什叶派，自然，他们中有不少人参与过海湾战争之后的那场大起义。为了报复，萨达姆主持了一项水利工程计划，将底格里斯河和幼发拉底河的河水从“沼泽阿拉伯人”的居留地引开。由此而来，原来的湿地变成了荒漠，而近15万“沼泽阿拉伯人”被迫迁居。据称，其中有8—12万人滞留在伊朗境内的难民营里，而其余的人则流落在伊拉克全国各地。不过，在萨达姆看来，他的举动其实是要维护“沼泽阿拉伯人”的利益。“身而为人，怎么能在水边栖

---

① 沼泽阿拉伯人：伊拉克境内的阿拉伯部落，聚居地位于阿拉伯河河口地带。他们逐水而居，信仰伊斯兰教，多属什叶派。——译者注

居呢？”他如此表示，语气里满是惋惜和怜悯。那副样子，差点让我忘掉他是游泳健将这个事实。那一次，萨达姆还说：“当地的土壤十分肥沃。我抽调那里的水源，主要是想扩大农地，而且，不知你有没有见识过他们的生活。我可是曾经和当地人同吃同住，一起过了几周的生活。所以，我了解其中的艰苦。正因如此，我才要站在战略的高度为民造福……政府为‘沼泽阿拉伯’人建了学校、设立诊所。而且，我们还给他们带去了电。在那之前，他们就好像落后于时代整整三百多年。”萨达姆还表示，他之所以引导“沼泽阿拉伯人”迁出祖地，主要是为了防止伊朗势力的渗透。为了解释自己的战略眼光，他还要来纸笔，画出了一张地图。在萨达姆看来，伊拉克的疆域领土就像一个女性，而“沼泽阿拉伯人”的原有居住区域则位于一号公路两旁。这条公路，正是连接伊拉克南部地区和巴格达的关键纽带。萨达姆指出：“两伊战争”期间，伊朗人就试图渗透进入这片区域大搞破坏。

一天，我向萨达姆请教了一些关于他下属那个外交事务部（Ministry of Foreign Affairs）的问题。就这个话题，我们很是畅谈了一阵。萨达姆则好好地展示了他官僚的一面。我还记得，1998年，萨达姆对驻外使节的队伍进行了一次大轮换。许多外交官都被他调回了巴格达。那么，他这么做，到底有何用意呢？萨达姆表示，其实什么用意都没有。他只是觉得，某些外交官在外国漂泊太久，也是时候该回到伊拉克来看一看了。可是，我仍然觉得，当年他如此行动，背后一定有着某种不可告人的目的。为此，我继续探着他的口风。没想到，他却对我的想法付之一笑：“我觉得啊，你可能高估我的权力了。”

接着，我干脆举了个例子提问。当年，萨达姆把资深外交官、驻联合国大使尼扎尔·汉穆敦（Nizar Hamdun）也召回了伊拉克。要知道，汉穆敦可是他在西方最为得力的发言人。我表示：汉穆敦熟悉国际法，也非常了解美国社会。

而且，大使还善于利用媒体，可以将萨达姆的观点传达给美国公众。这种能力，中东地区的外交官之中鲜有他人能够拥有。我的意见，萨达姆表示同意，但他指出，当时汉穆敦已经身患癌症。“本来，美国才是治疗癌症的最佳地点。但是，政府已经通过决议，不允许外交事务部人员出国接受医疗服务。这是纪律的要求。不过，我个人还是非常恼火。还好，总统仍有权签发命令，能够帮助他出国就医。汉穆敦是一位忠诚而资深的复兴党党员。他的党龄，可以追溯到1968年革命成功之前。他还是我个人非常信任、也经常请教的专家之一。所以，后来我还是让他去了国外治疗。而且，我还给了他五千美元医疗费。这笔费用，出自我个人的名义，是为了贴补他的治疗支出。其实，我和他没有什么私交。政府里我就没有几个朋友。和政府里的同事交朋友，会带来很多问题和义务。而且，在我看来，只要互相信任、互相忠诚，大家都可以是好兄弟、好同志。如果你希望知道萨达姆·侯赛因有人情味的那一面，如果你想知道我是如何对待自己的同志，那相关事例可真是太多太多了。”听听萨达姆的自述，仿佛汉穆敦享受了天大的恩惠和帮助。其实，在美国，癌症疗程的相关花费简直就是天文数字。区区五千美元，又能做得了什么呢？当然，这个情况，萨达姆很可能不大清楚。不过，他也可能没那么糊涂。他只是发现汉穆敦和很多美国官员来往密切，因此有点妒忌罢了。

萨达姆下台以来，伊拉克国内的宗派冲突愈演愈烈。甚至这种冲突大有扩散之势。萨达姆对此表示，在他治下，伊拉克境内可没有什么教派冲突。“你觉得萨达姆是逊尼派，还是什叶派？我只知道，法律面前各派平等！1959年，我党的总书记就是一位来自纳斯里业（Nasiriyah）的什叶派人士。不过，多年以后，我才发现这个事实。1960到1961年间，复兴党总书记阿卜德·卡里姆·沙伊赫利

（Abd al-Karim al-Shaikhly）不但是什叶派，还是库尔德人。1965年，党的总书记一职由基督徒吉尔达尼（Kildani）担任。对了，你不是提到什么尸骨吗？我告诉你，如果有人被处死刑，绝不是因为他的教派、他的出身。我们只关注他是否触犯了法律。”

身为复兴党的领袖，萨达姆深感自豪。“复兴党就是阿拉伯民族的一部分，我党渴望社会正义，呼吁民族团结，主张自由和民主。青年时代的我，就矢志为之奋斗终生。而且，我的所有家人也都入了党。当然，除了我那年事已高的舅父海拉拉。”那么，萨达姆作为领袖，有没有一点高处不胜寒的孤单感觉呢？“我是军队的总司令，但是，我经常走上前线，和战士同吃同住。因为经常上前线、下基层，所以并不孤单。”萨达姆还表示：长久把持国政并非他的愿望。“1968年革命成功，我就有了归隐的打算。7月30日，革命形势基本稳定的那天，我也准备离开部队一线。不过，“革命指挥委员会”却不接受我的退休申请。他们表示：‘你搞革命成功了，然后就准备把担子撂给其他人吗？’1974年，我又准备退休，但申请仍然没有通过。后来，我意识到：退休等于背弃纪律、背弃人民。所以，我再也没有打过退休的主意。”

我曾经问萨达姆：针对他的个人崇拜，会不会妨害他施展领导才能？他则表示：“他们把我的画像挂得到处都是，但那可不是我下的命令。萨达姆·侯赛因出生之前，伊拉克是个伟大的国度。萨达姆·侯赛因的父辈、祖辈存在之前，伊拉克也是个伟大的国度。是伊拉克，教会了人类如何书写；是伊拉克，用美术、画作和工艺启迪了全世界[①]，区区一个萨达姆·侯赛因，怎么可能与伟大祖国伊

---

① 世界四大文明古国之一——古巴比伦王国（约公元前3500年左右—公元前729年）位于美索不达米亚平原，大致在当今的伊拉克共和国版图内。

拉克争辉呢？”

我很想知道：执政期间，何种成绩最让萨达姆引以为自豪呢？对方表示：“我最为之自豪的成就，就是建设了强盛的伊拉克。这里的人们曾经没有鞋穿，收入微薄，这里的文盲率曾经高达百分之七十三。后来，我们强大了，就连美国也把我们视为威胁。我们的国土上教育机构、医疗设施星罗棋布。伊朗寻衅之前，我们拥有很高的国民收入。1991年之前，每个村庄都已经通电，道路更是四通八达。就连美国入侵者，也对我们国家的建设成就叹为观止。我们全心全意地为人民服务，但是，我们也接受安拉的信仰。”

那么，在这些成就之外，伊拉克走向衰落，是不是也与萨达姆相关呢？“我需不需要为开战（“两伊战争”）负责任？当然，开战是我的决定。伊朗并没有给我们和平的机会。如果霍梅尼的军队能够停驻在伊拉克国境之外，而不是大举入侵，其实大多数伊拉克人都会对他抱持同情和理解。但是，他还是本性毕露，而且还想占据卡尔巴拉（Karbala）[①]。科威特太小了，就好像伊拉克脚上的一枚趾甲，可是伊拉克却在科威特撞断了头上的角。”我又请他发表对于伊拉克在百年之后前途的看法。“一百年太久，只能听从真主的安排。我看，伊拉克五年之内就能摆脱美国侵略重获解放。”

最后一次对话，我选择伊拉克历史作为主题。最终，对话仅仅用时25分钟，也创造了我和萨达姆相处的最短纪录。当然，谈古论今只是幌子，我的真实目的是向萨达姆告别，顺便介绍我的继任者给他认识。也许，面对一张全新的面孔，萨达姆会感到不忿，甚至拒绝合作。为此，我们有过担心。仔细想想，担心也纯

---

① 卡尔巴拉：伊拉克古城，卡尔巴拉省省会，伊斯兰教什叶派圣地之一。——译者注

属多余。萨达姆可能已经对我有些厌烦，但是，“对话”这回事他肯定还会乐此不疲。当然，这是后话了。既是最后一次见面，我的话语自然需要温软一些。言语间，我向萨达姆表达了谢意，感激他这段时间以来的不吝赐教。同时，我还告诉他：与他相处，甚是“快乐”。布鲁斯则在一旁做了补充：“史蒂夫先生”另有公干，即将回国。上头委派了另外一位名叫“比尔”的人来和您继续交谈。只见萨达姆双手一甩，长长吐出一口气。看他的样子，似乎对即将到来的新人不大欢迎。“你们什么意思？”萨达姆嚷嚷道，“你是不是说：你们问过我的那些问题，将来会有人统统再问一遍？而且，那些答案，我还得向他完完全全重复一次？”这是他当时的疑虑。我们赶紧表示安抚：新来的“比尔先生”一直都追踪着我们的“对话”进程。他了解我们的“对话”内容，也清楚“对话”进行到了何种程度。好了，我决定正式地向萨达姆告别：“我想向您再次致谢！谢谢您和我们一起纵观历史。诚然，我和您还在一些问题上存在着分歧。不过，您能坦承自己的看法，我已经感激不尽。我还得表示歉意！毕竟，大家相逢的地点竟然是在这里。当然，相逢就是缘分。我觉得，较之过去，我现在已经更能理解您的心意，也更了解您的国家了。为此，我要感激您的指点。”

说罢，我站起身来，并向萨达姆伸出了手。对方接下来的表现，惊得我定在了原地。只见他也伸出手来，一把握住我的手掌。萨达姆迟迟没有放手，并随即开始了临别致辞：“我想让你知道：这段时间有你陪伴，我感觉十分愉快。你我之间的分歧，其实都是位置的原因。因为你有你的工作，我有我的处境。（说到此处，萨达姆顺势张望四周，仿佛要向我展示他的处境。）我这个人从来不会为了说场面话，而去和人打哈哈，我不是那种政治人物。”

“但是，希望你能记住我接下来的话。哪怕你回到华盛顿去从事你的专业，也不要忘记。请你一定为人公正，做事公平；公正、公平，是任何人都应当珍视的至高品德。”

接下来，萨达姆还有一番特地嘱咐：他觉得我睿智能干。同时，他也强调，我一定要把聪明才干用于正道。而后，他继续“训话”。事后回忆起来，我已经记不得他到底还说了些什么了。这也难怪，那次我根本无法做任何记录。这样的情况，在我们的对话之中绝无仅有。当时的我可是完完全全被他“掌控”了。他就那样钳住我的手，足足握了五分多钟。没错，他确实是个彻头彻尾的政治家。就连道别这样的小事，也能成为他“耍弄心机”的场合。

回国后，经常有人问我，萨达姆当时为什么要那么做？不是每个和他接触的人，都能获得这样的待遇。后来，布鲁斯和比尔两人都曾告诉我：待到他俩离岗的那个时候，萨达姆可是一点表示都没有。那么，我何德何能可以得到他的青睐呢？其实，萨达姆的表现完全符合阿拉伯人的待客之道。按照传统，送客的时候，主人需要表达两重心意：首先，主客之间相聚的时间过于短暂。其次，客人此去，主人感觉难舍难离。萨达姆一向觉得，伊拉克就是他的家。至于我等美国人则是来客。当然，我们不请自来，给他添了麻烦。不过，他也不能乱了待客的规矩。此外，我想我之所以得到特别礼待，大概是由于他对我别有一点敬意吧。我可是把他当作研究对象，并为此用了许多年的工夫。也许，他早已知晓我的身份和背景，并一早就下了和我交锋的决心。他很清楚，自己的任何言辞，都可能遭遇我的迎头痛击。也许，他那番作态，也是如释重负的体现。总之，曾经犯下无数杀戮和迫害的他转过身去，就那样离开了。

据说，我走之后，萨达姆的情绪明显好了许多。我的继任者比尔，也得到了他的喜爱。比尔对于伊拉克历史甚是了解，他组织的“对话”一定生动而又精彩。这一点，正合萨达姆的意愿。而且，比尔还有一项优势：由于我的努力，涉及萨达姆人权劣迹的种种问题已被本人开发殆尽，他完全不用再有所提及。这样一来，他和萨达姆似乎毫无“分歧”可言，自然也没有剑拔弩张的对峙时刻。其实，在他俩之间，小矛盾还是存在的。只不过，比尔的“遭遇”，远远没有我的“经历”那么震撼。

时间，也站在比尔一边。他大可不必担心上司的催促。相比之下，我和布鲁斯在第一周就接到命令，并做好了随时为联邦调查局同行让路的准备。我们的每一次问话，都有可能成为“绝唱”。因此，我必须抓紧时间。由此而来，自然问题多多。时间紧迫，我们甚至没有搞活气氛的工夫。本来，萨达姆精神可以放松一些，我们的谈话也能更加自在一点。但是，那些棘手的问题，我们必须速速抛出。本人作为伊拉克问题专家，压力自然更大。而萨达姆，也常常被我们的提问搞得“火大”。一段时间过去，他的火气，大大降低了我们的问话效率。

我对哈拉布贾问题的穷追不舍，也引起了萨达姆的猜忌。以后，他总在反问我，想知道我为什么对相关话题如此好奇，背后到底又有何动机。“哈拉布贾事件”过后，我曾经再一次找到萨达姆，并向他请教一些有关伊拉克外交部的问题。结果，他打断我的问话，不耐烦地表示：“算了，不要兜圈子了。你就直说吧，你到底想知道些什么？”那次事件，显然引起了他的警惕。此后，他的“心墙”高高筑起，外人恐怕再难攻破。

笔者离开伊拉克之后不久，美国军方曾经找到萨达姆，希望他能发表一份声明，呼吁伊拉克境内的叛乱武装放下武器。说来，这个想法，还是来自麦克雷文。记得我参与的最后一次朝会上，将军曾向大家介绍过他的主意。与会的众人都觉得，萨达姆不可能和他合作。不过，大家还是祝麦克雷文好运。于是，2004年1月13日，麦克雷文找到萨达姆。将军向对方表示，这是一场统帅之间的对话。他代表美军，请萨达姆命令部下停止抵抗。需要说明的一点是：其间，将军

并未威胁萨达姆，也没有提起处决、绞刑或者任何其他萨达姆如若不从可能得到的惩罚。但是，那份声明，萨达姆到底没有签字。实际上，伊拉克人根本没有看过那份东西哪怕一眼。“我的尊严，不允许我触碰这种东西。”萨达姆表示。

后来，比尔从萨达姆的口中，听到了这段“总统义拒将军”的故事。其中的细节，自然和真相存在差异。萨达姆表示：“我觉得，贵军当局对于我的人品、对于伊拉克人的品格都有误解。其实，你们根本不懂那些有亡国之痛的人民。你们那位将军，自称是个历史学家，还谈起了拿破仑和墨索里尼……但是，你清楚：拿破仑的人生故事和我可不一样。我知道，他是想通过墨索里尼来威胁我。他在暗示：要么签字，要么就去死。他不知道我今年多大岁数了吗？我这样一个岁数的人，为什么要怕死？我可以告诉你，对付萨达姆·侯赛因，你们这种‘伎俩’根本没有意义。我从来无惧威胁。如果你要达成目的，不如和我‘对话’。我今天提到‘对话’，是因为我相信‘对话’可以解决问题，而不是因为我现在是个囚徒。唯有‘对话’，才能解决流血冲突。你们可以和我‘对话’，也可以和在狱中的其他伊拉克官员‘对话’。但是要记住，你们才是侵略者，你们跨过底格里斯河，然后要求被侵略的人民停止战斗——这，不合逻辑。我们只能告诉你们：‘想要制止流血冲突，你们只能离开我们的家园！离开这里，于你们毫发无伤。但是，我们如果停止战斗，只会失去一切。”[①]

---

① 摘自2004年1月4日讯问实录。

第十章

在椭圆形办公室“深潜”

回到华盛顿，我立即收到命令。原来，上司希望我做个总结，谈一谈与萨达姆“对话”工作中的“得与失”。为此，我来到中情局总部大楼第七层的会议室。那天，原定出席会议的领导之中，级别最高的一位当属杰米·米西克（Jami Miscik）——此人是局里的情报事务副主管。计划总不如变化来得快。副主管临时另有公务，只得委派她的助手代行参会。至于局长乔治·特内特和局里的其他高级官员，本就无暇现身会场，更是没空听取我的“汇报”。

“汇报”完毕，我也回到了当时自己的单位，也就是“伊朗事务办公室”。办公室主任接待了我并表示了慰问。由此，我得到了一份礼品——也就是一沓代金券，总面值不过75美元。这点奖赏，实在有些寒酸。满打满算下来，也只够在当地的某家意大利餐厅消费一次。不过，辛辛苦苦的“对话”工作，好歹也算有了“回报”。

“伊朗事务办公室”方面对我的奖励如此“克制”，也不能说没有原因。毕竟，这一次我的“对话”工作，和“伊朗事务”几乎毫不搭界。我的辛勤劳动，只是为“伊拉克事务办公室”做了嫁衣。但是，“伊拉克事务办公室”没有一点表示感谢的意思。这也可以理解，从编制上讲，本人和他们已无关系可言。任何

大型官僚机构都有“内斗”的传统，我们中央情报局当然不能免俗。对此，我倒也坦然接受。唯有那么一件“小事”，真正叫我有些不满！为了恪尽职守，我没能见上母亲的临终一面。对此，局里却没有“发声”慰问。

不知不觉，回国已有两个月了。一天，我接到一个电话。问询来自局长办公室，电话的那一端是局里的三号人物、执行副局长“巴兹”·克隆加尔德（Buzzy Krongard）。克隆加尔德和特内特关系很不一般。可以说，前者就是局长的亲信。当时，克隆加尔德想要听取有关人员对于伊拉克局势的汇报，并特地点了我的名。当然，副局长最为关心的话题，莫过于“大规模杀伤性武器”的下落在哪里。这位克隆加尔德是个有名的吝啬鬼，他曾在海军陆战队服过兵役。按照《华盛顿邮报》的说法，他最喜欢被人“顶撞”——唯有如此，克隆加尔德方才能够一展身上的胆气。①

克隆加尔德有个习惯，工作期间，情报人员必须着装整齐。对此，他很是坚持，而本人倒也表示同意。可以想见，他一定会问及我在问话期间的仪容和打扮。其实，我的回答，副局长应该有所预料。毕竟，我和他曾在巴格达有过一面之缘。当时，我身上的工装裤和那件印有“乔治敦大学”字样的连帽衫一定给他留下了深刻印象。没曾想到，当我向副局长坦白：自己和萨达姆促膝谈心期间，大多数时候都以牛仔裤加毛线外套的形象示人，对方还是大为光火。而后，克隆加尔德正色道：如果是他接下这个重要任务，一定每天都会穿上西装，系好领带而且还得搭配马甲。如此的三件套，方能凸显中情局人员的专业精神和精干外

① 摘自《华盛顿邮报》2001年3月17日版报道《局外风云人物入住中情局，出任第三号领导》，由薇尔农·勒布和格雷格·施耐德撰稿。

貌。我只能争辩了一番：当时的环境，实在容不得我们正装革履。一来，监狱之前泥泞不堪。有时候，淤迹足足能够没过我们的脚踝；而且，军方再三提醒我等问讯人员保持低调，免得招来不必要的关注，从而暴露萨达姆的关押地点。此外，我让萨达姆签署的一份文件，也惹得克隆加尔德老大不高兴。文件中，萨达姆坦承了自己在被捕期间的财务状况。（后来，我把文件交给了联邦调查局的同行。）“哟，说到那份文件，你是不是已经装裱成框，挂在家里向朋友炫耀去啦？”副局长的话语，实在包不住讥诮之语气。没办法，我又要解释：如此重要的文件，我当然想要留存一份。但是，我更清楚纪律的重要性。根据上峰的指示，我们必须把萨达姆签字画押过的一切文件交给联邦调查局的审讯人员。我那么做，完全符合规矩。与克隆加尔德的一席话，让我认清了一项事实：我们在“对话”中遭遇的种种困难，中情局的诸位大头目一点都不曾了解。当然，他们也不明白，一次成功的“对话”应该如何进行。

我的伊拉克之旅收获颇丰。作为一名分析员，拥有一段如此值得回味的经历，夫复何求？当然，我的心里也有一丝羞惭。毕竟，有那么多年纪轻轻的男男女女在前线奔波。他们的贡献远胜过我，他们遭遇的险境也不是我能想象。回归日常的办公室工作，令我有些不大适应。但是，能够回到美国，总算是好事一件。这一次，我很想把自己的事业重新调上正轨。于是，我又开始了自己的“伊朗研究”生涯。直到2004年7月，我得到一次转行的机会。当时，情报局为新近入职员工设立的培训学校——“谢尔曼·肯特学院”（Sherman Kent School）亟须一名培训主管，负责“要人分析”课程的教学工作。于是我进了学校当教官，在那里一干就是一年，2005年底方才又回归“伊朗事务办公室”。

2005年初，局里的头头再次发出了紧急征调令。原来，伊拉克那边仍然需要情报分析人员。此前，已有不少同行前往伊拉克履行义务。有的人需要待上三个月，另一些人的派遣期则有半年之久。人员来来去去，伊拉克局势却还是一如既往地混乱。头头们已经明确表示：各位情报分析人员但凡还有一点情怀，愿意帮助国家克服伊拉克战争给情报工作带来的艰辛，那么，我们就该挺身而出，毅然奔赴伊拉克的最前线。可是，大多数情报分析事务办公室的负责人，都对这场战争抱持反对态度。他们可不想自己的手下继续去做自己都不愿意去做的事。当然，“伊拉克事务办公室”属于例外。于是，我找到队长，向她表明了想要再赴伊拉克的意愿。对方却一点没有支持的意思。她甚至告诉我：倘若我“一意孤行”，只会因此失去升职的机会。按照职场的一般原则，队长的意思，自然代表了办公室主任的意志。不过，我的决心反而坚定了几分。2006年，我终于和自己的目标接近了一步。正在这一年，我再次成为“伊拉克事务办公室”的一员。

这一次，我已是同事当中的“资深人士”。当时的“伊拉克事务办公室”拥有十几名分析人员，其中大多数刚刚迈出大学校门。他们进入中情局，并非因为热爱情报事业。在各位年轻同事看来，此地不过是一个中转站。他们的远大前程，应在那些更能赚钱的职业之中。我还记得，自己初入职的时候，每一次进入办公室的分析人员不过二三人。人数固然有限，不过，每位新人也能得到充分的培养和锻炼。战争开始之后，情况有所改变。办公室每次招新，进来的人数都很多。用“菜鸟”形容这批新进同事，已经算得上客气。其实，他们几乎没有半点分析能力可言。每到需要提交报告的时候，他们不是找到过去的情报资料，从中抄抄剪剪；就是直接下载电子档案，然后攫取其中的数据和观点。中情局下辖的国家秘密情报处（National Clandestine Service）发布的各种材料，也是各位同事赖以交差的重要资料来源。

2006年，白宫方面的头号目标直指穆克塔达·萨德尔。自然而然，我的研究对象也是这位什叶派极端领袖。从外表上看，矮墩墩的萨德尔“又呆又蠢”。其实，这是一位拥趸众多的领袖人物。毕竟，他的父亲和岳丈都是著名的高级教士（大阿亚图拉）。萨达姆倒台之后，萨德尔成了布什政府的眼中钉、肉中刺。我之所以关注萨德尔，还和乔治·W.凯西（George W.Casey）①上将的要求有关。凯西很想知道，萨德尔和黎巴嫩“真主党”（Hezbollah）的传奇领袖赛依可·哈桑·纳斯鲁拉（Sheik Hassan Nasrallah）②孰高孰低？两人之间有什么共同点，又存在何种差异？对此，将军很是好奇。

就这样，我开始了对萨德尔其人的“窥探”。没过多久我就发现：美国的情报机构实在低估了这位对手。提及萨德尔，我的同行大多有些轻蔑。他们觉得他心比天高，却志大才疏。萨德尔一心想要成为“伊拉克的纳斯鲁拉”，不过，他毫无与人沟通交流的能力，也缺乏领袖才能。因此，他的目标实在遥不可及。如此看法，当然也有道理。问题在于，美军对于萨德尔能力有些太过贬低，仿佛他真的是一无所长，只是个疯癫杀戮，终日沉溺于电子游戏的“无赖汉”。我还记得，自己翻阅过办公室中有关萨德尔的档案，发现其中的内容竟然写于2003年，而且出自某位初级研究人员之手。可以想见，相关报告实在有些落后于时代了。

与此同时，现实中的萨德尔不断发出呼吁，要求联军立即撤出伊拉克。2004年3月，萨德尔派因为“诽谤”吃了官司，他们的喉舌《学院报》（*al-Hawza*）

① 乔治·W.凯西：2004—2007年担任驻伊拉克多国部队（联军）司令官，此后担任美国陆军参谋长。2011年4月退役。——译者注

② 赛依可·哈桑·纳斯鲁拉：2009年第五次连任黎巴嫩真主党总书记。——译者注

随即遭到查封。查封事件，触怒了“迈赫迪军”（Mahdi Army）①。他们展开疯狂的报复，致使多人死于非命。死者之中既有一般的逊尼派，也有多国部队联军的军官和士兵。联军方面，自然也是火冒三丈，2004年4月5日，联军临时行政当局的负责人保罗·布雷默（Paul Breme）出面大骂萨德尔。在布雷默看来，什叶派武装领袖简直就是“无法无天的匪徒”。作为回应，萨德尔直接号召信徒向联军发动“圣战”。4天过后，一支联军车队在巴格达机场附近遭到伏击。显然，这又是萨德尔派武装干的“好事”。对于萨德尔，美方掌握的情报不可谓不丰富。可惜，其中的大部分资料却都是无聊的“流言”。早在2006年之前，“迈赫迪军”已是一支令逊尼派同行胆寒的劲旅。美军要想应付他们，也是异常头疼。我们的情报部门一早就该盯上这个目标，对他们详加研判。美国政府的决策层也应当早早地做出相应的决断。

翻开同行撰写的“萨德尔”档案，我还有一个惊人的发现——他们提供的材料“汗牛充栋”，却对一个重要人物只字不提。此人便是萨德尔的父亲穆罕默德·萨迪克·萨德尔。1999年，穆罕默德·萨迪克·萨德尔死于非命，当时的我，方才进入“要人研究”的工作。我还记得，萨迪克之死引发的连环效应，差一点就葬送了萨达姆政权。其实，自海湾战争以来，伊拉克南部的什叶派势力一直时有反叛。萨迪克的故去，深切影响了儿子穆克塔达。伊拉克什叶派的命运，也因此有所改变。不过，我的同行却对此视而不见。那么，穆克塔达·萨德尔其人有何政治抱负？他在伊拉克的什叶派信众当中，又有着怎样的地位？我很想找到一些关于以上话题的深刻报道，不过总是遍寻不见。更为糟糕的是，我们的情

---

① 迈赫迪军：什叶派领袖萨德尔统领的武装组织。“迈赫迪”为“救世主”的意思。——译者注

报人员甚至对纳杰夫（Najaf）的“静修学院”（Hawza）都知晓甚少。这所由阿里·西斯塔尼（Ali Sistani）[①]负责管理的学府，可是伊拉克的最有影响的什叶派经堂院校。萨达姆倒台之后，西斯塔尼的影响力进一步得到提升。“静修学院”和萨德尔之间的爱恨纠葛，我方人员自然也是两眼一抹黑。

没办法，我只能自己动手，撰写关于萨德尔的种种报告。我要解释他的目标、他的行为。我很清楚萨德尔父子之间的关系。正是出于这层血缘，成千上万的什叶派信众才会对穆克塔达·萨德尔顶礼膜拜。小萨德尔拥有的势力，全然来自父亲留下的政治遗产。事实就是，萨迪克生前为了什叶派的利益肝脑涂地，由此赢取了信众的拥戴；即便斯人逝去，大家仍然对于这位领袖万分感念！这样的情感，我的上司和同行似乎很难理解。虽然我已经解释了许多遍，他们还是感到茫然。2007年的一天，主任把我召进了办公室。原来，白宫方面对于萨德尔来了兴趣。由此，上面决定组织一次“深潜”[②]（deep dive），地点就位于白宫的椭圆形办公室[③]。这次活动为时10到15分钟，总统本人也会参与其中。一般而言，中情局会提前备好报告，并趁着周末呈给总统和副总统浏览。接下来的星期一早上，就是“深入研讨会”的举办时间。主任话音未落，我的心律几乎加快了足足三拍。没错，我一直梦想着走进白宫，和总统对话一番。这一次，梦想即将成为现实。终有一天，我的所学所知，能够在如此重要的地方派上用场。想到这里，我不禁有些心潮澎湃。

说是“深入讨论”，其实颇有一些误导之嫌。具体的会议历时往往不长，

① 阿里·西斯塔尼：伊拉克什叶派地位最高的大阿亚图拉。作为宗教领袖，他在伊什叶派穆斯林中享有崇高的威望。——译者注

② “深潜”：为中情局术语，代指“深入研讨”或“深入讨论”。——译者注

③ 椭圆形办公室：特指美国总统在白宫的办公室。——译者注

内容自然不会太过深入。但是，对于本人这种分析人员而言，有如此一次机会仍是无上的“荣光”。于是，我开始仔细准备报告。文中，我提到了穆克塔达·萨德尔在伊朗艰难避险的短暂经历。那还是2007年1月，美军尚未在伊拉克泥足深陷。我还指出：只要不在伊朗蹉跎太长时间，萨德尔对于伊拉克政坛的影响仍是无远弗届。搜集资料的过程中，我渐渐确信了一点：那个时候的萨德尔并不清楚自己的前途和作用。因此对于当时的伊拉克局势，他自认为是一筹莫展，无力干预。

那次“深潜”花了我不少时间。同时，我的组长也投入了全部的心血。对于我撰写的报告，大部分“读者”（同行）都给出了很高的评价。此后，报告又经过了层层审核，从小队到小组，终于递交到办公室领导的面前。此后，“每日情报”小组将对报告进行编辑，然后将其呈给总统。当然，事情还不算完。“深潜”开始之前，我还得承受“死亡盘问”的考验。所谓盘问，其实就是一场演习。各路专家将会模拟“深入研讨”的场景，而我则要面对无穷无尽的问题。所有问题，都有可能在研讨当中重现。一番演练下来，组长拉里（Larry）对我的表现并不满意。他觉得，我还需要多加练习，方能前往市区白宫，承受“深潜”的考验。就这样，又两次“死亡盘问”过去了。与此同时，全新的消息和情报，也随着局势的发展而不断传来。因此，我还得对自己的报告时时修改、日日更新。

一次“深潜”，需要我等分析人员细细准备。首先，我们要为报告打好腹稿，然后以此为据，完成书面报告。经过“死亡盘问”合格后，“深潜”的日子才会到来。那一次准备工作，足足持续了好几个星期。重要的日子终于到了。

那一天，是2008年的2月4号。此前的那个周末，正是美式足球“超级碗”的比赛日。当天凌晨2点，我就已经起身。不到4点，我已在中情局总部待命。一进办公室，我就迫不及待打开电脑——万一昨夜伊拉克境内有事发生，我还可以立即补充报告内容。此外，我要去7楼报到，向有关领导做一次临战前的最后汇报。汇报中，会有人向我不停发问。接着，他们也即将踏上旅程，去应答总统等人的重重疑问。[①]演练完毕，我也该出发了。当天，与我同行的还有一名同事。他的职责，是要向国家情报主管（DNI）通报情报。当时，担任国家情报主管的官员是海军出身的迈克·麦康奈尔（Mike McConnell）上将。上将的办公室，是我此行的第一站。自然，我需要把当日的汇报内容向他先行展演一番。

那天，上将对我的表现很是满意。而且，他还给了我一些小小建议，比如和总统打招呼的方式，以及椭圆形办公室中我应该在哪里就座等。从起床到踏进白宫，时间已经过去了整整五个小时。当时的我，真可谓饥渴交加。最终，我和一位同事在总统办公室外的休息间落了座。这一坐，时间便从7点50分到了8点30分。其间，我一直默默回想着报告中的种种细节，为“深潜”的那一刻做着最后的彩排。

没错，我即将和世界上最有权势的人面对面。那种氛围，叫人生出了些不真实的幻梦感。只见休息室里，不断有人奔来走去。大家无不摆出一副忙碌的表情，脚下的步子也都刻意加快了些。几位高官的身影掠过我的眼前，又一头冲进了总统的办公室里。不久，一位白宫工作人员朝我们迈步迎来，并送上了几听健怡可乐。我分明看见，他手中的托盘之上，绘着象征总统的印章。可乐瓶上也带有同样的尊贵痕迹。我不由觉得：当时的一切，仿佛就像一出电影。

不知过了多久，一个助手模样的人走出办公室对我们表示：“总统已经准备妥当，你们的汇报可以开始了。”一进房间，我就瞄到了自己的座位——那是一

---

① 按照中情局的惯例，“每日情报小组”要向总统的国家安全小组作例行汇报。有时候，总统和副总统也会参与其中。

把沙发，正好靠在副总统的右手一边。布什总统和切尼（Dick Cheney）副总统身下那两把靠背扶手椅，则和我垂直相对。屋内的人还有不少——包括我的同事卡伦（Karen）、适才刚刚见过面的麦康奈尔上将、国家安全顾问史蒂芬·哈德利（Stephen Hadley）以及一位中情局人员。我一坐上沙发，总统便开了口："咱们开始吧，看一看你到底有些什么东西能够指教。"

于是，我开始了汇报。本来，一切都按照排演循序渐进。不过，报告不到半程，总统的问题便插了进来。本人和布什先生并非初次见面。2000年，参与竞选的他遭遇"重新计票"的风波，我曾有幸亲眼看见尊容。一别7年，他苍老了不少。这一点，着实叫我吃惊不小。

萨德尔的话题持续了好几分钟，看起来，我们准备的报告引起了总统的莫大兴趣。布什表示：我们的报告，就是他一直期待的情报资料。借此，他可以好好了解萨德尔其人其事。而且，关于此人的种种秘辛，总统也可以看个究竟。谈话间，布什还玩了一把幽默。他表示，其实自己和这位穆克塔达也算同病相怜。他俩的父亲都太过出名，搞得儿子有些无所适从。我告诉总统，萨德尔的流亡生涯过得很不愉快，而且，他对于手下也失去了控制力。闻听此言，布什又来了兴致。他揶揄道：看来，这是白宫自2004年以来收到的第一条关于萨德尔的好消息。萨德尔这个人，自然不受布什的待见。交谈中，他甚至对什叶派武装领导人起了杀心。为此，总统还特地征求我的意见。我也陈述了自己的看法：杀死萨德尔，其实只能成全他的"烈士"身份。而后，萨德尔派的声势还会因此节节上升。

这时，麦康奈尔多了一句嘴。上将告诉总统，他眼前的这个情报分析人员，还曾经面对面地和萨达姆·侯赛因"对话"了好些回合。布什不由得别过目光，把我打量了一番。“你们这些搞情报的，”总统表示，“都说自己是第一个和萨达姆对话的人。这么多的第一名之中，谁到底才是冠军中的冠军呢？”这是我第一次真真实实见识了总统先生的风趣。面对他的讥诮，我只得声明：自己不清楚有多少同行捷足先登地和萨达姆有过交流。不过，在中情局这个小圈子里，我应该是确切无误的“审问萨达姆第一人”。

此后，总统问及了我在巴格达的工作点滴，本人也把“头号高价值目标分析人员”的日常经历向他作了介绍。“当时你住哪里，大使馆吗？”总统发问。对此，我表示：当时的伊拉克并无“大使馆”这种机构。我们所在的地域，也是多国部队联军临时当局（CPA）的所在地。联邦调查局的工作人员乔治·皮罗（George Piro）也曾和萨达姆有过“会面”。“会面”几周过后，此人还成了《60分钟》（*60 Minutes*）[①]的座上嘉宾。总统想知道，我和这位皮罗先生是否相识？不，我回答，我俩素昧平生。

对于萨达姆的为人和性格，布什当然想要有所了解，而我也解答了他的疑问。在我看来，萨达姆很会调控气氛。只需几个玩笑和一点自嘲，他就能让我等对聆讯对象失去戒心。此言即出，布什的表情变得有些莫可名状。看上去，萨达姆的“才能”镇住了布什，叫美国总统有些自愧不如。我不得不立即岔开话题——萨达姆毕竟已经穷途末路。当时的他，也只能摆出那种姿态。我还表示，自己眼中的萨达姆为人尖酸刻薄，而且无知自大。总之，伊拉克独裁者不像是个施虐狂，也没有一点混世魔王的模样。我这一番看法，让布什陷入了沉思。只见他看向切尼，而切尼也朝他投来观望。两人的视线交汇一处，放射出难以名状、

---

① 《60分钟》：美国哥伦比亚广播公司的王牌新闻节目，专门放映纪录片和人物专访。节目时长60分钟，因此得名。——译者注

叫人猜不透含义的眼神。

2003年3月17日，布什趁着发表“告美国人民讲话”的当口，给了萨达姆一次流亡海外的机会。按照布什的承诺，萨达姆足足拥有48小时可供“逃亡”。此后，美军将兵临伊拉克，推翻萨达姆政权的统治。既然如此，为什么“伊拉克人”还是赖着不走呢？对于布什的这番疑问，我也做了解释：只有身处伊拉克，萨达姆才有安全感。而且，这位伊拉克总统当时觉得，美国掀起战争是为了一逞怨愤，因此不会持续多长时间。那么，萨达姆知不知道自己难逃一死呢？这个问题，布什同样很感兴趣。我告诉总统，萨达姆被捕之后，便已清楚自己的命运。而且，他对此倒是很看得开。布什不由打趣：没办法，其余的问题，只能留待萨达姆转世投胎之后再去解答了。

一般而言，“深入研讨”用时不过10到15分钟。那一次，我却和总统聊了近半个小时。能和总统对话，叫我既兴奋，又疲惫。美国总统可不是人人都能近距离见面对话的，我这次经历算得上荣幸。然而，由此而来的高强度工作，没日没夜的准备活动还是让人疲倦。加上事前5个小时未曾进食和饮水，前一夜又未曾安眠，让我不由暗暗叫苦。更别提，对话期间的我还得打起精神，不敢有哪怕一秒钟的松懈。随着对话的深入，我能感到肾上腺素正在身上流淌奔腾。末了，布什向我们表达了谢意。眼看着收队的时间到了，总统却又抛出了一个问题：“对啦，”他说，“你敢肯定萨达姆没告诉你，他到底把那些装着化学制剂的坛坛罐罐藏到哪里了吗？”总统的这一句话，让全场群情振奋，每个人都期待答案。我则给出了自己的回答：萨达姆从来不曾提到所谓大规模化学杀伤性武器。如果对方招供，总统先生您应该是第一个知晓的人。老实说，我当时的回答确实有些生硬。但是，总统先生的这个临别“笑话”，我真有些欣赏不来。要知道，为了这莫须有的化学武器，已有几千名美国青年献出了自己宝贵的生命。此外，战争还让许多人留下了终身残疾。

回到总部，我又来到七楼进行晨间汇报。汇报内容，自然和我的白宫之行有关。那天，局里的各位领导都朝我笑脸相迎。既然总统对我的报告非常满意，大家也没有理由不高兴。一场任务结束了，我迎来了解脱的时刻；汇报圆满结束，也叫我很是开心。不过，当下我的心里仍有些惴惴不安。毕竟，谁也不敢肯定，我的诸位领导会不会为了讨得总统欢心而给我们持续加压呢？

转眼间，上司就下达了新的命令。这一次，我需要撰写报告，详细阐述自己和萨达姆的对话过程。相关报告，将会呈给白宫方面过目。当年3月，总统办公室还将举行专题会议。到了4月，我又接到了白宫方面的邀请。原来，副总统切尼也想知道萨达姆"对话"的具体"表现"。为了这次"约见"，我只是把日常用的演说资料做了一次整理。我会介绍"对话"的实况，也将提及由此而来的大小收获。就这样，我来到了副总统的办公地点。那天，我的继任者比尔也在切尼的邀请之列。前文提到的乔治·皮罗，也在会议上现身。接待我们的除了切尼，当然还包括他的一众助手。其中，大卫·阿丁顿（David Addington）和乔治·汉纳（George Hannah）让我特别留意。我早就听说过这两个人。而且，汉纳还曾听取过我的汇报。其实，虽然汉纳常常被意识形态上的偏见所误导，却也算得上是个消息灵通人士。至于阿丁顿，我则是不识其人，只闻其名。当然，他的名声实在有些"富于争议"。

其实，切尼本人也是毁谤缠身。许多批评家都觉得，切尼就是布什政府中的万恶之源。难怪，他会被人冠以"达斯·维德"（Darth Vader）[①]的名头。

---

① 达斯·维德：又译作"黑勋爵"，乃是系列电影《星球大战》中的头号反派人物。——译者注

不过，我对他却别有一番印象。在我看来，切尼尊重专业，举止得体而且善于为他人考虑。汇报尚未开始，他就已经开宗明义：这场汇报，应由我等分析人员完全主导。我自然乐得掌握主动，并向副总统介绍了汇报的安排。我告诉切尼，自己知道他时间宝贵。而且，副总统对于我等的事迹也有所听闻。为了保证他能听取每个人的意见，首先，比尔将会出面，大体介绍中情局“聆讯”工作的主要内容。

随后，我们三人分别上阵，谈一谈自己对于萨达姆的观察和体会。我和比尔的谈话都很简短。唯有皮罗有些长篇大论。汇报中，皮罗引用了不少心理分析方面的专有名词。比如，在他看来，萨达姆是个“诱发性的思想者”。何谓“诱发性的思想者”呢？我可不大清楚，切尼似乎也有点不解。待到我们汇报完毕，切尼也抛出了他的问题。这些问题颇有些寻根问底之势。仔细想来，却又让人不知道切尼到底有何用意。副总统的演技实在纯熟。他总有能力，不让对手看透自己的底牌。

其实，切尼还是颇有人情味的。对此，不少人都未曾发觉。那天，他的每一个问题，都来得毫无痕迹。在副总统的操控之下，整场汇报倒更像是叙旧聊天。切尼并不急于从我们的口中找出他想要的答案。相反，对于我们的报告内容，他都是不动声色，默默记忆。直到我们离去之后，切尼才会把自己的真实想法向布什总统和盘托出。这时，大家才会发现：原来，副总统的看法和我们的认知之间存在着这么大的差异。我们的总统并不善于倾听，但是，副总统是个专心的听众。我还记得，切尼提起了萨达姆的某位助手，而我也趁机向他表示：萨达姆很是善妒，从来不愿雇请那些才高于己的人。为此，伊拉克人也付出了代价。他的身边满是庸碌之辈。切尼闻言一乐，而后又表示：在这一点上，自己和萨达姆是心心相印了。此话一出，副总统的各位助手集体爆笑出声。

随着时间推移，我们的汇报也迎来了一个转折点。副总统一声令下，他的助手们得到了自由发问的机会。显然，大家都知道本次汇报将被记录在案。而且每个人都想有所表现，给副总统留下深刻印象。于是，对方的问题如同空袭一般倾泻而来：请问，萨达姆和1993年的世界贸易中心爆炸案有何关系？萨达姆与巴勒斯坦著名恐怖分子阿布·尼达尔（Abu Nidal）的交情如何？萨达姆有没有透露过任何关于以色列境内恐怖活动的内容？萨达姆是否支持过巴勒斯坦解放组织（PLO）？萨达姆是否坦白了他和“基地”（al-Qaeda）组织的关系？

萨达姆手下的情报高官法鲁克·希贾兹（Farouk Hijaz）曾在20世纪90年代和奥萨马·本·拉登（Osama bin Laden）有过一次秘密会晤。而后，希贾兹还曾经出任伊拉克驻土耳其大使。作为希贾兹的老上级，萨达姆又当做何解释？当然，各位助手也没有放过“大规模杀伤性武器”这个话题。他们都想知道，萨达姆是否在这方面留了后手。

就这样，不同的问题接踵而至。但是，其中的内容又大致相同。这些有关于恐怖主义的疑问，我和我的同事已经回答过无数次。一场原定半个小时就告结束的对话，最终足足拖了90分钟才告结束。

第十一章

与总统“舌战”

几个月过去了，又一次“深入研讨”的机会落在我的面前。只不过，这一次我需要甘当助手。几位以波斯湾局势为研究主题的同事才是“深潜”的主角。他们的报告，与该地区什叶派势力的发展趋势相关。当然，如果总统及其顾问谈到任何关乎伊朗和伊拉克的话题，在场的我应当立即挺身而出。事前，我和同事们当然要做好万全准备。先是写好文字报告，然后奏请上峰进行斧正。一系列的“死亡盘问”，自然也是不可或缺。此外，我们还得把报告呈给七楼的各位上司过目。毕竟，各位上司需要知晓我们的谈话内容。不过，无论工作多么充足，我们的态度有多么认真，事态的发展随时可能出乎意料。回首往事，我的第二次“深潜”经历确实是个意外。自打本人进入中情局效力以来，还是第一次遭遇如此的体验——真是让人痛苦，却又感到快乐。

“深潜”定于2008年5月8日举行。这一天，让我翘首期盼了很长时间。跃跃欲试的我，甚至有些心生荡漾：“终于可以重返椭圆形办公室和各位高官要员团坐一起，谈笑风生啦！这一次，我一定要好好看看那里的环境，争取能够和它融为一体。”说来，上一次白宫之行，我实在紧张得有些过分。事后回忆起来，我恍然发觉自己竟然忘记了总统办公室里的陈设，也想不起那里有何特殊的布置和背景。二进白宫，我的感觉却很轻松。毕竟，此次研讨并不需要我担纲主讲。（虽然本次报告的某些内容颇具争议，而我也对此不大熟悉。如此一来，自然有被问得张口结舌的风险。）报告当中，有一部分特地谈到了“伊朗对于恐怖主义的支持和扶助”。根据上峰的安排，总统等人一旦问及相关问题，我就要立即为他们解惑。那一次的汇报，“伊朗事务办公室”并未派人出席。我并不清楚个中原因。可能，他们那边的分析人员都太过稚嫩和年轻，难耐总统等人的高强度考验。所有的压力，都落到了我的身上。我自然得更加努力，以便自己的回答能够更具专业性、权威性。

“深潜”的日期步步临近，我的自信也在与时俱增。我自觉对于伊朗事务已经非常熟悉。总统提出任何问题，我都可以应付自如，而不会进退失据。“研讨”当天凌晨3点，我就已经起身。而后，我先是驱车来到朗利[①]，而后准备去白宫报告。一上总部七楼，我就隐隐地感觉不妙。模拟演练的过程中，专家提到了昨晚发来的一封报告。听对方那口气，报告似乎很得高层的重视和欢心。我也记得那份文件。只消一瞥，我就发现了其中的“错漏”。文中的各种阐述，几乎都和事实完全相悖。这样的内容，自然得不到我的认可。看来，当天上午的这次汇报定然轻松不了。待到演练完毕，我和专家一起前往国家情报主管的办公室，准备接受下一步的检验。

上一次“深潜”中迈克·麦康奈尔那张微微含怒的脸孔，我还记忆犹新。其实，麦康奈尔是个老好人。而且，他这份工作实在有些难办。下属的情报机构难于节制，上头的那位总统也是出了名的苛刻。白宫里的顾问和人员，可能已经习惯了布什总统的责问和呵斥。情报主管，需要一点狠劲与决断。麦康奈尔这种温

---

① 朗利：中情局总部所在地。——译者注

吞性格，和他的位置并不相衬。那一次，他对我们的表现还算满意。但是，当我自称是“后备队员”的时候，主管还是有些生气。麦康奈尔认为，我应该有所准备，并在研讨当中主动发言。没办法，我只得再次声明：此次汇报的主要内容，和我的研究方向大不相同。也许，麦康奈尔会觉得我是在敷衍了事，但也没办法了。是谁把我这样一个“无关人员”，安插到这样一个与我专业之外的“深潜”当中呢？现在想来，我都觉得荒唐透顶。恼火之余，麦康奈尔倒也请我和我的同伴们大可放心。根据他的了解，总统先生那一阵日理万机，不会花费太多时间来听取我们的报告。因此，这次汇报不会超过5分钟。而我，只需应付总统关于穆克塔达·萨德尔的疑问就行。

这一次，我们并未在椭圆形办公室外等待太长的时间。布什和切尼似乎第一眼就认出了我。于是，我得到了两位总统的齐声问候。几乎每位参会人员都拿着一杯水，有的人跟前则摆着健怡可乐。不过，最需要润喉的两个人——也就是负责汇报的同事和我却是无水可喝。那一次，我的搭档叫格雷格（Greg）。他撰写过一篇关于波斯湾地区什叶派政治势力的文章。文章的摘要，正是他开启“深潜”的由头。没过多久，总统的问题就打断了格雷格的汇报。当天，布什总统显得很是烦乱。汇报过程中，他一直心不在焉。对于我们的讲述，他也完全提不起兴趣。那一周，总统的日程安排得确实很满——女儿珍娜（Jenna）的婚礼需要他时时操心，中东那边还有一场重要的国事访问。根据计划，他要先行赶往中东处理公务，然后再匆匆奔赴婚礼现场。

平日里，布什总统都会事先阅读我们呈送的情报文件。那天的他，似乎没了这个工夫。终于，我提到了萨德尔。当时，沙特阿拉伯很可能成为什叶派教士的下一站。此言一出，布什总统立即坐不住了。总统气鼓鼓地表示，阿卜杜拉[①]对于萨德尔很是厌恶。除非后者申请前往麦加，完成每年一度的朝觐[②]，否则，沙特阿拉伯方面绝不会对他网开一面。布什总统还声称，以上这些情况都是国王亲口所言。（其实，阿拉伯国家的领导人似乎都摸透了布什的脾性。与总统打交道的过程中，他们也乐得说些好话，讨他欢心。对于萨德尔，阿卜杜拉一直在竭力拉拢。后者获得的很大一部分金钱，都来自沙特方面的馈赠。）

接着，布什又提到了阿迪尔·阿卜杜勒·迈赫迪（Adil Abdul-Mahdi）。此人是“伊拉克伊斯兰革命最高委员会”的重要领导人。根据布什总统的转述，迈赫迪眼中的萨德尔就是个“弱智”。类似的评价，我自然也有所听闻。但是，我告诉总统先生：迈赫迪可是萨德尔的敌人。既然他们关系不睦，看法自然难言客观和公正。其实，当着美国人的面，伊拉克各派领导人最爱互相攻讦。他们这样做，无非是想排挤政敌，独讨美国占领者的欢心。伊拉克人的小算盘，布什总统却惘然无知。总统觉得，自己兴起“正义之师”，将伊拉克从独裁者的魔爪之下解救了出来。伊拉克人应该感恩戴德，不会对他撒谎或者欺瞒。总统的天真想法，真是叫我大吃一惊。老实说，布什先生并不愚蠢。虽然媒体总爱丑化他，让大家觉得他只是个门门功课大亮红灯的“全C类差生”。

谈话之间，我能感觉到总统的智慧。而且，他一定读过不少情报资料，并对其中的内容有着深刻印象。甚至，他能记住我这个专业人士都会忘掉的事情。比如，我们谈到了大阿亚图拉阿里·西斯塔尼参与的一次会议。其中某位参与者

---

① 这里指阿卜杜拉·本·阿卜杜勒·阿齐兹，沙特阿拉伯国王，2002—2015年在位，于2015年逝世。——译者注

② 朝觐：伊斯兰教的“五功”之一。根据教义，每位穆斯林一生中至少应当前往麦加一次。完成朝觐的人将会得到“哈只”的头衔。——译者注

的姓名，我却怎么也想不起来。还好，布什总统能脱口而出提醒我。对于情报信息，总统有着很好的记性。读过报告的具体内容，他也能适时想起。可惜，他唯一不清楚的事情，就是情报背后到底有何含义。

5分钟过去了，布什的样子已经极度倦怠。他放下手中材料，然后表示："好吧，你今天就是想告诉我：最近一切都还顺利，对不对？"他这番话，明显是在针对我那位同事，海湾地区研究专家格雷格肯定了总统的猜测。布什马上接嘴道："那萨德尔呢？萨德尔那边又有什么消息？"他一边说，一边看向了我。就任总统期间，布什对于萨德尔的动向一直十分关注。当年2月，我已经向他做过专门汇报。但是，总统仍想知道：教士最近有没有什么最新动态？我得承认，当时的我可真是吃了一惊。我原以为，布什只会例行公事，根据递交报告的内容随意提出那么一两个问题。没想到，他竟然要求我做一次短暂的汇报！其实，我并未对萨德尔有过忽视。教士的一举一动，仍在我的追踪之下。不过，一想到要在短短30秒之内组织语言并完成汇报，我还是有点心里发颤。更何况，汇报之后，还有连珠炮一般的问题，需要我仔细应对。听上去容易，做起来可真不简单。过往的每次"研讨"，局里都会事先准备材料。讨论的内容，自然不会跳出材料的框框。如此安排有其原因所在，总统先生实在太爱提问。而且，他的思路天马行空，质疑自然也涉及方方面面。如此一来，汇报者将会应接不暇。我们递交的报告，一方面可以帮助决策层了解最新情报，与此同时，也是为了引导总统"循规蹈矩"，按照汇报提纲提问。

这一次，我们失算了。总统金口一开，我们的汇报随之偏离了方向。本来，格雷格才是今天的主角。为此，他还精心准备了一份讲稿。谁曾料到，现在大家的焦点变成了萨德尔。没办法，我只得从板凳上站起身来。这场汇报不但变了方向，也失却了本来的焦点。2008年3月，伊拉克总理马利基（Nuri al-Maliki）曾率领军队，与萨德尔的部下在巴士拉展开了一场激战。在交火的过程中，马利基曾一度落入对手的包围圈。还好，最后一切有惊无险。身处“深潜”之中的我，突然想到了曾经同样遭遇危情的马利基。当时，我的思绪一片纷乱。萨德尔这个问题，我可没有准备大谈特谈。相反，我一心要为格雷格打下手，全副精力都投在了伊朗上面。没想到，现在所有的目光，都盯着我这个“后备队员”。慌乱之中，我只得表示：“嗯，这个问题很好，很有价值，起码价值64000美元，对不对？”这可不是我有意“耍宝”。我只是想东拉西扯，拖延时间。哪怕再多5秒，我就可能想出答案。我这个无心的笑话，布什总统似乎没有多少领会之意。“好了好了，管它值多少钱，64000也好，74000也罢，把你那点工资全部搭上都行。你只管回答我的问题！”我的心里，立即暗骂开来：“你个奶奶的混蛋！”

当然，我可没有当面顶撞总统。毕竟，当时的我可是身处白宫。也许，麦克乔治·邦迪（McGeorge Bundy）[①]，曾经就处在我现在的境地，向肯尼迪和约翰逊总统汇报“越战”的最新进展情况。在我已往的想象中，白宫会议的主题应当富于讨论价值，氛围也是严肃而庄重。虽然对方“粗俗无礼”，我的回应也该得体一些。于是，面对布什总统的不恭，我只是淡淡地表示“好的，长官”。就这样，我的汇报开始了。我一边想，一边讲，一边还在自我提醒。通常情况下，每次汇报都由两名情报人员同时出席。但是，那时的我只能依靠自己了。

整个办公室，没有一个人能为我提供帮助。我告诉总统：2003年，萨德尔指使手下杀害了一名教士。受害者和他关系一向不睦。此后，伊朗方面一直在找他的麻烦。这个消息，明显让布什精神一振。他哈哈大笑：“真没想到，伊朗人竟然也要追着萨德尔不放。”然后，总统问起伊朗人迫害萨德尔的动机？这我也做

① 麦克乔治·邦迪：1961—1966年，任美国国家安全顾问。——译者注

了解释：伊朗方面早想寻觅机会“驯服”萨德尔了，目的是迫使伊拉克人按照自己的计划行事。那么，由此而来又有什么后果呢？布什总统对此很是好奇。我则表示：萨德尔的能量远比我们预计的要大。他拥有坚实的支持基础，肯定是一股难以肃清的势力。布什的表情，变得十分复杂。他看着我，再次发问：萨德尔其人其派，到底可不可能在伊拉克的重建进程中扮演一个正面角色呢？总统甚至觉得，萨德尔和马利基将会“相逢一笑泯恩仇”。为此，他还向我询问其中的可能性。一切皆有可能，这是我的回答。但是，我也告诉总统：按照伊拉克当时的政治环境，他的设想成功的可能性不大。

随后，布什当即宣布：这个萨德尔无赖成性，我们美国政府不需要和这种人打交道。我立即报告总统：萨德尔在伊拉克影响巨大，追随者也多得不计其数。只要他振臂一呼，随时可能召唤万众齐声响应。这个观点，总统似乎不太相信。于是，他要我举出事例，证明萨德尔确实深得民心。对此，我回答：近来，萨德尔已经向追随者发出呼吁：禁止他们参与集会游行，因为他也害怕闹出什么暴力事件。布什似乎抓到了反击的机会，立即表示他也收到过类似的消息。但是，总统觉得：萨德尔只是虚张声势，教士很清楚：无论他有何表态，也不会有人参与游行。

我不知道，布什是从何种途径探听到了他口中的那些消息。大概是有人刻意讨好的缘故吧。自然，我没有接过他的话头。但是，总统竟然有意要和我争辩一番。这一点最是让我吃惊。吃惊之余，我看向负责本次汇报的中情局同行。我朝她使着眼神，示意她赶快想法叫停这场“大戏”。我觉得，她欠我一个解释。为什么一场原本针对波斯湾什叶派概况的汇报，居然演变成了本人对萨德尔的深入探讨？也许，麦康奈尔也该为此负责。不过，麦康奈尔和那位同行都是“呆若木鸡”。其实，办公室内的每个人都显得小心翼翼。哪怕那些高级顾问也都不敢随意插嘴，生怕一句不慎，破坏了总统的心情。

总统很是困惑。这一点，从他对我汇报内容的反应就可以轻易看出。总统的国家安全顾问小组，自然也觉得气氛不对。那一刻，他们立即聚在总统周围，向我展开攻击。眼前的我似乎不是一个汇报工作的部下，而是凶神恶煞的闯入者。于是，国防部长罗伯特·盖茨（Robert Gates）率先发难："对了，总统先生，大家都觉得这个萨德尔已经不成气候。他今天说一套，明天说一套。而且，他还在四处逃窜，这样一个人，能构成什么威胁呢？"我则立即指出：萨德尔可不是个朝令夕改的人。相反，他的反美立场一贯都很坚定。而且，他蛊惑追随者的能力，似乎还有所上升。国务卿康多里扎·赖斯（Condoleezza Rice）则向我表示："你不觉得这个萨德尔是只纸老虎么？一只纸老虎，又有什么值得担心？"我则表示："国务卿女士，我的话语绝无冒犯之意。您的这种看法，5年以来我常常有所闻。但是，'纸老虎'这种标签实在太过'简单粗暴'。我只是觉得，我们可能低估了萨德尔的能力……"话语未完，布什已经开始插话。那一刻，他几乎是在吼叫："真的假的？我怎么觉得是大家都高估了他呢？他就是个无赖，是个杀人犯，伊拉克人民绝对不会接纳他这种人！"

而后，总统开始了一番慷慨的表态。他坚信：有朝一日，伊拉克的未来一定属于自由。

伊拉克人的追求和理想，不过是阖家安康无忧，生活得有尊严。对于这个弑杀成性的萨德尔，他们终将感到厌烦。话说完毕，布什立即向我征求意见。总统想知道，我对他的"高论"有何看法。诚然，萨德尔率领的"迈赫迪军"很是暴虐。为此，不少人都对他们心生反感。萨德尔的群众基础也因此失掉了一些。但是，宗教在萨德尔追随者的生活中有着至高无上的地位。我还指出，萨德尔的父亲穆罕默德·萨迪克深受众教徒的尊敬。父亲的尊崇地位，被儿子完完全全地继

承了下来。在伊拉克什叶派信众的眼里，这对父子就是“超级巨星”。其实，眼前的布什先生也是个虔诚的信徒。我居然要向一位教徒，解释宗教的重要性。现在想来，还真是富有讽刺意味。

这时，参谋长联席会议主席马伦上将（Michael Mullen）打开了话匣子。将军表示，他曾经读到一些材料：据说，萨德尔的几名追随者反反复复告诉教士，声称自己梦到了逝去的父亲穆罕默德·萨迪克。据追随者声称，萨德尔的父亲的双眼还在涔涔流血。“他们搞这些玩意儿，到底有什么含义啊？”马伦盯着我发问道。我则表示：演讲中的萨德尔常常会追忆父亲。他的信徒，自然也会仿而效之。而且，萨德尔一向崇信神秘主义。对于他这样一个矢志成为阿亚图拉的什叶派教士，神秘主义可是一门必修课程。萨德尔还觉得，父亲曾经的经历，对于自己的前程大有提示之效。此外，我还解释了“梦”这回事在伊斯兰文化中的地位。梦，不过是人的幻想——这是我们现代西方人的认识。但是，在传统的伊斯兰文化中，睡梦的内容被认为是现实的写照。有人甚至把“梦”当作未来的前兆。尤以什叶派信众，特别看重“梦”的这层功效。关于穆罕默德·萨迪克的崇高民望，我也向各位高官做了介绍。我表示，自己曾和已故教士的几位旧交有过交流。提到萨迪克，几人的语气极度真诚。他们觉得萨德尔的父亲即可亲，又可敬。某些逊尼派人士追忆萨达姆·侯赛因的时候，也是如此恭恭顺顺。

我能看到，当时布什的眼里满是疑惑。“即可亲，又可敬？”他突然喊叫起来。那副样子，仿佛他自己都觉得刚才听错了。很快，“惊”奇化作了一阵哧哧的笑声。总统随即转向一众顾问。“你啊你啊，是哪门子的伊拉克人告诉你刚才这些事情的啊？”布什此言一出，所有人都“欢乐”起来。我立即向他解释：在伊拉克公干期间，我还发现好些伊拉克人自觉自愿聚到萨达姆的坟冢之前，向前总统致敬并表示怀念。事情到了这一步，我觉得有必要把曾经听到的事情和总统

“分享”一番。1998年，我曾经审问过一名伊拉克军官。此人曾是萨达姆长子乌代·侯赛因的心腹，他口才很好，英语水平也相当不错。通晓国际政治之余，他也知道在萨达姆政权那个圈子里的钻营之术。这样一位聪明睿智的人士，却坚持认为萨达姆父子二人都会读心术。如上情况，我都向总统一一做了介绍。我以此为例，是想帮助总统了解伊拉克人。我尤其想让布什总统知道，那些生活在萨达姆淫威之下的伊拉克人到底有着何种想法。

对于我的苦心，总统只是付之一笑。他说：“会读心术的人？我看我们也可以请那么一两个。”布什总统的幽默风格，比较接近“高中生”。反正，本人一时半会是难于理解的。而且，他看待世界的方式，也是那样黑白对立。如此一来，他自然无法理解：伊拉克人会对萨达姆抱有敬恨交织的复杂感情。

然后，布什总统又把话题转到了萨德尔身上。他始终纠结一个问题——萨德尔到底会不会和新政府归于友好？或者，他会始终对美国抱有敌意？我告诉总统：萨德尔的父亲因为反美而出名，他本人也大有可能继承父志。“他父亲为什么这么讨厌美国？”美国总统很是好奇。我表示，老萨德尔曾经多次谴责美国，事由与海湾战争有关，也和美国与以色列之间的盟友关系脱不开关系。这时，我发现总统忍不住开始翻起了白眼。显然，他想让我立即住嘴。不过，我仍继续表达了自己对于萨德尔的一大判断：此人很有可能和新政府讲和，同时，他也会继续添乱。如此回答，肯定并不符合布什总统所期待的。早就有人告诉过我：总统先生喜欢简短直接的观点。哪怕错误，也不要紧。模棱两可的话语，最是让他厌烦。没办法，我也得把观点包装得简单一点。

于是，我告诉总统：短期而言，萨德尔还会继续高举反美大旗。但是，一旦回到伊拉克，他很有可能把反对伊朗当作政治生涯的“卖点”。如此一来，美方和萨德尔派自然就有了合作空间。

布什总统探过身子，再次发问：“你觉得，当初我们是不是应该除掉这个萨德尔？”这个问题，我并非第一次听见。初次觐见总统的时候，布什就已经有此一问。同样的疑问，还被他拿去请教过其他情报分析人员。我实在不清楚，为什么总统先生对于夺人性命如此热忱。而且，他居然询问一个执法人员，美国政府应不应该触犯法律？对此，我回答：“不，我们不应该对他有所行动。杀死萨德尔，只会成全他‘殉教烈士’的身份。有更多的人会冲着这个名头，加入萨德尔派的行列。”我始终想让总统明白：我们是在和中东人打交道。其间，非黑即白的思维方式并不可取。在此地，没人是明确的盟友，也没有百分之百的敌人。这里的人，常常会背离我们的“预期”。不用多时，他们就可能颠覆原有的印象。

“好吧，你到底是什么意思？”布什总统反问，“如你所言，那我们到底该怎么办？”我表示，我们不如对萨德尔进行“冷处理”。只要我们按兵不动，萨德尔很可能会自毁前程。他一向利用美国作为挡箭牌，帮助自己凝聚人心。没了美国这个“恶魔”，萨德尔也变得脆弱了许多。一次失误，就能让他跌下领袖的宝座。我能感到，布什的目光又照射了过来。耳边，响起了总统的话语：“有人告诉我，不如放任萨达姆自生自灭。结果呢，这些人都错了。”那一刻，我真想说：“你消灭了萨达姆，但结果又怎样呢？”但是，我可不敢如此大胆。“是的，您是对的，长官。”这才是我当时的答案。

那天，我们的话题人物是萨德尔。其实，那天我本该和布什总统谈一谈萨达姆。当时，布什已经执政整整7年。他阅览过无数情报文件，却仍不了解中东这片土地，也不知道伊拉克局势混乱的原因。

一名同行曾向我透露：布什读过大卫·弗朗姆金（David Fromkin）写于1989年的著作《终结和平时代的和平：现代中东的诞生》。那是一本好书。从中，读者可以了解第一次世界大战期间的一段秘辛，以及协约国部队在中东泥足深陷的原因。而且，书籍还揭示了另一个问题：如果不顾宗派纠葛和民族冲突的实际而强行在中东地区划分疆界，将会造成怎样的糟糕后果。当年的协约国，就曾经犯过这样的错。你可能觉得奇怪，如此一位敏而好学的总统，应该对开战之事慎之又慎，为什么布什还是那样轻率呢？没办法，布什接触弗朗姆金书籍的时候，已是2007年。假如他在2002年就拜读过这本巨著，伊拉克的战事或可避免。

临到末了，一个深沉睿智的声音终于响起。不用说，那一定是迪克·切尼。副总统很想了解一下阿里·西斯塔尼这位神职人员。于是，我介绍了这位大阿亚图拉的健康状况。2004年，西斯塔尼前往伦敦。在那里，他将因为心脏疾病而就医。而且，我提到了西斯塔尼对于宗派冲突的态度。大阿亚图拉多次呼吁什叶派信众保持冷静。即便逊尼派施暴在先，西斯塔尼也主张克制。对于这个问题，两位总统似乎都很有兴趣。看来，只要不提萨德尔，我和几位高官还是能够温柔相对。布什总统等人想知道，西斯塔尼之后，有谁能够继任宗教领袖一职？我表示，同为大阿亚图拉的穆罕默德·依斯哈克·法耶德·阿富汗尼（Muhammad Ishaq al-Fayyad al-Afghani）最有希望接班。布什不禁大笑："哈哈，原来是阿富汗来的。那他可以教一教伊拉克人规矩了。"总统的话，再次引发了满堂的欢声笑语。而后，布什顺势表示："今天就到这里吧，先生们。"闻言，我们起身退出了椭圆形办公室。

出门前，我发现了笑盈盈的乔什·博尔滕（Josh Bolten）。总统的幕僚长一手为来宾拉开屋门，一边朝着我不断莞尔。那样子分明在说："哇，你今天受够了吧？"走出白宫，我立即向格雷格诉苦："今天真是撞鬼了啊！"有生以来，我还是第一次经历这样的煎熬。而且，事主还是美国总统。格雷格表示："你真行啊，表现得太棒了。换作我，肯定受不了这样的车轮战。你舌战总统和一众幕僚，而且说服了他们。”是吗？我可不敢肯定。刚才，我也注意到了麦康奈尔的表情。一看见我，情报主管立即一脸积郁。我知道，总统肯定也不痛快。回到中情局，还不知道我会遭遇什么事情。对此，我还有点担心。

在回程的路上，我们和负责汇报的同事同在一辆车上。我趁机询问她对今天这次汇报的看法。同事支支吾吾犹豫了半天，方才吞吞吐吐地表示：“还，可以吧，我觉得。”这个答案实在勉勉强强，可没法让我安心。犹记得上一次“深潜”，那位同样负责汇报的同事可是对我不吝赞美。回到总部，我把当天的经历告诉了其他同事。结果，大家都为我的前途大感忧虑。作为公务员，最大的禁忌就是惹得上司不高兴。至于汇报的内容，其实并没有那么重要。接着，我来到七楼，向各位领导复述了当天的工作历程。按照我的说法，那天我和总统等人谈得很是“走心”。领导们的脸色很是阴沉，他们甚至不打算让我多留一会儿，也不想让我谈论太多的东西。

后来，我听到传闻：据说局长迈克·海登（Mike Hayden）已经收到白宫方面的反馈。总之，汇报不很顺利，总统很不高兴。那天的我，几乎忙成了一阵旋风。与总统“深潜”之后，我还得前往五角大楼，向国防部次长埃里克·埃尔德曼（Eric Edelman）报告这次会面的情况。对于这次“深潜”的相关报告，我根本无暇整理。而且，我还得撰写每日情报汇总，以备第二天白宫的情报例会所用。和总统的“舌战”，我也无暇进行记录。而后，我发现了一件怪事——如此重要的情况汇报，却没人向我索要会议记录。我立即警觉起来：要想保全自己，我必须写好报告向领导进行解释。想到这里，我立即行动起来。很快，一份报告便被呈给了七楼的领导。

不久，我本该收到一个好消息，副局长迈克·莫雷尔（Mike Morell）发来了一张鼓励的字条。透过字条，莫雷尔告诉我的直接领导，他觉得，我虽然身陷窘境，却仍然自控良好并顺利完成任务。字条的事情，没有一个主管领导和我主动提及。他们可能觉得：我最好怀揣着惶惶的感觉，继续糊涂下去。接下来的几周之内，我多次在总部游来荡去，却没人敢于主动搭理。看他们的样子，仿佛我就是块自带放射污染的“垃圾”。仅有几个老员工愿意和我攀谈两句。当时的遭遇，让我自觉有点像托洛茨基（Trotskyite）[①]。当年，托洛茨基闹出“乱子”之后，大家也是如此避之不及；甚至，很多老照片也经过特殊处理，抹去了他的痕迹。后来，我终于听说了莫雷尔那张字条。对此，我表示深深的感激。总算有人能够理解我等情报分析人员面临的压力。

本来，我还有第三次进入总统办公室的机会。当时，布什的任期已近结束。最终，我并没有去。后来，我却又开始后悔自己未能成行。想一想，我本该和总统有个约会，最终却把机会留给了其他人。三次白宫经历，本该成为我炫耀的资本。但是，即便我当时去了白宫，区区一次汇报，又能怎样改变一位总统的心意呢？更别提，当时他的任期只剩下不过45天。而且，我可不想再有一次那种经历。我甚至觉得，自己就像一块红布，一旦现身，总统这头“公牛”就会红了眼睛。情报部门浪费纳税人的金钱，已经算得上一出悲剧。

不过，更为可悲的事实在于——情报部门花费金钱、花去时间撰写的情报成果，就那样被总统晾在一边。只是因为其中的内容，不符合他的政治观点。

---

① 托洛茨基：参加过十月革命，任俄国社会民主工党（布尔什维克）中央政治局委员、彼得格勒苏维埃主席。十月革命后，曾任外交人民委员、陆海军人民委员、共和国革命军事委员会主席等职。1926年10月联共（布）中央全会决定，撤销他的中央政治局委员职务。同年11月被开除出党。1929年1月被驱逐出苏联。1938年组建第四国际，1940年8月在墨西哥遭暗杀。——译者注

第十二章

在父亲的荫庇下

我的两次白宫之旅，都和2007年底的一项新政有关。每天，布什总统都要循例参与情报会议并听取汇报。此外，白宫还向中情局下了命令：对于伊拉克，布什总统很感兴趣。因此，我们这些情报分析人员需要时刻准备着，向他汇报相关情形。总统也许觉得，日常汇报的内容实在是不痛不痒，因而方才推动了这项变革。当然，布什总统及其幕僚可能只是想要倾听一下一线人员的真实心声。变革虽好，时间却又稍显晚矣。即便我们的情报能够上达总统的闻听，又能对外交政策产生什么影响呢？每个人都在观望。无论如何，旧有的外交思路已经走不下去了——美国政府至少意识到了这一点。

我等情报工作者能够进入白宫，并在总统办公室和决策人士攀谈。如此事件，在美国情报史上也属罕见。布什总统等对情报分析人员并不尊重。战争开始之后，各位决策人士显得尤其地不耐烦。可是，比起以往的诸位总统，布什已经算得上客气了。克林顿总统对中情局万分嫌弃，总是拒我们于千里之外。前总统甚至很少邀请情报人员到白宫参与汇报。每天早上的例行汇报本该在中情局员工的主持之下进行。根据克林顿的指令，汇报的主导权也被交到了国家安全顾问珊迪·伯格（Sandy Berger）的手里。

面对布什总统的邀请，局里的领导简直受宠若惊。总统的召唤，让整个中情局都焕发了活力。为了满足总统的需求，我们也总在无所不用其极。布什总统的热心，不但让我们多了一些和他接触的机会；而且，情报部门还能借机证实自身的价值，让这位“头号顾客”认识到我们的能力。白宫方面甚至要求：每逢周一，伊拉克事务办公室都需派出一名资深情报人员，向布什报告伊拉克的最近局势。

接触增多，并不意味着总统因此在伊拉克事务方面变得耳聪目明。按照传统，中情局的高层主管主动提出，请白宫方面负责审定每次汇报的内容。早在布什总统之前，中央情报局的各位负责人已经摸索出了这一套“最优经验”。如此作为，可以被看作这是一种针对上峰的“情报服务”。后来，伊拉克战争日渐逼近，我们工作的“服务”性质也愈加根深蒂固。“情报服务”不是不能收到完美效果，但是，我们的总统和决策人士必须通晓相关内情，一定需要知道不同问题之间的轻重缓急。而且，他们还要舍得抛开政治偏见。相反，假若国家决策层生性固执，怀揣先入为主的偏见或是不清楚情报价值，时常变换关注焦点，“情报服务”的后果往往都很让人难堪。同时，每到“大选”临近期间，“情报服务”也往往运转不畅。我总觉得，为情报“估价”的工作应由我等情报分析人员来承担。毕竟，各位决策人士日理万机，很难抽出时间去学习相关的专业知识。不过，身居七楼的诸位高管们却觉得：让白宫方面掌握主动，于中央情报局大有裨益。如此一来，即便因为情报不力而出了岔子，任何人都难以把责任推到中情局的头上来。毕竟，中情局只是应政府要求而提供情报。有朝一日，美国的国家利益因为不可预见的事件而遭受损失，那也是决策层无能所致。没错，中情局方面大可如此自辩。不过，我读“史”越多，就越是发现，外交政策出现差池，中情局总是第一个承受指责。我甚至生出一个感觉：中情局一直处于两难境地，我们做也是错，不做也是一种错。

作为一个“服务部门”，中情局要向各位决策人士时时提供最新的情报信息。可以说，此类信息就像“快消可卡因”，能让各位迷恋保密情报的“消费者”欲罢不能。每天早上，局里都会整理一批这种篇幅不过一页的短小文件，快速发往华盛顿市区（白宫）。文件的内容，大多关于各种热点地区的最新情势。此类报告篇幅不长，内容自然难言深刻。不过，对于想要时刻追踪事件动态的决策者来说，却也足够一解饥渴。决策者大多公务繁忙，他们无暇阅读，甚至没有时间思考。类似这样的短小文件，最能满足他们了解情报的需要。

不过，“服务”也牺牲了情报的战略背景。如果决策者需要准确拿捏政策走向，如此“服务”自然难以提供参考。总之，身为“服务”人员，我们不过是在不停派发“情报新闻”。至于“新闻”背后的意义以及事件可能的发展前景，决策者都会一无所知。笔者几位仍在中情局供职的朋友都觉得，这就是当前情报体制的最大弊病。

遥想2000年，当时的我，还是个布什总统的狂热支持者。此前，克林顿当局的外交政策已经把我折磨得不轻。我甚至觉得，克林顿总统就像一个患有“注意力集中障碍”（attention deficit disorder）的少年。对于外交事务，他几乎毫不关心。当然，如果某项外交政策能对他在国内的施政有所助益，克林顿总统立即就会来了精神。单纯的外交事务，完全不在克林顿的考虑之中。因此，我渴望改变。我甚至坚定地认为，一位共和党出身的总统将比克林顿更为称职和成功。而且，我能为自己的判断找出不少历史上的例证。当时，我是如此热忱地期盼政权更替，甚至因此遭到了不少亲密同事的讥笑。我只得告诉他们：自己只是想要为一个认真对待外交事务的政府服务。

克林顿政府的要员，基本都是外交事务方面的“门外汉”。在他们看来，外交政策就像装点门面的商品，抑或只是趣事轶闻。没人认识到一点——外交乃是关乎国家安全的重大要务。克林顿总统任期的最后一年，笔者曾和一名同事一起参加了国家安全委员会组织的一次会议。当时，国家安全委员会准备就萨达姆侵犯人权的问题提出谴责，我那位同事正在搜集相关的资料和证据。为了保证那份“白皮书”[①]的内容能够充实一些，我的同事可谓殚精竭虑。我们参与的那次会议，则是要群策群力，为国务院撰写一份谴责声明。但是事情过了很长一段时间也没有回音。终于，国务院发布了一份白皮书，将萨达姆·侯赛因的人权劣迹一一详细列出。本来，白皮书应是媒体发布会的主角。但是，发生在当天的一场政治风波，盖过了谴责萨达姆的风头。翻开当天的媒体，几乎找不到关于那份白皮书的任何报道。最后，国务院方面不得不出面道歉。他们还表示，下一次，他们一定仔细安排，避免两件事务临时撞车。

接下来，我又见证了一出闹剧——也就是所谓的“俄亥俄市政厅会议丑闻”。当时，克林顿总统的几位国家安全顾问（包括国务卿玛德琳·奥尔布赖特、国防部长威廉·科恩和国家安全事务顾问珊迪·伯格）本来准备出席会议，向公众解释政府对伊拉克的政策。没想到，在场人士的一顿喝倒彩和诘问，让高官们不得不灰溜溜地提前离去。有了克林顿这样的总统，萨达姆完全可以一点一点从国际制裁当中缓慢抽身。其实，早在克林顿下台之前，制裁的力度已经小了许多。

我对布什寄予厚望，很大程度是缘于他的家学修养。我很清楚，老布什担任

---

① “白皮书”：白皮书是政府或议会正式发表的以白色封面装帧的重要文件或报告书的别称。——译者注

总统期间，外交政策方面还是处理得游刃有余。对于中央情报局而言，一位称职的总统应当熟知外交事务，而且行事审慎小心。克林顿政权对于国内议题过于关心，自然不受我等待见。我觉得，随着乔治·沃克·布什在2000年入住白宫，萨达姆的好日子也到了头。伊拉克人不能再肆意挑战国际法，也无法继续利用军事冒险搅乱海湾局势。而且，恐怕他再也难以突破制裁的“铁闸”。当然，我没料到，小布什的外交政策竟然如此莽撞，而不似想象当中那般慎重。我本觉得，稳重的科林·鲍威尔（Colin Powell）国务卿一定会起到正面影响，而睿智的康多里扎·赖斯作为国家安全事务顾问，定然不会唯总统之命是从。至于迪克·切尼也一定能重拾当年国防部长任期中的风范。事实呢？赖斯固然聪明，却不敢忤逆上司的命令，鲍威尔更是落到了边缘化的命运。切尼的表现，倒是比当年还有效率。只可惜，他的效率用错了地方。

经历了重重争议和“计票风波”，布什还是赢得了选举。当时，局里上上下下都希望新总统能够出手换将，为单位指派一位新领导。大家还希望，中情局能够早日回归正轨，恢复20世纪70年代老布什统领之下的那种气象。不过，父亲对于情报工作的理解，却和儿子不大相同。老布什非常清楚：这个世界到处存在灰色地带，情报搜集和分析工作尤其如此。他还知道，所谓情报，很难有百分之百的正或误，事物的走向，需要经过长期的观察和判断方能达成结论。对于情报分析和政策制定的区隔，曾经担任美国第41任总统的那位布什先生也是心知肚明。为了避免踏过边界，当年的他可没少劳神费心。最重要的一点在于，老布什知道中情局应该扮演什么角色。离开白宫之后，他和自己的国家安全顾问布伦特·斯考夫罗夫特（Brent ）合作撰写了《变革的世界》（*A World Transformed*）。在书中，老布什提到了他心目中中央情报局局长应尽的职责：局长不是制定政策的人，也不是执行政策的人。他的职责在于处理情报，而不该参与政治对立。我个人觉得，这个岗位的最大禁忌在于将秘密行动和政策制定这两件事情混淆一气。在职期间，我从未被要求出席任何内阁会议。而且，我还觉得，中情局局长就不该参与内阁讨论，除非讨论主题关乎外交事务和国家安全。

“9·11”事件之后，乔治·沃克·布什曾经公告世界——倘若不跟美国站在一边，那么就是“敌人”。对于布什总统的妄言，许多专家倒也没有在意。他们觉得，总统不过是受了恐怖分子的刺激。其实，布什先生的世界观从来都是如此二元对立。早在“9·11”之前，布什政府就已经笃信这一套“非友即敌”的逻辑。大选中，他险胜戈尔（Gore）[①]。而后，任何与克林顿政权有过交集的官员，几乎都成了新总统的“政敌”。既然他们曾与布什为敌，那么总统当然要把他们扫地出门。不过，这也正常，我们美国的政治体制就是如此，总是“一朝天子一朝臣”。

当然，唯有那么一位克林顿的旧将得到了留用，此人便是中情局局长。乔治·特内特想保住自己的位子。于是，他主动找到布什总统“投诚”。而且，特内特还大表决心，宣誓要为新总统的国家安全和外交政策保驾护航。2010年的回忆录《决胜点》（*Decision Points*）中，布什特地忆起了这段往事：“拉姆斯菲尔德前往五角大楼[②]，我也失去了一位最好的中情局局长的人选。家父在中情局服务多年，因此，我对这个机构也怀有深切的尊敬。作为新当选的总统，我已经听取了几次关于情报的汇报。在这几周期间，我还结识了现任的中情局局长乔

---

① 艾尔·戈尔：曾经担任美国副总统，2000年竞选美国总统落败。其间，戈尔和布什因为计票问题而闹得不愉快。——译者注

② 五角大楼：因建筑特色闻名，也是美国国防部所在地。此处意为拉姆斯菲尔德就任国防部长。

治·特内特。我曾在间谍小说里面，见识过中情局局长的典型模样——打着领结，从常春藤名校毕业，一副精英做派。但是，特内特可不是这个样。他出身蓝领家庭，父母都是纽约的希腊移民。他讲话很有意思，而且非常直率。对于自己的岗位和职责，他倾注了很多的心力。”

上面这段文字，倒是符合总统的心智。在他的想象中，中情局局长应该是个出身精英家庭的自由派分子，而且还喜欢打领结。布什政府那硬汉式的世界观，这些人自然无法理解。当然，总统也在自我解嘲，声称这番印象完全来自间谍小说。不过，我倒觉得，上述言论很能代表他和他大部分的阁僚对于中情局的真实看法。讽刺的是，父亲统领中情局的成绩，又让小布什总统深感荣幸。而且，老布什就是个彻头彻尾的精英。他先后入读安多佛中学和耶鲁大学这种名校，还曾是“骷髅会”（Skulls and Bone）[①]成员。

其实，小布什本人的成长历程也一如父亲。不过，出身精英阶级的总统，却对特内特这样一个穷小子青睐有加。而且，布什还把中情局局长的高位，托付给了这样一个“男人中的男人”。其实，总统不过是需要一个“笨蛋”，一个易于操控的部下而已。切尼和拉姆斯菲尔德，同样需要下属俯首帖耳、唯命是从。乔治·特内特的身上，正好拥有他们需要的品质。其实，我们这位局长只要一遇责难，就会立即装聋作哑，推卸责任。而且，他还有着很大的野心，甚至一心想要跻身华盛顿的权力中心。正因如此，他在后来才会如此失意。

当然，特内特并非没有一点作为。在中情局局长任上，他还是干了那么几件好事。20世纪90年代中期，中情局内部的士气已经跌到谷底。此前的一系列变

---

① “骷髅会”是耶鲁大学的一个社团，成员多是学业优秀的精英分子。“骷髅会”走出了不少政界、商界和教育界的重要人物。——译者注

故——为俄罗斯充当间谍的埃尔德里奇·阿梅斯遭到逮捕，社会上传出中情局涉嫌种植和售卖快销可卡因的谣言和克林顿政府将要裁减局里的活动经费等，给中情局造成了极大的“伤害”。特内特正是在这样一种环境之下来到中情局的。他想了一些办法，意在提振局里员工的心气。在克林顿执政的那个年代，还算收到了一些效果。而且，他还为局里争取了更多的预算。中情局的招聘新人活动，也是由特内特一手开启的。

不过，此人实在太过沉迷于讨好白宫那些上司。为此，他可以鼓励员工在证据不确定的情况下就开始炮制情报文件。而且，特内特的身边近臣，都是些唯唯诺诺的马屁精。当然，大家最受不了此人在布什政府跟前的那副嘴脸。他总想利用情报，让自己名震华盛顿，并一跃成为布什总统等人的宠儿。可是，特内特不知道：布什政府的高官们——特别是副总统和他身边那些新保守主义分子[①]，都对中情局颇为轻视。伊拉克形势一旦出现差池，切尼等人自然很是愿意把特内特等人当作替罪羊。

在克林顿执政末期，特内特等人开始大肆鼓吹所谓“可行性分析”。局长认为，传统意义上，情报人员只需告诉决策者“发生了什么事”和“即将因此发生什么事”。这样的内容，已经不足以达到上级的要求。所谓“可行性分析”和以前的“情报服务”并不相容，却似乎更加实用。当然，事实证明并非如此。在特内特的领导下，中情局一直在竭尽全力配合布什政府施行外交政策。而且，特内特还向布什总统等人拍胸脯保证：自己领导的中情局会满足“对方”的一切要求。今后，中央情报局不再崇尚“敢于犯错”，转而追求“完全听命于决策者

① 新保守主义分子：美国共和党的一个派别。其成员大多思想右倾、笃信宗教和崇尚“自由价值”。——译者注

的要求，竭尽全力要让情报工作满足他们的意愿”。这样一场嬗变，大概发生在1998年（也就是笔者入职的当年）和2003年伊拉克战争爆发之间。而且，到了2005年，局里的高层开始“自食其果”。当然，如此现象在世界各国都并不鲜见：政府出丑（比如“9·11”事件，又比如伊拉克战争中的种种）之后，总会把情报机构当作“挡箭牌”。所有的责问和非难，都会降落在中央情报局身上。

1999年之前，我等情报分析人员不但需要上交情报，而且还要把相应的政策选项告诉决策者。在我看来，这样做无异于干涉决策进程。但是，我的第一位直接领导，同时也是特内特近臣的菲尔则认为此举没什么大不了。“总统他们都太忙了，自然不知道最近发生了事情。作为情报人员，我们当然应该帮助他们做出选择。”对于菲尔而言，如此的信念很是重要。他要证明自己有能力为总统制定决策，特别是帮助总统应付萨达姆。据此，他可以向七楼的局长们请赏邀功。而局长们则急于向布什总统等人靠拢。本人进入中情局的时间，早在布什上任总统的3年之前。当时，局里给我灌输的一大原则，便是情报工作不能干预政策。但是，我很快又听到了另一番说辞：我们必须积极参与政治，唯有如此，中情局方能求得生存。

布什当政期间，局里的伊拉克情报工作已经高度政治化。新总统对于伊斯兰教“一无所知”，也不清楚情报工作的流程。2000年，虽然还在得州克劳福德等待高等法院的裁定（选举是否有效），但布什已经开始听取情报人员的汇报。在此前的选举中，他就已经适应了这样的待遇。“重新计票”期间，布什曾向前来汇报的中情局特工吐露心声。“候选人”表示，他等不及想要看到选举的结果。特工觉得，那次选举平淡无奇，不过又是一场两人之间的“攀岩”比赛。至于布什的焦虑心情，不过是面对压力的自然反应。布什却不这样觉得。“我这么焦虑，是因为我很想看一看你们单位深藏的那些秘密呢。”总之，布什觉得中情局是个埋藏秘密的宝地。只要他能够登上权力之巅，就能将其一览无遗。特工告诉布什先生，副总统艾尔·戈尔能够探听到的秘密，自己这个小职员可是无法接触。对此，布什表示不敢置信。消息传回朗利，大家无不为“候选人”的简单心性感到好笑。没过多久，“候选人”摇身一变成了总统，他的“天真”再也不是笑柄，而是一个需要严肃对待的问题。

当选之后，布什总统曾在椭圆形办公室接待了一名资深分析专家。对方来到此地，是要为总统上一堂关于伊斯兰教的入门课。专家表示，什叶派和逊尼派的主要分歧，源自穆罕默德的继承人人选的不同看法。闻听此言，总统提出了一个问题：“等等，您不是说他们都是穆斯林吗？为什么会有分歧呢？”由此可见，总统确实需要恶补一下中东有关穆斯林的相关知识。不过，特内特等人并不打算纠正总统的“无知”，相反，七楼的高管们只想迎合总统的心愿。自然，我们需要撰写更多的“可行性分析”，帮助布什总统选择对付萨达姆·侯赛因的最佳途径。

在我看来，布什总统之所以要拉拢中情局充当自己的后盾，主要源自他和父亲的关系。身为人子，总是生活在父亲的“阴影”之下。第一次当选得州州长之后，布什先生立即表明：这个位置，自己的父亲从来未曾染指。作为总统，他则多次对中情局表示不满和异议。当然，他的各位阁员也有同样的表现。而且，总统对于中情局的要求不止于此。他还想让我们寻找证据，以便他和萨达姆·侯赛因“开战”。作为美国历史上的第43位总统，他必须要比自己那位当过第41位总统的父亲做得要好。父子之间，仿佛在进行角力。为了战胜父亲，儿子必须迫使萨达姆投降，而且还得驯服中情局。总之，他很想证明自己的本事。他要让人知道，自己这个总统比父亲更有能力。

“9·11”事件过后，萨达姆再次成了热门话题。政府顾问理查德·克拉克（Richard Clarke）还记得，“灾难”过后的第二天，布什就向自己问及了萨达姆和“9·11”事件之间的关系。国防部次长保罗·沃尔福威茨则想知道：这些年来，萨达姆到底在演讲和媒体谈话中向美国发出过多少次威胁？于是，中情局必须查遍资料，证明萨达姆和制造“9·11”事件的恐怖分子确有勾结。于是，过去几年伊拉克“独裁者”经历的点点滴滴，我们都需要重新去关注。显然，白宫和中情局都想寻找一次契机，以便一劳永逸地解决萨达姆这个问题。

艾哈迈德·查拉比的案例，正好可以满足布什总统等人的心愿。其实，这个查拉比和他领导的“伊拉克国民大会”（Iraqi National Congress）一样，都因为炮制假消息而臭名昭著。不过，虽然查拉比等人提供的“情报”未能通过评估，却仍被五角大楼标榜为发动战争的一大原因。虽然情报界的“鹰派”和政府里的某些“专家”一再鼓吹有关查拉比“情报”的准确性，中情局的相关情报分析人员却拒绝为之“背书”。

不久，反恐中心的一位部门负责人的一篇报告，方才“坐实”了萨达姆和国际恐怖主义之间的关系。这篇报告，也在伊拉克战争前的美国情报界引发了一次巨大争议。“报告”内容漏洞百出，准确性也大有可疑。而且还有观点先行，缺乏“采用”的证据。不过，“报告”仍然得到了层层“放行”，而反恐中心也对报告表示支持。这一点，当然更具争议。伊拉克事务办公室花了整整3个小时，对报告进行了审查。出于专业操守，办公室的情报分析人员拒绝在“报告”批准栏签字。而且，大家还附上一张清单，详细罗列了其中的谬误。就这样，“报告”被送上七楼，并得到了副局长杰米·米西克的批准。此后，特内特亲自带着“报告”去了华盛顿。“报告”的大部分内容，都被国防部的鹰派分子——比如

道格拉斯·菲斯（Douglas Feith）等人当成了将伊拉克战争合理化的“依据”。

当时，白宫的战意已决，而中情局自然也要为总统摇旗呐喊。伊拉克事务办公室因此大为扩员，吸引了不少其他部门的专家进来。新来者中，有不少人曾研究过20世纪90年代前南斯拉夫内战。也有人为了追逐晋升机会，方才选择转岗。此外，局属国家秘密服务处也想为战争推波助澜。服务处人员查阅了不少保密资料，倒是找出了不少萨达姆和恐怖组织勾结的“证据”。后来，其中的大部分“证据”都被指出内容不实，而暂时不能采用。

由于大量不实情报的流出，伊拉克事务办公室的声誉自然也受到影响。一时间，情报局里出现不少速成的“伊拉克研究专家”和不计其数的老旧档案。当然，其中大部分来路都很可疑。以次充好，成了局里当时的风气。已被打上“不实”标签的文件很快再次得以启用。情报局的情报分析能力渐趋平庸，而伊拉克则首当其冲成了“受害者”。如此看来，伊拉克的悲剧，中情局方面难脱干系。

“中央情报局的诸位员工不但工作刻苦，而且一心报国。虽然他们提供了不少错误情报，但是，我不会因此就对他们口出恶言。这一点，我早早就下了决心。”多年以后，布什总统曾经如此倾诉心曲，“20世纪70年代，白宫方面曾对情报界指手画脚、无端迫害，从而导致了情报工作的大倒退。同样的错误，本人绝对不会再犯。”

当然，最重要的一点在于：我们提供的一切信息，必须要符合他的心意。其实总统先生的话，实在有些言不由衷。在任期间，他不断朝着我们指手画脚。而且，在他看来，伊拉克出的任何事端都是中情局办事不力所致。更有甚者，他觉得情报分析不过就是“瞎猜”。

第十三章

历史上的“第一稿”

历史事件就像一份“稿件”，第一稿的作者往往是那些新闻人。正是他们第一时间在第一现场，见证了事件的发生，并给出第一手的记录。我等参与者的回忆，只能算是对于历史的二度重建。总有那么一些“大人物”，想要趁着自己尚且具备新闻价值的当口，把亲身经历变成“纸字”，记载于历史。当然，各大出版商觉得有利可图，也在一旁推波助澜。

终于，市面上出现了好些关于伊拉克战争的回忆录。它们之中的不少，我都有幸拜读过。出于自身经验，我对一切关乎萨达姆落网和受审历程的文字纪录有着天然的好奇心。读罢之后，我却发现：这些回忆录之中的不少内容，实在是和真实情况差之千里。而且，在有意无意之间，各位作者都对中央情报局的贡献视而不见。这些作者，大多是政坛老手。在书中，每个人都一口咬定，自己当初的战争决定完全合情合理、合乎正义。哪怕已经被事实打了脸，他们却还在铁口铜齿地强辩。那副坚定的样子，让人想起沉船事故当中的幸存者，总要抓住救生艇的一角，死也不肯松手。

其实，华盛顿的高级官僚和我等一线人员本来就不合拍。随着战争的推进，这层嫌隙还在步步加大。很多时候，一线小兵人尽皆知的“谣言”，却能在后方掀起很大的波澜。其实，有些谣言实在太过荒诞无稽，完全一望可破。不过，各位领导就是深信不疑。比如，乔治·沃克·布什在《决胜点》（*Decision Point*）[①]中，就提到了萨达姆对于自家千金的“谋杀企图”。总统先生言之凿凿，仿佛真有其事。作为读者和知情人士，我当然是哭笑不得。当然，如上的剧情还不算最为离奇。2002年，布什和巴林国王有过一次会晤。其间，总统先生的一番表态，真正叫我大跌眼镜。布什告诉国王：萨达姆差一点就成了自己的杀父仇人[②]。因此，总统不惜一切代价，也要把萨达姆捉拿归案。

布什总统的回忆录，我到底还是读完了。掩上书卷，我心中的一点看法得到了肯定：看来，总统先生并没能从伊拉克战争之中汲取任何教训。他始终觉得，萨达姆就是美国的头号大敌。字里行间，总统都在为自己这个论断做解释、打掩护。虽然我等的聆讯工作已经证明，伊拉克的“独裁者”不过是一只纸老虎而已。2003年3月19日的国家安全会议上，布什总统曾经抛出一个问题。他想知道：面对伊拉克军队，我们的武装力量有没有战而胜之的把握？战争的一方是一个超级大国，另一方的军事水平只能算三流。谁胜谁败？答案肯定是显而易见的。出席会议的各位将领，显然很是无语。不过，布什总统一定没有听过另外一番质问：为了这场“大捷”，我们付出了无数生命和数万亿美元的代价，牺牲了中东地区的安全和稳定。相关的结局，能不能和付出与牺牲相抵呢？不过，参与决策的每位高官都知道，布什总统已经下了开战的决心。如此一来，有谁敢当场向美国总统提出挑战，说一声“不好意思，您不该这样轻启战端”呢？

---

① 《决胜点》：由小布什撰写，是一部关于伊拉克战争的回忆录。——译者注

② 老布什任总统期间，与萨达姆有过一次交锋即海湾战争。伊拉克战争前，有情报称：萨达姆将组织针对老布什的暗杀活动。事后证明，此消息无依据。——译者注

《决胜点》中，有一段细节最是让我不解。我还记得，布什总统的思绪飘回了伊拉克战争爆发的前夕。“当时，只有一个人有能力阻止战争。不过，他却放任战事发生。萨达姆欺骗了整个世界，但是，他也是自己骗术的最大受害人。”布什如是说。显然，美国总统不但“误读”了萨达姆这个人，甚至搞不清萨达姆的行事准则。其实，萨达姆一心想与美国和解。无论在克林顿任总统时期，还是乔治·沃克·布什当政的年代，萨达姆都一再表示愿意敞开和谈的大门。不管是身为总统，或者已经沦为阶下囚，萨达姆始终表达着同样的心愿。

那场战争爆发之前的几个月，笔者的几位朋友曾有机会前往国家安全委员会公干。布什总统等人的“糊涂和疯狂”，让他们大跌眼镜。朋友们发现，布什总统及其一众高官对于萨达姆和复兴党高层的其他人物毫无了解。在这方面，白宫方面真是没有一点“求知欲望”。他们虽然有意拿伊拉克政权开刀，却又不想知悉敌情。事后想来，还真叫人后怕。即便萨达姆已经身陷囹圄，布什等人仍在竭尽全力地为这场战争寻找理据。除此之外，情报工作对于他们似乎别无意义。（当时，作为“伊朗事务研究室”的一员，我一直担心上峰会对我的研究对象采用武力。伊朗这个国家，一直都是美国政府的眼中钉。其实，白宫方面当真打过入侵伊朗的主意。但是，伊拉克的教训实在太过惨痛，针对伊朗的战争计划也由此搁浅。对于德黑兰政权，本人并无好感。但是，当时的我还是真诚祈愿，希望政府放伊朗一马。如此一来，我的日子才能好过一些。）

除总统之外，国防部长拉姆斯菲尔德也出版了自己的伊拉克战争回忆录。在这本名为《已知与未知》（*Known and Unknown*）的书籍中，国防部长也把战争责任推到了萨达姆的头上。拉姆斯菲尔德声称，白宫方面希望“通过卓有成效的外交努力，辅以相应的武力威胁，迫使萨达姆等人离开伊拉克”。他还表示：

“假若萨达姆的身边人头脑能够清醒一点，他们就应该明白：布什总统并不想打仗。我们只是虚张声势，目的是迫使萨达姆放弃对抗。”

在拉姆斯菲尔德看来，萨达姆的一众近臣本有机会说服主子出逃外国。而后，一场战祸就可避免。说来说去，国防部长还是指望萨达姆能不战而屈。显然，美国方面又一次误解了萨达姆。他们不知道，这是个恋家的人。终其一生，萨达姆仅仅有过两次外访经历。可以说，他这辈子几乎没离开过伊拉克领土。如上信息，情报部门曾经多次报告白宫。显然，各位高官并未予以采纳，而国防部长也是充耳不闻。某种程度而言，布什政府的各位高官才是真正的“囚徒”。他们的思想，遭到了偏见的禁锢。情报部门的成果和收获，也因为高层的偏见和“无知”变得徒劳无用。

我还记得，布什总统曾经上过《奥普拉新闻秀》（*Oprah*）[①]，为他那本《决胜点》造势宣传。面对“名嘴”主持人，总统一再声称自己并不想开启战争，他的声辩是如此苍白无力。而拉姆斯菲尔德的解释也同样叫人难以置信。国防部长表示，布什总统执政以来一直“毫无介入伊拉克事务的意愿”。对于克林顿的伊拉克政策，拉姆斯菲尔德不吝责难之词。国防部长觉得，克林顿等人面对萨达姆简直就在“肆意退让和绥靖”。然而，拉姆斯菲尔德又声称，自己上任之初曾和布什在奥斯丁有过一次深谈。国防部长赌咒发誓，声称两人绝对没有讨论过伊拉克这个问题。显然，拉姆斯菲尔德“失算”了。为了伊拉克事务，总统先生多次召见我和我的同事，其间，大家都知道，这场战争早在总统的计划之内。

国防部长表示，他曾经起草了一份备忘录呈送布什总统阅览。在那份文书

---

① 《奥普拉新闻秀》：美国著名的新闻采访类电视节目，因主持人奥普拉·温弗瑞而得名。——译者注

中，拉姆斯菲尔德为布什总统准备好了三大妙计，以便布什能与萨达姆周旋。其一，总统必须清楚：任何制裁的手段已经奈何不了萨达姆了；其二，美国方面可以联合除伊拉克以外的诸多阿拉伯国家一起“举事”；其三，美方还可以和萨达姆私下接洽，促使美伊关系翻开新的一页。笔者和拉姆斯菲尔德并无私交，自然无从了解国防部长的心理轨迹。但是，一些知情人告诉我：拉姆斯菲尔德并非一个“无脑的鹰派”——虽然国防部长的媒体形象一贯如是。而且，拉姆斯菲尔德并不支持对伊拉克开战。

当然，伊拉克的难堪局面，拉姆斯菲尔德也有一份责任。身为国防部长，他却和军队方面闹得很僵。而且，他负责制定的战争计划也是漏洞百出。战后，拉姆斯菲尔德一改早日的理性形象，转而开始大唱战争高调：比如，萨达姆曾为“9·11”惨案欢欣鼓舞；又比如，萨达姆一早就和“9·11”案犯暗通款曲等。战前，国防部长未能阻止一场战祸；战后，他又跟随布什总统亦步亦趋。如此这般，真是二度失算。

白宫方面一直觉得，萨达姆曾经花费了整整6亿美元，只为谋害布什家里那两位宝贝千金。同时，拉姆斯菲尔德的子女也在萨达姆的谋杀计划之中。类似的传闻，国防部长在回忆录中也有所提及。他应该清楚：萨达姆当时正忙于逃命，就连广播信号都很难发出。要想指挥一场越洋谋杀，伊拉克人可是毫无能力。可是，乔治·特内特却向国防部长表示：“先前您指挥的军事行动要了萨达姆那两个儿子的命，所以他才想对您的家人展开报复。”就这样，我们这位局长为了向上级献殷勤，甚至不惜歪曲一线情报人员的工作成果。当然，按照罗恩·萨斯金

德（Ron Suskind）[1]在其所著《百分之一主义：美国自“9·11”以来的反恐内幕》书中讲到的“百分之一理论”，特内特的表现倒也不算大错特错。其实罗恩·萨斯金德所著书的标题“百分之一主义”还是出自迪克·切尼之口。副总统在听一次情报汇报时指出：任何情报线索都有其价值。即使有百分之一的可能性，美国政府也应该以确有此事的态度加以对待。

萨达姆的“分身”问题，曾引起了拉姆斯菲尔德的高度关注。萨达姆统御伊拉克数十年，留下了不少传说。其中，要数“影子武士”（替身）的故事流传最为久远。当然，传言不过只是传言。我和我的分析员同事们，无数次强调了这个观点。但是，布什总统也好，拉姆斯菲尔德部长也罢。白宫的一众高官还是深信“传言”不能自拔。敢于指出其中错漏的人，只会遭遇一阵呵斥。战事愈是推进，各派人马之间也开始互相指责和推卸责任。白宫方面也就愈加确信萨达姆拥有“替身”。不管情报部门如何辟谣，他们也未曾改变想法。

在谈到多国部队联军临时行政当局的最高长官保罗·布雷默时，拉姆斯菲尔德的言辞很不客气。国防部长觉得：此人就是一个“刺头加流氓”，且在美索不达米亚[2]一手遮天。其实，布雷默下的任何命令，都出自国防部长和副总统的每日指示。在拉姆斯菲尔德和切尼的授意之下，布雷默方才敢于对复兴党人实施“党锢”（de-Ba’athification）（布雷默曾经下令，将萨达姆政权的一众前官员集体逐出公职部门），后来又解散了伊拉克40万左右的武装力量。不过，到了

---

① 罗恩·萨斯金德：美国《纽约时报》记者，普利策奖获得者，《百分之一主义：美国自“9·11”以来的反恐内幕》作者。罗恩·萨斯金德认为，“百分之一主义”是布什政府进行反恐战争的一项秘密而默认的原则。这意味着决策过程不需要充分的证据，仅仅凭借自己的怀疑，就可以对敌人发动攻击了。——译者注

② 此处指代伊拉克。——译者注

拉姆斯菲尔德笔下，仿佛布雷默才是那个耽搁时间、迟迟不把主权交还给伊拉克新政府的罪魁祸首。

捏造事实、虚构历史，并非美国政治家的专有技能。大洋彼岸的英国首相托尼·布莱尔（Tony Blair）也有同样的“嗜好”。相较布什总统，布莱尔首相为人更为务实和理性。我本觉得，首相会在他的回忆录中一吐为快，大方承认英国参与的这场战争缺乏应有的理由和依据。可是，他没有这么做。相反，对于萨达姆政权的“危险性”，首相倒是大谈特谈了一番。查尔斯·A. 杜艾福尔等人关于“大规模杀伤性武器”的报告，也被首相先生“奉为圭臬”。布莱尔认为：“萨达姆有一种信念，大规模杀伤性武器可以保障伊拉克政权的稳固和安定。当年的‘两伊战争’当中，曾有大批伊朗军人怀着宗教狂热侵入伊拉克境内。敌人在数量上占据绝对优势。萨达姆觉得：伊拉克方面能够将他们击退，完全有赖于化学武器的威力……对于萨达姆而言，拥有核武器，只是他达成目标的其中一步。毕竟，萨达姆想要建立一支能在阿拉伯世界占据统帅地位的武装力量。”

萨达姆想要利用化学武器，对邻国进行恐吓；而且，他还想开发核武器，要挟中东各国和西方世界——这是布莱尔的看法。不过，从我们对萨达姆和复兴党政权各位高官的聆讯当中，本人实在难以找出依据对首相先生的看法形成支持。相反，我倒是能够举出不少例子来证明布莱尔的话语纯属臆测。没错，化学武器曾在“两伊战争”中帮了萨达姆一个大忙。但是，2003年之前，伊拉克方面已将所有化学武器销毁殆尽。也许萨达姆曾做过“拥核”的梦，“伊拉克人”却在聆讯当中很少谈到这个问题。显然，伊拉克从来就未能具备制造原子弹的能力，萨达姆没法就此大肆吹嘘。

萨达姆·侯赛因，一个嗜血残忍的独裁者；乔治·沃克·布什，则是一个将自由赐给伊拉克的“战士”。不过，战场上的这对“冤家”，却又有着太多的相同之处。这一点，实在有些讽刺。论及性格，萨达姆和布什一样倨傲自大。对于世界形势，两位总统同样知之不多，甚至他俩都很少出国。两人那种二元对立的思维方式，也是如出一辙。在他们眼里，事情非黑即白，人物不是好，就是坏。如果不和他们站在一起，就只能沦为完完全全的敌人和寇仇。因此，每当他们需要在纷繁复杂的选项中做出抉择，都是同样不适应。萨达姆身边的各位高参，大多善于溜须拍马；布什身处的环境也大致如是。面对异议，萨达姆和布什都是那么不耐烦。两人还都希望下属能够整齐划一地顺从自己。对于专家的意见，两人也都选择忽视。下面的种种事例可鉴，萨达姆和布什实在是出自同一个“模子”。

萨达姆和布什都没有任何从军经历。他们都对本国军队的能力缺乏了解。对于战争的结果，两人的期望也都有些不切实际。

萨达姆和布什都曾主动寻衅、挑起战事。而且，他们都不明白一个道理：巧妙的政治手腕（哪怕是一点点恐吓和威胁）要比赤裸裸的武力冲突更能解决问题。两人上台之前，各自的国家都和平宁静、经济繁荣。而后，又都陷入债台高筑、战事缠身的境地。

萨达姆和布什都是各自政治理念的忠实信徒，并因此而步步发迹、登上高位。但是，到了政治生涯的末期，两人不约而同地抛弃了曾经的理想，施行的政策变得现实了许多。而且，他俩还都有着高超的政治手腕。说起调动群众，两人都是一等一的高手。其实，萨达姆和布什的本来性格都很冷漠。但是，如果时势需要，他们又能立即换上热情的面孔，变得温柔和亲和。

萨达姆一向自命伟人，而布什也自视甚高。他们都觉得，自己一定能够名留史册。

萨达姆是个“性情中人”，布什也是。他们惯于通过直觉做出判断，而非依赖智慧和理性行事。

掌权以来，萨达姆一直是个脱离现实的孤家寡人。即便巴格达已经成了行将陷落的危城，萨达姆却仍然浑然不觉。当时的他还在挂念自己那本小说。在这方面，布什也不遑多让。离职之前的一次采访当中，美国总统向媒体坦承：他喜欢那种身居椭圆形办公室的梦幻感觉。他大可以躲进这里“自成一统”，对于外界的任何事务都不管不顾。

敢于冒风险，也是布什和萨达姆共同的品格。正因如此，两人才能登临权力的巅峰。不过，这种胆魄也成了两位总统的“阿喀琉斯之踵”（Achilles' heels）[①]。因为胆大包天，他们不惜把国家拖入战争的泥潭。萨达姆悍然入侵科威特，也曾对伊朗动武。布什则挑起了入侵阿富汗和伊拉克的战事。

阿富汗的那一仗倒还算得上师出有名。布什总统大可宣称，他这是要为“9·11”事件报仇雪恨。伊拉克战争的前提却大错特错。对于美国的国家利益，这场战事也是毫无助益。虽然布什、切尼和拉姆斯菲尔德等人“摇笔鼓唇”，为自己的行为竭力辩护。但是，中东问题研究学者们已经达成共识——萨达姆·侯赛因其人，对于美国完全难以构成威胁。

布什总统曾经来过一次中情局总部。至此当日，他的总统任期行将结束。对于我等情报人员，总统表达了“谢意”。先前那些责备和嘲弄，他似乎已经忘

---

① “阿喀琉斯之踵”原指阿喀琉斯的脚跟，因是其唯一一个没有浸泡到神水的地方，是他唯一的弱点。后来在特洛伊战争中被人射中致命，现在一般是指致命的弱点，要害。——译者注

却。我还记得，当天布什总统的讲话真是语不成篇、词不达意。这一点，倒是符合他一贯的水平和风格。讲稿当中的“干货”，被他全数略过。我唯一记住的东西，就是总统念错的字眼。除却这些白字带来的“震撼”，那次演讲毫无力度可言。

陪在总统身边的每位领导，都是笑意盈盈。局长迈克·海登一脸喜气，而史蒂芬·哈德利更是自顾自地打着手机，当然，这是副局长才能享有的特权。我等一般职员要是敢于效仿，只会因为严重违反安全守则而遭到严肃处理。说着说着，总统谈到了未来。在他眼里，未来一定属于“自由”。“大家不要偏听偏信，而是要相信上帝。而自由，就是上帝相信的东西。”

布什向我等听众表示，“有人会说，某些民族就适合独裁政治。他们的话就是胡扯。如果生活在那样一个社会里面的人是你，你还真有点不走运”。话音刚落，总统的目光定在了我的身上。仿佛他即将出口的东西，是对我的个人赠语。那种感觉，还真是有点怪异。只听布什大发感慨：“千万不要相信那些胡说八道的人。他们都是笨笨笨笨蛋！”他拖长语调，加重效果。而我则再一次地被吓得不轻！不敢相信，如此“粗鄙”的话语竟然出自一位总统之口。谁能想到，这样一个人曾在安多佛和耶鲁大学就读，而且还是“骷髅会”的成员。

2009年，奥巴马即将上任。新总统将会有何动作？大家都不大清楚。不过，我的大多数同事都很庆幸白宫有了奥巴马这位主人。而我，也不例外。大家都觉得，奥巴马的外交思路将会更加清晰。竞选期间，我的上司曾向奥巴马做过汇报。上司觉得，奥巴马其人沉稳多谋，善于分析事理。而且，新总统对于各类信息很是好奇，就像一块不断吸取知识的海绵。如此看来，奥巴马的当选真是好事一件。相较而言，他那两位竞选对手——约翰·麦凯恩（John McCain）和萨

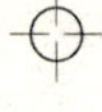

拉·佩林（Sarah Palin）的风评可就差了许多。据称，麦凯恩脾气暴躁，对待手下也很刻薄。诚然，他的外交知识要强过奥巴马。不过，我觉得，既然大家已经受够了布什总统的鲁莽脾性，又何必再去容忍同样鲁莽的麦凯恩呢？至于佩林女士，天呐，我还是不要置评好了。

大家都觉得，伊拉克问题一定会是奥巴马在外交方面的首要事务。布什总统曾向“伊拉克事务办公室”下过指令，要我们准备几份关键的研究报告，以供“那个新来的”做参考之用。前总统的要求，我等自然遵照执行。很快，报告便已拟好，而大家也开始等待新总统的指令。好些时日过去，白宫方面却是没有一点反应。这时，我们才恍然醒悟：原来，伊拉克事务并非奥巴马施政计划的一部分。布什当政期间的每个星期，“伊拉克事务办公室”的专家都要前往白宫进行工作汇报。奥巴马上台之后，我们反而只剩下备忘报告这一条上达总统的渠道。更何况，每日情报汇报会上的事宜林林总总，奥巴马总统还不一定会留意到我们的报告。也许，总统觉得伊拉克事务只是前任留下的未竟事宜。他自然不会为了他人的问题，而耗费过多的时间、精力和政治资源。大家都在尽力收拾局面的时候，总统却是漠然不理。伊拉克的前途，似乎又蒙上了一层阴影。

2009年，我离开了“伊拉克事务办公室”。当然，留守此地的朋友仍和我保持了联系。我对伊拉克局势的关心也是始终如一。奥巴马总统时期的最初两年，白宫方面只为伊拉克问题组织过一次“深潜”。那时的奥巴马总统对于伊拉克问题了无兴趣。至少，他摆出了一副漠然的嘴脸。对于这种变化，各位同事一开始还没能察觉。不过，时光推移，大家终于发现，每日情报会议之上，关乎伊拉克的备忘文件愈来愈少。局里下拨的经费，也比往日减去不少。好些人都因此转了行。2004到2006年间入职的员工，大多把关注目标改成了阿富汗。那个地方，才是奥巴马的施政重点。

每一次白宫易主，局里都会陷入一阵忙乱。中情局必须使出浑身解数，向新任总统证明自身的价值。新总统的关注重点，才是我们的工作方向。然后，我们还得竭尽全力展现一个助手的全部价值。通常而言，我和我的各位同事都会顺利完成任务。在另一些时候，中情局表现得过分卖力，反而让白宫方面感觉厌烦。更有甚者，我们的某些“大客户”实在多疑而又难缠。不幸得很，奥巴马就是这样一位难缠的“大客户”。他一向觉得，情报工作耗费巨大，收获微薄。政府在情报方面投入过多，似乎有些不大值得。

总统看法的改变，很快就在巴格达有了体现。2009年，美国驻伊拉克大使馆也换了主人。本来，驻伊大使一职应由安东尼·津尼（Anthony Zinni）接任。此人出身军旅，曾在美国中东参谋部担任指挥官。但是，大使的头衔，最终落到了克里斯托弗·希尔（Christopher Hill）的头上。希尔在国务院服务多年。早在比尔·克林顿时代，他就是总统的巴尔干问题顾问。后来，希尔曾受布什总统之托，带领一支特别使团访问朝鲜。其实，奥巴马和拜登（Joe Biden）副总统倒是更属意津尼。为此，两人甚至打了包票，表示这个职位非津尼莫属。

不过，前任大使瑞安·克罗克（Ryan Crocker）对于总统这番人事安排提出了不同意见。而且，大使还举荐了他心目中的两位完美接班人——威廉·伯恩斯（William Burns）和贝思·琼斯（Beth Jones），都是经验丰富的外交官。同时，国务卿希拉里·克林顿（Hilary Clinton）也不支持津尼出任大使。国务卿觉得，驻守阿富汗和伊拉克的大使职位敏感，不该一并交到退役军人的手中（当时，美国驻阿富汗大使卡尔·艾肯贝里也曾担任军职）。津尼丰富的中东经验，也许让希拉里有所顾忌。毕竟，一个老手总是难于控制。

至于那位希尔，则是理查德·霍尔布鲁克（Richard Holbrook）的亲信人马，而霍尔布鲁克又是希拉里的亲密顾问。国务院的阿富汗和巴基斯坦事务之中，霍尔布鲁克拥有很大的发言权。顾问之所以提名希尔，自然也有他的考虑。霍尔布鲁克没准儿就想在自己的职权领域（阿富汗与巴基斯坦）周围安插很多信得过的自己人。他可能觉得，如此安排会给自己带来一些工作上的便利。

事实证明，希尔实在不够称职。对于伊拉克及其周边地区，身为大使的他一无所知。面对情报，希尔也表现得很是懵懂。一次，我拟好一份情报文件，并请同事呈给希尔过目。文件中，我介绍了萨德尔及其家族。大使接到文件，显得很是困惑。“这种东西，我需要知道吗？”希尔问道。他不懂阿拉伯语，也不清楚伊拉克的历史。他需要和不少伊拉克官员打交道，对于这些对手，他也缺乏应有的认识。如此一来，希尔当然很难尽责尽职。就任期间，他只是在混着日子，等待离去那天的来临。伊拉克的局势渐渐“糜烂”下去。由此消耗的金钱不见减少，逝去的生命倒是越来越多。

与此同时，马利基[①]新政府进一步露出了宗派主义的面目。请注意，马利基就任期间，宗教极端恐怖组织头目扎卡维创立的“基地组织伊拉克分支”也就是“伊斯兰国”的前身活动日益猖獗。当时，政府军和扎卡维武装陷入了一场苦战。其实，马利基并非美方心中的最佳人选。只是，2005年当选总理的贾法里（Ibrahim al-Jaafari）更不讨美国人的欢心。到了2006年，贾法里被迫去职，马利基方才迎来了上位的良机。新官上任的他，甚至有些不情不愿。面对《华尔街日报》（*The Wallstreet Journal*）的访问，马利基公开表示自己对于总理职责的“厌恶”以及速速归隐的意愿。但是，萨达姆的死，似乎挽回了马利基的心意。他渐渐适应了政府首脑的身份，并开始运用职权“谋取私利”。2007年初，

① 马利基：伊拉克重要政治人物，2006年当选，2010年连任伊拉克新政府总理。——译者注

局势再次发生逆转。美军二度开赴伊拉克，对“基地”武装进行打击。就连安巴尔省（Anbar）等地的逊尼派势力也幡然“觉醒”[①]，主动加入美国人一方协同作战。此时的马利基，再也不提“辞职归隐”之事。相反，他权欲大涨，并积极投身2008年的总理选举。其间，马利基对于巴格达附近和伊拉克南部的什叶派武装大加拉拢。那个时候，布什总统曾经觉得马利基命不久矣。根据美国总统的预测，伊拉克总理一定会死于萨德尔之手。马利基到底安然无恙地活了下来。但是，如果没有美军在巴士拉的保驾护航，他也许已经成了萨德尔派的阶下囚。（当时，马利基来到巴士拉为选举造势。其间，萨德尔武装分子一度包围了他的竞选指挥部，并险些将他俘获。）

2011年，伊拉克再次举行大选，而美、伊关系也迎来了又一个转折点。事前，大家都觉得马利基及其领导的“法治国家联盟”（State of Law）将会轻松获胜。谁曾料到，大热门却败给了一名什叶派同胞——此人名叫阿亚德·阿拉维（Ayad Allawi），倾向世俗主义，主张和逊尼派交好结谊。这样的人选，自然合乎美国方面的心意。而且，阿拉维胜选的优势很是微弱。不过，他已经给出承诺：一旦上任，即会重组政府。

大选之前，马利基已经执政了整整5年。任期越长，他的专横之气也就愈加嚣张。渐渐地，不但美国方面对他侧目，伊拉克人之间也出现了不少针对马利基的攻讦和非难。大家无不觉得，总理的做派越来越像萨达姆。当然，一切变故，都源自奥巴马政权的失策。竞选期间，马利基一直在向伊拉克境内的什叶派武装

① 2007年，安巴尔省境内的逊尼派部落武装发起“觉醒运动”，对扎卡维一伙展开打击。——译者注

示好。为了拉拢对方，总理不惜慷国家之慨。他的一切行动，都是为了排挤阿拉维。马利基的行动收到了良好的成效。设在纳杰夫的“教廷”也对他表示支持。要知道，“教廷”可是伊拉克境内什叶派教士的最高领导机构。想当年，萨达姆也是如此地通过宗教巩固权力。无论马利基的行动是出于无心还是有意，大家都很难不把他和当年的“强人”联系到一起。担任总理期间，马利基主持了不少“改革”事宜。由此，他的权柄变得愈加有力。“参谋长办公室”这个编制，就是他插入伊拉克军队指挥体系的一枚楔子。而且，在马利基的授意下，各个省份还自设了所谓“地方指挥中心”。就这样，伊拉克安全部队的指挥权，落到了马利基的手里。

败选之后，马利基并不服气。他四处喊冤，声称选举遭到了操纵。此时，美国政府本该上前一步，然后将马利基请出总理府。如此一来，选举的合法性方能彰显，而伊拉克的权力交接也可以在和平之中得以进行。不过，奥巴马等人什么也没有做。美方无所作为，而谣言也就有了传播的空间。许多人甚至觉得，这个马利基乃是美国人的心腹。白宫方面不言不语，是为了扶持马利基继续总理任期。

如上种种，还不算坏消息的全部内容。要知道，白宫之内，伊拉克事务的实际负责人是副总统拜登。此人的政策倾向，只能用“摇摆不定”来形容。出任副总统之前，拜登曾是一名参议员。当时，他曾针对伊拉克前途发过一篇惊人之论。拜登觉得：美方不如把伊拉克一分为三，逊尼派、什叶派和库尔德人各执一片，独立建国。可想而知，拜登的“宏论”，只能遭遇无人搭理的“命运”。

2010年，拜登再一次因为伊拉克事务而成了新闻人物。当时，美、伊之间的《驻军地位协议》（*Status of Forces Agreement*，简称SOFA）已经到期。副总统告诉同僚：只要美方提出续约，马利基肯定会一口同意。拜登甚至表示：自己可以就此打赌，并愿意押上自己的副总统职位。《驻军地位协议》殊为重要。一旦续约不成，美国方面只能从伊拉克全面撤军。[①]对于续约之事，没有哪位伊拉克政治人物敢于公开支持。但是，提起美军离去之后的可能后果，政坛中人几乎都是忧心忡忡。事到最后，《驻军地位协议》终被废止。

虽然伊拉克人因此夺回了国家主权，却也面临着重重的隐患。最大的恶果，莫过于马利基一伙的宗派主义作为。总理变得肆无忌惮，开始对逊尼派人士大加迫害。财政部部长拉菲·伊萨维（Rafi al-Issawi）的家庭惨遭抄检，而副总统塔里克·哈什米（Tariq al-Hashemi）则被判处死刑。一度“觉醒”的安巴尔省逊尼派势力又于2013年底爆发了武装“抗议”。曾经分裂的宗教极端武装派别，也慢慢地聚集一气，形成了一股名为“伊斯兰国”（ISIS）的新势力。他们的残忍行径，足以让死去的扎卡维也感到“骄傲”无比。

---

① 摘自《华盛顿邮报》2014年7月3日版报道《马利基的陷阱——伊拉克的陷落》，由阿里·海德里撰稿。

第十四章

抱憾离去

时间的脚步迈入2009年。截至那时，我已经去过伊拉克8次。有那么几次，我在那边一待就是好几个月。另有一些任务日程较短，为期不过4—6个星期。我的工作重心，渐渐转移到了伊拉克国内的宗派冲突上面。此外，我还得留意伊拉克和邻近国家的多边关系。我为某位同事完成了两份报告，以便他向美国驻伊拉克大使进行汇报。追捕头号恐怖分子扎卡维（Zarqawi）的任务，我也有份参与。最后一次出差，我只在伊拉克逗留了7天。其间，我和不少情报界的同行有过交流。这时，我才发现：自己已经算得上是个老前辈了。那一次，局里的几位高级主管也来到了伊拉克。“绿区”几乎完全换了新颜。此地变得寂寥少人，仿佛一座鬼城。其实，巴格达的一切都有些太过安静。整整一周，我都没能听到哪怕一起炸弹响起的声音。细细想来，还颇有一点“不适应”。

上一次在伊拉克长住，还是2006年的事情。当时，我作为“战略事务代表团”的一员前来进行实地考察。那一次，我需要采集资料、撰写报告，以便向某位高官交差（非常遗憾，出于单位纪律，我无法向各位读者透露我的具体任务，也不能告诉大家那位人物的身份和职位）。几位同事本・T、埃里克・B和艾丽莎·S（皆为化名）的专业素质十分出色，正因如此，任务得以圆满完成。

而且，我们还摆脱了总部的种种桎梏，工作过程也算得上轻松愉快。远在伊拉克的情报分析人员，可以享有很多自由权利。着装的规矩，自然不用遵守。由于办公场地就在栖身的拖车一旁，离家也算很近。饶是总部里的领导们有着种种“怪癖”要求，却对“战区”中的我们鞭长莫及。撰写“情报周报”的压力，自然也离我们远去。从专业角度而言，亲临伊拉克也可以更好地体察当地的真实情况。

总之，身处“前线”的快慰感觉，远非朗利可比。回到总部，我们只能缩在格子间里，不停地准备各种汇报材料。而且，辛苦撰好的备忘录，上头还不一定有空受理。我还记得，本和埃里克都是情报分析人员。他们的工作，带来了不少新鲜的收获。至于艾丽莎，则要负责协调进度，为整个“任务”节省时间。这个“任务”，可不简单。

那是一个风平浪静的夏天。随着9月临近，我们也都准备好了要迎接归期。谁曾想到，离开这片令我“终身难忘”的土地之前，我又差点卷到了一场风波里。8月底，以色列军队和黎巴嫩真主党武装发生冲突。以军的导弹倾泻到了贝鲁特，而“绿区”也遭到爆炸袭击。很显然，这是一起报复，而肇事者则是萨德尔的手下。萨德尔对于哈桑·纳斯鲁拉（Hasan Nasrullah）的崇敬，已经是世人皆知。也许，他想通过“袭击”来表达他对“榜样”的敬意和声援。那几天，我和同事们都在提心吊胆，时刻提防那随时可能降下的迫击炮弹和火箭。归家的渴望，又因此变得急切了一些。

2006年，我在伊拉克逗留了9个月。回国之后，迎接我的是一个悠长的假期。这段闲暇，算是对我出生入死的“战区”经历的一种补偿。我回到加州探望家人，并在那里一待就是3个星期。回程那天，我的心情一下子就跌到了谷底。

一想到在朗利坐办公室的日子，我就不由得心生恐惧。身处机场高速路上的我，一直在紧张构思。我想编出一个理由，帮助自己脱离那班前往华盛顿的班机。其实，我如果大胆一些，恐怕会立即辞去这份工作。不过，离开中情局，我也没了面见总统和副总统的机会。我的见闻、我的心得、伊拉克的真实情况，他们再也无法聆听。正因如此，我很是犹豫和纠结。

我还是回到了总部。那天以后，我的心里又有了另一个主意：虽然不想辞职，但至少可以换个工作岗位。“伊拉克事务办公室”这个地方，我实在有些待不下去了。一份有关萨德尔的报告，让我下了转岗的决心。在那份报告里，我指出：萨德尔及其追随者，将在未来5年里成为伊拉克什叶派圈子中的重要势力。萨德尔其人，就像一剂催化剂。他总能在情报界制造爆炸性新闻。一看到我那份报告，军方派驻巴格达的指挥官雷蒙德·奥迪尔诺（Raymond Odierno）立即火冒三丈。将军甚至不顾斯文，直接大爆粗口：“你写的这是什么狗屁玩意儿？”原来，我的报告内容，和奥迪尔诺的观点大相径庭。更要命的是，将军已将他的观点向总统做了汇报。奥迪尔诺甚至向总统拍过胸脯，保证自己所言不虚。难怪，他会如此动怒。没办法，我只好修改报告，使之符合白宫大人物的预期。一顿忙碌过后，又一出命令不经意而来。根据命令的要求，我需要对萨德尔的前景做出预测。至于期限，则在6个月之后，而不是我所说的5年。同时，上头还派了一位同事和我合作。一般而言，一份情报文件需要历经数月的打磨，才能呈给上司过目。这一次也不例外。但是，我也很清楚：新报告的内容，跟触怒奥迪尔诺的那份并无太多区别。当然，惹他发火的那些观点，已被我和同事小心删去。

此事一过，我立即申请转岗。其实，人在一件事务上浸淫多年，突然改变工作方向，很可能因此陷入“梦魇”。我虽觉得自己需要一点挑战，但也有点对这片相处已久的“舒适区域”有些留恋。机会终于来了。局里需要一名“要人分析员”，研究目标直指朝鲜。相关内容，写在一封内部广告之上。当时，我感觉有些热血沸腾，仿佛自己的技能又有了用武之地。好吧，我要去“朝鲜”。金正日向来说话都比较“硬气”，听听他的话，也许还能有些“娱乐”效果。虽然朋友都觉得我不该转换岗位，但我仍是义无反顾。没过多久，我就接到了“朝鲜事务办公室”的入职通知。这次转岗，实在是一次挑战。说实话，我对于朝鲜情况知之不多。但是，朝鲜可是白宫的瞩目对象。有这样一个研究目标，也算一个不错的高起点。我撰写的报告，也能因此得到白宫阅读的机会。

就这样，我开始了对朝鲜局势和金正日个人情况的研究历程。不过，面对新的目标，我却有些提不起劲。局里上层对金正日的看法根深蒂固。每一天，中情局都要为他和他的政权与国务院发生争执。而且，朝鲜的面貌，似乎也和萨达姆治下的伊拉克愈发相似。我不免嘀咕：“好吧，又是一出曾经上演过的好戏。而且还能预测自己的命运——也许多年以后，我才能成为一个真正的朝鲜问题专家。毕竟，对于东亚文化，我实在是缺乏了解。当初那种自学热情，我也再难拾起。终于，我有些理解克里斯托弗·希尔的尴尬处境。当年，他就是从朝鲜半岛事务专家一变而成美国驻伊拉克大使。但是，大使毕竟是大使。希尔大可以放手依仗那些懂行的人。作为情报分析人员，我只能指望自己快点懂行。没办法，我觉得，自己只剩下辞职这一条路了。

某种意义上说，离开中央情报局也是一种解脱。（离职之后，我到了弗吉尼亚州麦克林的国家反恐中心报到。“中心”和中情局算是姐妹单位。）我的好多同事虽然也想辞职走人，却担心无法适应“外部世界”。当然，有些人割舍不下和“机密文件”近距离接触的机会，所以才选择坚持；也有人别无所求，只想熬到退休；喜欢政府部门这种工作氛围的人，大概也有那么一些。无论如何，我的许多前同事，还在中情局的岗位上继续留守，哪怕他们的工作已经令人极度厌烦。我抽身的原因则很简单——那份职责，几乎没有任何乐趣可言。除却追求升职，我实在没有待下去的理由。

过去，作为中央情报局的一员，我可以从事一些在其他地方无法做成的事情。于我而言，这份事业的唯一魅力即在于此。既然我在中情局的任务只剩下了蹉跎岁月，那么所有的工作热情也就烟消云散了。很明显，虽然局里近年来也补充了不少新鲜血液，但是，这个单位的机制和氛围早已僵化不堪了。中情局高层可能觉得：经过几个月的工作锻炼，任何新员工都能立即变身情报专家。本人的经历可以证明：如此想法，只是一厢情愿。而且，在好些情报领域，中央情报局已经和先进水平相去太远。其实，局里也曾投入精力，追求所谓高新科技和设备。不过，待到真正投入使用，这些技术往往早已过时。受困于此，我等情报分析人员很难发挥全部的潜能。我离职之后，局里的“情报主管”也改了名字。当然，“分析主管”的名头，并不会带来多大改变。说来，中情局的各项官衔、术语和准则倒是经常变来变去。可惜，局里的工作方法却从始到终陈旧如一。

伊拉克战争，是美国外交史上的一场大灾难。而我，也在这出“灾难”当中扮演了一个小小角色。工作期间，我和我的同事都是满怀惭愧。首先，美国的国际形象大为受损；其次，许多从军的青年男女要么横死沙场，要么带着身心创伤回到了各自的家庭。至于伊拉克人民遭受的苦难，更是让人哀婉同情。我还记得，2003年10月，自己第一次踏上伊拉克土地时的一幅场景。那时，我离开机场，搭上汽车，准备前往某地。司机和我都看见，一群孩子在“共和国宫”边的大街上嬉闹玩耍。“他们的未来，就是我们来到这里的原因。”司机表示。“但愿吧。”我心中默默地想。美国司机的话，到底有没有道理呢？

后来的经历，并未证实司机的“想象”。我渐渐发现：我们之所以来到伊拉克，只是出于一些新保守派（neocon）政客控制中东地区的“狂想”。当然，我们来到此地，还有为布什总统一报“家仇”的目的。布什觉得，萨达姆一直想要谋害他的父亲。那么，推翻萨达姆政权到底值不值得？对此问题，我的看法只能代表个人意见。在我看来，如此行动很是得不偿失。2003年的萨达姆早已远离国政。那时的他，只是个热忱而忙碌的小说作者。他那两个儿子，有没有可能成为父亲的继承人呢？我只能说有可能。不过，无论乌代还是库赛，上台之后恐怕都难以长期执政。按照当时那种情况，某位出身逊尼派、混迹军警圈子的野心家，更有可能通过政变攫取总统职权。如此一来，“谁来领导伊拉克”这个问题也就有了答案。如果美国置身事外，我们的决策层也大可不用为了伊拉克领导的人选而劳神分心。也许，新政权还会主动和美国搞好关系。

迄今为止，萨达姆倒台之后，美国在中东的遭遇大多系属负面。首先，中东对于美国的依赖进一步加深。当地出现任何“乱象”，大家都期盼美国前去平定；民族的纠葛、宗派的冲突，也需要美方出面担任仲裁。伊拉克的情况便是如此。美国政府多次介入伊拉克局势，甚至呼吁伊拉克各界团结起来建设国家。不过，伊拉克政治阶层总会产生宗派冲突并开始互相攻讦。而且，不同的派别都在向美国乞援。其次，美国政府花费数万亿美金，又害得几千名青年男女失去生命，结果只换得一片狼藉。伊拉克的局势持续混乱，远比萨达姆复兴党政权治下的情况还要不堪。最后，原教旨主义势力从当地的乱局之中大获收益。逊尼派民众急于“复仇”的心理，也是宗教极端派别得势的原因。而且，他们的威胁与日俱增。策划“9·11”的“基地”组织，如今只能困守阿富汗的一隅；远在伊拉克的基地“支系”，以及后起的“伊斯兰国”宗教极端组织，反而比本·拉登等人更为暴虐，也更难应付。

“伊斯兰国”极度仇视西方，倘若放任他们攻城略地，不过多久，伊拉克便会成为全球宗教极端分子的大本营。美国方面需要迅速出击，予以阻止。宗教极端分子一方面在自己的地盘上大搞清洗活动，意图抹去西方的影响和痕迹。另一方面，他们还在欧美国家唆使“独狼”杀害无辜平民，开展恐怖袭击。2015年11月，巴黎发生的《查理周刊》事件，正是出自宗教极端组织的这种目的。如今的“伊斯兰国”，已经是一个全球性的恐怖团体。他们不但要铲除“近敌”——也就是中东各国的掌握权力的“叛教者”，还准备挑战西方各国这个“远敌”。由此而来，西方各国都因为反恐问题而陷入进退两难的境地：我们既要尊重个人的自由和权利，又必须保证采取有效的预防手段，保证社会无辜平民不受恐怖主义的威吓和侵袭。当然，要想评估“伊斯兰国”对于美国安全的威胁程度，现在可能还不是时候。但是，未雨绸缪，做好准备，总会无一害而有百利。

美国方面的军事冒险，并非没有带来任何收益。不过，其中的一大受益者却是伊朗，一个和美国关系不睦的国家。过去，萨达姆这个逊尼派暴君对伊拉克境内的什叶派横加欺凌，伊朗方面也只能忍气吞声。在美国人的帮助下，什叶派势力如今已在伊拉克当家做主。对此，伊朗人当然喜不自胜。（此外，美军推翻塔利班，也为伊朗除去了国境东面的一个大敌。）本书写成之时，伊拉克再也不是过去那个穷兵黩武的国度。伊朗方面不用担心再次陷入一场长达8年的战争僵局。如今，伊拉克已经成为伊朗政府的头号贸易伙伴。由于什叶派在伊拉克得势，一个囊括两伊的“什叶派新月带”[①]（Shia Crescent）似乎已经成形。海湾

① “什叶派新月带”：这个短语是约旦国王阿卜杜拉二世在2004年命名的，当时他指的是伊朗、叙利亚和真主党之间的关系。不过，如今，这个短语适用于更稳固的领土地带。伊拉克战争将伊拉克权力移交给什叶派，从而巩固了第一个新月带，叙利亚内战也进一步加强了它的力量。——译者注

南岸的逊尼派君主各国，由此感受到了巨大威胁。

库尔德人同样收获了好处。因为反对萨达姆，他们曾经付出了血的代价。伊拉克战争过后，库尔德人终于迎来了摆脱巴格达政权的良机。过去，贾拉勒·塔拉巴尼的“库尔德斯坦爱国联盟”和马苏德·巴尔扎尼领导的“库尔德斯坦民主党”曾经斗得你死我活。库尔德人的内部纷争，往往最为残酷。两派势力互相攻击的次数，并不低于他们对于萨达姆政权的反抗。他们曾经陷入绝望。不过，现在的库尔德人大有希望。美国“9·11”那场灾难，似乎让他们距离独立建国的梦想又近了一大步。

当然，要说从伊拉克战争中受惠最多的政治团体，那应该是伊拉克境内的什叶派势力。这些势力，往往和伊朗保持着盟友关系。不过，如果美国方面想在伊拉克推进民族和宗派和解进程，他们也是最大的障碍之一。一心谋求独立的库尔德势力，同样也是和解的绊脚石。在西方民主体制之下，一场和解运动，也许有助于不同的利益团体和平共处，各安其位。不过，伊拉克却没有这样的政治民主体制。无论在20世纪还是当下，“胜者为王”才是此地政治的“真理”。

没有萨达姆的倒台，就没有而后的“阿拉伯之春”，布什政权的各位高官总爱引用这种“论调”为己表功。他们的观点，其实可能也有道理。但是，“阿拉伯之春”当真值得我们弹冠相庆吗？看一看涉事各国内战频发、政局混乱的惨境，大家就该清楚：所谓的“阿拉伯之春”早已演变为凛冽严酷的“阿拉伯之冬”了。“阿拉伯之春”的失败结局，倒也证明了一个道理——萨达姆等“独裁强人”，在阿拉伯国家确实有其存在的根基。而且，他们倒台之后留下的权力真空，往往会演化为一片“乱局”。萨达姆之死，有着分水岭的意义。在他之后，阿拉伯国家的一代“60后强人”也相继退出历史舞台。不过，“强人”离去后的空缺，往往要由“独夫”来填补。而且，后来者的政治手段，比起前人更为血腥和恐怖。

如此看来，萨达姆的倒台，真是伊拉克这个国家的一大不幸。如今的伊拉克，是个不折不扣、彻头彻尾的“失败国度”。落得如此境地，原因当然很多：一意孤行的布什当局，自然要承受指责；侵伊美军虽然足以推翻萨达姆政权，却因人数不足而无法起到保境安民的作用；对于过渡时期，美国占领当局也缺乏足够的规划。当然，这场政治灾难，倒也不是百分百的“美国制造”。华盛顿当局的“伊拉克盟友”其实也起到了“推波助澜”的作用。那些雇请说客、蛊惑布什等人开启战端的伊拉克政坛失意者，同样也要为这样的局面负责。

事已至此，美国却不能抽身而去。这样的观点，没人敢于明言，甚至没人愿意听见。而且，伊拉克人自己都难以处理的家务事，美国方面更是无能为力。对于这一点，我也有清醒的认识。不过，美国政府必须和伊拉克境内的逊尼派势力修复关系。而且，我们要动用手段，迫使掌权的什叶派人士以宽容和忍让的态度，对待曾经压迫他们的逊尼派势力。要想达成如此目标，自然很不容易。但是，如果我们还希望伊拉克及其邻邦能够成为打击“伊斯兰国”的重要堡垒，就必须朝着目标持续努力。

美国中央情报局，亟须一场整顿运动。其实，中情局的病理根源，可能并不在于内部。布什当政期间，情报界的日子就不大好过。奥巴马入住白宫，情况却也没有改善。其实，面对我等中情局人员，奥巴马总统从来都是一副“冷脸”。随着外交视野的拓展，总统自觉信心倍增。他自是没有理由听取我们情报人员的意见。其实，国家元首应该慎重对待情报，仔细研读情报。执行部门的决策者们、国会山（Capitol Hill）的诸位“民意代表”也该持同样的情报观。情报部门的主要工作，在于提供信息和分析。我们不是巫师，也没有预测未来的能力。假如各位高官能够明白这一点，那真是善莫大焉。我还希望，中情局的各位局长们不要虚张声势。毕竟，这个情报单位，并不像他们吹嘘的那般无所不能。

对于我那些从事情报分析工作的同行，提高专业水平才是头等大事。如今，局里特别重视所谓“情报搜集能力”的培养。根据要求，分析人员要提出大量假设，而后大家一起讨论其中的得与失。这样的培养模式，似乎已经成了气候。诚然，这种类似“头脑风暴”的讨论，也许有助于检验分析内容。但是，实际情况往往适得其反。总部不过是利用“讨论”的形式，想要堵住那些批评人士的悠悠之口。毕竟，假设的可能成千上万，中情局大可以此为据，展示情报人员殚精竭虑、追求真相的勤奋姿态。可是，有价值的情报，往往出自深度研讨，而和情报涉及面的广泛与否无关。局里的当务之急，是要让每个分析人员张开慧眼，为讨论会议提供值得一提的有效情报。否则，中情局将会落入“陷阱”，搜集和提供的情报也会变得毫无意义，沦为买进卖出的“一堆垃圾”。

为了避免犯错，大家宁愿什么都不做。局里的这种“文化”，是情报人员提升能力的最大障碍。毕竟，拥有专业技能的人同样可能出错。1978—1979年之交，伊朗国内爆发革命，国王巴列维被迫出走海外。对此，中情局的专家竟然毫无察觉。既然如此，我们为什么还需要专业技能呢？因为专业技能可能帮助决策者更好地了解事情的全貌。而且，当年伊朗的那种情况并不多见。萨达姆的统治长达20年。其间，中情局方面却没能对他的政权形成正确认识。究其原因，倒不是缺乏情报。相反，局里关于萨达姆的各类报告多如牛毛。每一份报告当中，都存在一个“独一无二”的萨达姆。但是，真正具有价值的情报确实少之又少。至于能够准确分析情报的专家，局里也是相当匮乏。

我敢肯定：终有一天，美国政府还会开启战端。但愿，到时我们真能师出有名。海湾战争之前，科林·鲍威尔就考虑到了这个问题。为此，他特意定下了一个“开战准则”。2003年的布什等人，真该好好参考一下鲍威尔曾经的意见。在这份“准则”之中，鲍威尔提出了一系列重要问题。只要认真回答，决策者就能知道战争是否具有意义。比如，这场战争是否紧急？又是否关乎国家利益？决策者是否认真盘算过其中的得与失？开战之前，决策者是不是已经别无选择？战争当中，美国军队能否顺利抽身？对于战事，国内外的舆论是支持还是反对？鲍威尔虽也在布什手下任职。但是，那些急于求战的决策者，早就把他晾在了一边。他的声音，也由此变得无足轻重。

推翻萨达姆的决定，出自当时的美国总统。布什的种种政治遗产当中，要数这个决定的影响最为深远。总统和萨达姆那“莫须有”的私人恩怨，竟然成了决策的主要原因。而且，对于战后的局面，他也没有丝毫的规划。他好像觉得，只要除掉了萨达姆，伊拉克将会自行恢复常态。他的决策出自情感而非头脑，缺乏深思熟虑。由此招来的可怕后果，自然也可以预见。对于美国的国家元首而言，伊拉克战争的决断历程足以引起警戒。当然，中央情报局也应该吸取教训。战争当中，中情局自觉自愿充当了“帮凶”的角色。

其实，我局早已习惯对总统五体投地。只有如此恭顺，局里的领导才能和最高权力亲近一些。单位的运作资金方可得到保证。中情局毕竟是官僚体制的一部分，如此作为也算得上身不由己。但是，身为个体的情报人员，却应该挺身而出，指出总统开战的“谬误”。不过，我在中情局服务期间，却很少发现这样直言不讳的人。即便大家对于单位、总统和军队有所不满，也大都选择沉默不语。

美国的政府和情报机构，总爱“妖魔化”国外的领导人。萨达姆大概就是其中的一位“受害者”。这样的习惯，对于情报工作实在毫无助益。相反，我们应当理性一点、实际一些。诚然，美国的民主政治体制，和某些“强人政权”实在格格不入。不过，某些威权统治者其实堪为盟友。他们可以帮助美国，抵御那些真正不按常理出牌的“狂人”，如“基地组织”，如“伊斯兰国”，等等。如果我们开启“妖魔化”的思维，只能将他们推向对立阵营，缩小自己决策的余地。

我还记得，1990年海湾战争前夕，老布什总统曾把萨达姆比作希特勒。诚然，这两位外国领袖可能有些相同之处。不过，老布什总统为逞口舌之快，却失去了伊拉克政策方面的“创新空间”。也许，他很想和萨达姆来一次谈判。但是，既然总统有言在先，谁又敢冒天下之大不韪去和“希特勒”讲条件呢？美国的大多数政治领袖，似乎都不明白个中利害。

也许有人会争辩，萨达姆这类人曾对自己的同胞下过毒手。与他保持友好关系，岂不是有损美国的面子？如果您有此一问，不妨想想叙利亚现在的处境。美国政府一心想要推翻现任总统——巴沙尔·阿萨德，并为此简直不惜“血本”。成千上万的人因此死去，叙利亚国家一半人口被迫离乡别井。难民潮漫过中东，朝着欧洲席卷而去。如果叙利亚能有一位托马斯·杰斐逊[①]一样的人物，那么阿萨德大可以立即让贤。但是，当地的民主土壤十分稀薄，短短的时间之内，要想培养出一位“杰斐逊”谈何容易。克林顿和布什两位总统曾不断向中情局打听：伊拉克国内，有没有可以替代萨达姆的“民主政治家”？对此，我们也只能以“无”相告。

美国情报部门获取情报的能力也亟待提升。而且，“人”这个因素在情报工作中的重要性，也值得我们特别注意。伊拉克的事例可证，“线人”才是情报搜集的重要来源。诚然，各种技术手段如电话监听、照片监视等，也是不可替代。但是，相比这些无血无肉的机器，人的“感觉”往往可以帮助我们找到情报的突

---

① 托马斯·杰斐逊：第三位美国总统，曾参与起草《独立宣言》。——译者注

破口。

“健忘”，是美国外交政策的一大毛病。为此，我们总是记不得上一次战争的种种教训，并一次又一次地重蹈覆辙，对于痛苦，人类总是忘得很快。战争中的血腥和残酷，美国政府似乎也缺乏记忆。我等小民，似乎也只爱欢呼胜利。政府滥用武力却落得一场空，甚至造成遗患无穷之类的事情，往往只会遭到忘记。

即便离开中情局，我还是常常想起萨达姆。没有一天，他的形象不会在我的眼前浮现。我甚至感觉，他钻入我的骨肉，和我连为一体。也许，一切出自我的负罪感。我总觉得，美国政府在伊拉克造成的种种罪孽，和我也紧密相关。回国之后，我还是在想：也许，我没有那么了解萨达姆。有那么一刻，似乎我已经接近他的心灵禁区。多年过去，我和我的同事方才惊觉：萨达姆这个人，我们其实一点没有看透。我们对他的印象，仅仅停留在1990到1991年之间。当时，伊拉克正在遭到封锁，而几千名伊拉克人死在了萨达姆政权的黑狱之中。

那几个月，我曾和萨达姆天天相处。他的残酷手段，遭到我的质疑。不过，我俩也曾纵论历史，探讨他施政的得失。他的领袖魅力，我有所见识。他在智识上的短处，我也有了认知。有几次，我很是讨厌他。某些时候，却又对他“肃然起敬”。一番交道下来，他在我的心中，也只刚刚画下一副轮廓。但愿，我能用尽余生，填满轮廓之间的“血与肉”。

尾声

午夜的绞刑

2006年12月，朗利。我即将观看萨达姆遭到处决的实况场景。那是个周末，我临时赶到单位，是要向局里的领导汇报情况。鉴于我和萨达姆的特殊缘分，领导可能觉得我会对他的死很感兴趣。不，其实我一点也不想看到萨达姆的那副样子。对他，我并无同情之意。但是，就这样急匆匆地让他一死了之，还是有些很不得体。我总觉得，从审讯到受死，萨达姆的这一连串经历无不经过“排演”，显得太过刻意。无论是开头、高潮还是结局，那种阴沉压抑的感觉始终排遣不去。我不知道，接下来还会遭遇怎样的“剧情”。其实，每一个曾经研究过萨达姆的人，都对眼前的一切感到震惊。

那时，努里·马利基领导的什叶派政府刚刚组阁上台。显然，他们非常希望萨达姆速速毙命。由于美国方面的阻止，死刑被迫延期。原定日期临近开斋节（Eid al-Adha）[①]。美方觉得，如此安排大有向伊拉克信教民众挑衅之意。于是，当伊拉克当局向美国大使馆要人的时候，临时负责事务的玛格丽特·斯

---

① 开斋节：阿拉伯文‘Id al-Fitr的意译，音译“尔德·费图尔”。亦称“肉孜节”或“小节”。与“宰牲节”同为伊斯兰教两大节日。时间在伊斯兰教历10月1日。——译者注

科贝（Margaret Scobey）说什么也不应允。此前，大使扎尔马伊·哈利扎德（Zalmay Khalizad）和副大使大卫·萨特菲尔德（David Satterfield）都去过圣诞节了。不过，他们留下指示，要求斯科贝否决一切可能导致萨达姆速死的动议。当然，即便斯科贝一口答应，伊拉克方面也还需要求得美国国务院和国防部的同意，方才能够把萨达姆从美军大营中接手过来。

萨达姆常说，他不怕死。听闻死讯，他甚至很是平静。经历了监禁以及庭审期间的羞辱（他应该记得，自己第一次迈入法庭。什叶派政客、“伊拉克伊斯兰革命最高委员会”领导人阿卜德·阿齐兹·哈基姆的那个象征“割喉”的手势），萨达姆可能但求一死，快些解脱。

事后，一名在驻伊拉克大使馆工作的朋友告诉我：“斯科贝接到了任务，她的任务就是什么都不做。一旦她在对方的文件上签名，萨达姆就会立即被处决。大使和副大使肯定嘱咐过什么。总之，一切要留待他们过完圣诞、返回岗位之后再说。说到无所事事，斯科贝最是在行。但是，她也不是没有压力。军方其实很想把萨达姆直接甩给伊拉克方面，可能也向她打过招呼。”也许，如上描述更贴合历史的原貌。萨达姆的刑期安排并非出于精心的考虑，而是一系列巧合的结果。

我原以为，萨达姆之死将被全程电视直播，而全世界也有机会一睹他人生落幕的那一刻。当然，伊拉克人几乎都会成为观众。唯有如此，才能彰显判决的“正义”。不过，我想错了。这场死刑被安排在了深夜，显得有些偷偷摸摸。一架美军直升机载着萨达姆离开囚禁地，来到一座建筑物内。此地，就是移交的场所。而后，马利基的人出面把萨达姆匆匆带走。他们赶往某处大楼的地下室。天知道，其间又发生了什么故事。第二天，我们才得知了其中的些许细节。在我看来，这些细节足够骇人。在手机视频中，萨达姆被押上临时搭起的绞刑架，他的身下就是行刑人。一群狂暴的什叶派看客高声喊叫，要向眼前这个曾经的逊尼派统治者报仇雪恨。这幅场景，难道就是伊拉克战争的应有的结果？战场上，无数青年男女付出了生命，却只能换来这样的结局？布什总统向伊拉克承诺的“崭新未来”，恐怕也不该如此吧。

手机视频很是模糊，由马利基的国家安全顾问穆阿菲克·鲁拜（Muaffaq al-Rubai）拍摄完成。影像中，萨达姆竟然显得高贵不可侵犯。喧嚣的人丛中，他仿佛才是那个“正义”的主角。我一早料到，萨达姆会慨然赴死。那是一场急切的死刑，草草地被安排在了某处地下室之中。于我而言，美国政府为所谓“伊拉克自由行动”搭建的正义理由，在那一晚坍塌殆尽。萨达姆并不招人喜欢——对他了解越深，就越难产生好感。况且，他还是个侵犯人权的恐怖“独裁者”。美国人口口声声要为伊拉克带来光明前景，还曾为民主和法治许下承诺。那么，伊拉克人还用不用担心夜半会有“特务”找上门来，打破生活的平静呢？萨达姆的这场死刑，一定让他们不敢乐观。

致谢

写作本书，是我人生中最大的满足。终有一天，大家可以见识萨达姆被俘期间的种种言行，听听他对美国政府说了什么。为此，我深感兴奋。第一次和萨达姆谋面，我就有了一种预感：此次经历，一定会结集成书。多少年来，出于保密之故，这段故事自然无法和大家分享。不过，了解内情的人都表示，我应当写下一份文字以做纪录。到了2011年，我终于和出版界有了联系。不过，对方却表示，我的书籍无人问津：毕竟，伊拉克已成过去，而美国公众对此话题再也不会关心。还好，历史就像钟摆，伊拉克问题再次上得台面，引发大众的关注（没错，数码时代，钟摆也动得迅速了些）。萨达姆和他的继任者成了热门人物。他们之间的关系，似乎也显得近了许多。有朝一日，我会破解复兴党政权的所有档案，完成一本更为翔实、更具价值的萨达姆传记。

2011年，我从政府部门离职。而后不久，我就投入到了本书的写作之中。当时，我只能趁着周末，在阿布扎比的寓所爬格子。我写作的目的，是想为那段岁月留下一段信得过的纪录，让大家知道萨达姆曾经说过一些什么，而哪些东西又并非出自他的口中。此前，市面上并非没有同类题材的书籍。但是，那些作者要不就是没有亲身经历，要不就是因为缺乏专业知识而没有评论的资格。没错，因

为他们的存在，同类书籍才会如此废话连篇。我想，如果我不出面说出实情，自己恐怕要抱憾终身。

我要向“蓝骑士出版社”的诸位编辑和大卫·罗森塔尔、艾琳·博伊尔表示，谢谢你们对我的信任，也感激大家的工作热情。能与你们共事，真是不胜荣幸。

谢谢阿里·海德里，没有这位朋友的引荐，我无法结识现在的出版经纪人安德鲁·威利。在伊拉克公干期间，我和阿里得以认识。我还记得，我俩曾经彻夜长谈，讨论当时的尴尬处境。那些夜晚美好而难忘。阿里聪明风趣，而且才华横溢。对于伊拉克这个祖籍所在地，他很是关心。当然，他也热爱美国。为此，他的半生岁月都献给了这两片土地。我觉得，他的故事也很值得大家的关心。

谢谢安德鲁·威利以及他的团队，没有他的辛勤工作，我这本书无法出版。安德鲁是个言出必行的人。他遵守承诺，果然为我找到了一家合适的出版社。干得漂亮，安德鲁！

谢谢史蒂芬·史密斯。他有着高超的编辑技巧。我的原稿有些又臭又长，有赖于他的精心编撰，方才能够呈到各位读者眼前。史密斯先生是位典型的老派绅士，他给我留下的印象十分深刻，谢谢他的帮助！

本人在美国中央情报局服务了整整13个年头。回首这段经历，不由得感慨万千。按照人类的习惯，中情局也算迈入中年。但是，它仍有很大的潜力和发展空间。而且，情报工作的重要性也不容忽视。眼见原单位的“低劣”表现，我也觉得十分痛心和难堪。我很清楚：假若我不是其中的一员，恐怕很难有着如此丰富的人生经历。如今，中情局已经陷入平庸。我等情报人员对于伊拉克局势的关心，却往往得不到领导的认可和理解。这一点，同样让我感到遗憾！

就职期间，我曾得到许多优秀同事的帮助和指点。他们的品质，也是美

国精神的最好代表。在此谢谢杰米、杰夫、克里斯、肖恩、迈克、查尔斯、迈克·R、查理、简、乔伊斯、艾米、莱斯、科林、迈克、迈克·B、本、埃里克、大卫、马特、约翰·M、谢丽尔、艾琳、罗伯特、道格、卡罗尔、史蒂夫、维基和其他同事①。情报界拥有他们，真是美国之幸。他们这群公仆，完全对得起美国人民缴纳的税款。“这样的人，哪里才能找得到啊？”——请注意，这是我的真心话！

特别谢谢马特·罗斯、简、艾米、茱蒂丝·亚夫、德尔德雷·艾尔特曼、科尔马茨·艾尔特曼还有本。谢谢大家对书稿的仔细审读，也谢谢大家提出的宝贵意见。书中如若出现任何错疏或问题，那一定是作者水平有限的缘故。我还记得，写作进入瓶颈期的时候，是艾尔特曼夫妇给了我鼓励。此外，丽莎·拉法基和她的先生，以及另一位前任同事戴夫也在写作期间向我提供了帮助。（此外，丽莎还给了我法律上的珍贵建议，在此表示不胜感激。）马特甚至腾出他那位于尔湾的豪宅而让我入住，以便我完成本书之中关于波斯湾的部分内容。我必须向他再次致谢！

谢谢大卫·奥斯兰德、诺曼·瓦斯和迈克·佩斯提供的法律建议！近来，与各位的那次聚餐经历，也是非常舒心美好的回忆。希望大家都加油！

谢谢提摩西·P. 法雷尔和哈伦·拉希德两位大夫！写作期间，我不慎出现健康问题。没有他们高超的医术，我的工作也无法持续下去。

谢谢丹·希基、吉姆·卡塞和玛戈·莫雷尔，还有我的朋友伊莱！有了他们的帮助和鼓励，这本小书才得以问世。谢谢玛戈，她曾花了一个下午的时间打来

① 作者列举的人名，部分可能为化名。出于保密原因，本书中提及的中情局一般员工皆用人名进行指代，而不提及姓氏。——译者注

电话，向我介绍了书籍出版的相关事宜。虽然事情已经过去多年，我仍是不胜感激。远在黎巴嫩的伊莱，则是我重要的信息来源。他对于中东的了解，简直可以和美国名校的诸位教授专家相比。我要感谢他多年来的不吝赐教！

家人和亲友是我力量的来源。谢谢克莱尔、理查德、诺拉和丹尼尔，也谢谢陪伴他们左右的吉姆、毛琳、汤姆和戴安娜！他们一直关心和支持我的工作。而且，我准备前往伊拉克的时候，正是他们关心我的健康和精神状况，让我及时发现了自身的问题并及时求医。对此，再一次表示感谢！同时，还要谢谢他们的孩子乔、卡洛琳、泰德、玛德琳、保罗和佩吉。因为他们，我才重拾乐观。是他们的鼓励，让我自信无论过去发生了什么，前途总会一片光明。

当然，妻子芭芭拉最能启迪我的灵感。同时，她也给了我宝贵的批评建议。妻子给我这本小书打了高分，也让我有了将其付梓的信心。相识相知以来，芭芭拉一直饱受疾病折磨。如今，病痛仍未离她而去。我常常想：如果我们的政府能够省下一些用于入侵伊拉克的金钱，转而将其投入医疗领域。那么，美国社会的面貌，一定会美好得多。当然，这只是我出于个人经历的一点建议。

最后，我要把本书献给父母——理查德·尼克松和海伦·尼克松。正是他们，开启了我对阅读的兴趣，并让我爱上了学习。没有他们，我也不会参与到书中的这些故事里。

作者简介

约翰·尼克松，中东问题专家，曾在中央情报局服务13年，在伊朗和伊拉克问题方面卓有创见。离职之后，他现在阿拉伯联合酋长国从事地区政治和安全风险方面的顾问工作。

尼克松生于纽约州万塔市，1985年毕业于霍夫斯特拉大学历史专业，获学士学位。他于1989年前往纽约大学历史系深造，获硕士学位。1996年，尼克松入读乔治敦大学沃尔什外交服务学院攻读国家安全学硕士并获学位。

毕业后，尼克松曾在国会工作。1998年，他进入美国中央情报局。其间，他的研究领域先后涉及伊拉克、伊朗和朝鲜。他也是少数几个能和布什总统划定的所谓“邪恶轴心”国全数“结缘”的情报专家。2010年，尼克松进入国家反恐中心，负责研究什叶派宗教极端主义。

2011年到2015年间，尼克松一直在中东生活。他多次进入该地区，因此对于波斯湾沿岸国家的政治情况十分熟悉。他热爱历史、传记和政治类书籍，现今在弗吉尼亚州亚历山德里亚定居。

《审判萨达姆》是尼克松先生的处女作，也是他的成名作。